SUJEITOS SOCIAIS, PROCESSOS EDUCATIVOS e ENFRENTAMENTOS DA EXCLUSÃO

Carmem Lucia Eiterer
Rogerio Cunha Campos
(organizadores)

SUJEITOS SOCIAIS, PROCESSOS EDUCATIVOS e ENFRENTAMENTOS DA EXCLUSÃO

MAZZA
edições

Capa:
Túlio Oliveira

Diagramação:
Elizabeth Miranda

Revisão:
Adalberto Pereira Filho e Lourdes Nascimento

S948 Sujeitos sociais, processos educativos e enfrentamentos da exclusão / Carmem Lucia Eiterer , Rogerio Cunha Campos, (organizadores). – Belo Horizonte: Mazza Edições, 2012.

216 p: 16cm

ISBN: 978-85-7160-579-4

1. Educação - Pós-Graduação. 2. Cultura. 3. Movimentos Sociais. I. Eiterer, Carmem Lucia. II. Campos, Rogerio Cunha.

CDD: 378.18
CDU: 378.1

Mazza Edições Ltda.
Rua Bragança, 101 – Bairro Pompeia – Telefax: (31) 3481-0591
30280-410 Belo Horizonte – MG
e-mail: edmazza@uai.com.br
www.mazzaedicoes.com.br

Sumário

APRESENTAÇÃO

por que, numa sociedade supostamente democrática, a desigualdade e a exclusão social são naturalizadas e toleradas e as práticas de discriminação mantidas.

(JODELET, D., 2001, p. 54)[1]

Este livro traz a público um conjunto de artigos resultantes de pesquisas recentes, de dissertações de mestrado e teses de doutorado concluídas, desenvolvidas no âmbito da linha de pesquisa Educação, Cultura, Movimentos Sociais e Ações Coletivas, do Programa de Pós-Graduação em Educação – Conhecimento e Inclusão Social da Faculdade de Educação da Universidade Federal de Minas Gerais (UFMG).

Constitui-se como a quarta obra produzida e publicada coletivamente por pesquisadores(as) – estudantes e professores(as) – que integram essa linha de pesquisa. O propósito da organização dessas coletâneas é a socialização destes trabalhos para a comunidade além do âmbito da Pós-Graduação.[2]

Tomando a epígrafe como uma interrogação, depreende-se destes textos uma busca comum. Os pesquisadores que a propõem e realizam empenham-se em desvendar algumas das muitas facetas da exclusão social que se manifesta quando as diferenças individuais são transformadas em obstáculo para o acesso não apenas a bens e serviços, muitas vezes essenciais ao desenvolvimento da pessoa, mas também, e talvez principalmente, impedem o acesso a direitos e a plena cidadania. Convertida em formas de segregação ou impedimento

[1] *In*: SAWAIA, Bader (Org.). *Artimanhas da exclusão*: análise psicossocial e ética da desigualdade social. Petrópolis: Vozes, 2001.

[2] Títulos precedentes: SOARES, Leôncio; GIOVANETTI, Maria Amélia; GOMES, Nilma Lino (Org.). *Diálogos em educação de jovens e adultos*. Belo Horizonte: Autêntica, 2005; SOARES, Leôncio; SILVA, Isabel de Oliveira e. *Sujeitos da educação e processos de sociabilidade*: os sentidos da experiência. Belo Horizonte: Autêntica, 2009; SILVA, Isabel de Oliveira e; LEÃO, Geraldo. *Educação e seus atores*: experiências, sentidos e identidades. Belo Horizonte: Autêntica, 2011.

que afetam as condições concretas de existência dos sujeitos, inclusive a seus descendentes, restringindo suas possibilidades de desenvolvimento e de realização de projetos de vida, a exclusão pode ser identificada na forma desigual de produção, acumulação e distribuição de capital econômico, mas extrapola esse limite. Como os autores se esforçam por demonstrar, ela apresenta-se fortemente nas relações sociais tecidas não apenas a partir de um viés de classe, mas inclui recortes geracionais, de gênero e raça, na escola, no trabalho e no espaço urbano, entre outros espaços.

Ousamos dizer que o conjunto de textos, que têm em comum a reflexão sobre os processos educativos vividos por diferentes sujeitos sociais em diferentes espaços da vida social, revela-se mais do que uma mera coletânea. Convidamos o leitor a conhecer a riqueza das análises trazidas com vistas a subsidiar estudantes, pesquisadores e profissionais que atuem nos espaços educativos escolares e não escolares, considerando que esta riqueza manifesta-se, entre outros, não apenas nos consistentes referenciais teóricos apresentados no amplo leque de investigações aqui arroladas. Mas, sobretudo, está ainda claramente demonstrada, a nosso ver, na maneira ideologicamente comprometida de ver a realidade que as engendra.

Ou seja, como caberia esperar de pesquisadores que se reúnem numa linha de pesquisa assim nomeada, Educação, Cultura, Movimentos Sociais e Ações Coletivas, entendemos que, no seu fazer científico, os autores comprometem-se com uma determinada forma de relação entre universidade e sociedade fortemente marcada pela presença da denúncia e o desvelamento de circunstâncias que promovem as desigualdades sociais e econômicas presentes na vida dos sujeitos sociais que contribuíram para que esses estudos se deem. E, assim, resultam como produto de uma epistemologia intrinsecamente ligada a uma ética e uma política, que para além de apenas identificar os fatores que transformam a diferença em promoção de desigualdades, dando-lhes visibilidade, procuram ir mais além e vislumbrar algumas condições de possibilidade de sua superação.

Entendendo que toda organização se vincula a uma interpretação, organizamos este livro em três partes. A primeira parte agrega textos em torno da temática *Juventude, Diversidade e Diferença*.

O primeiro artigo, "Jovens, ensino médio e programas sociais: o caso do Poupança Jovem", de Helen Cristina do Carmo e Geraldo Leão, discute as experiências vivenciadas por jovens no ensino médio em duas escolas mineiras, mediada pela participação em um programa social voltado para a permanência dos jovens nesta fase do ensino. Os dados apresentados são resultados de pesquisa que teve como principal objetivo investigar as repercussões do programa Poupança Jovem nas experiências escolares de jovens egressos do ensino médio em Ribeirão das Neves/MG.

Para tanto, parte de um estudo de caso envolvendo três momentos. Para a primeira fase, apoia-se em um banco de dados criado no ano de 2007 por uma equipe de consultoria, disponibilizando informações sobre o perfil dos jovens matriculados no primeiro ano do Ensino Médio em todas as escolas da rede estadual de Ribeirão das Neves. No segundo momento, duas escolas foram escolhidas para que os questionários fossem reaplicados para os alunos do terceiro ano, perfazendo um total de 120 alunos. E, por fim, foram realizadas entrevistas com doze participantes do programa.

Os autores discutem, entre outros aspectos, a relação entre a obrigatoriedade de permanência na escola e a concessão do valor ao final do curso. Apesar da dificuldade que a tarefa impôs, dada a diversidade de expectativas dos jovens em relação ao programa, buscaram identificar como avaliaram a experiência de participação no programa e como perceberam a interferência deste em sua experiência escolar. Considerando a fala dos jovens, podem-se conhecer diversos pontos de vista sobre a importância do programa para cada um deles. Segundo os autores, foi possível perceber que, mesmo diante dos imprevistos durante a sua execução, os jovens consideraram a participação no Poupança Jovem positiva, apontando como principais ganhos o fato de conviverem com os amigos, fazerem algum curso e especialmente receberem o benefício de três mil reais.

Já "Olhares de adolescentes em conflito com a lei para a escola: significados da experiência escolar em contexto de privação de liberdade", de autoria de Brenda Franco Monteiro Prado e Lucia Helena Alvarez Leite, pretendeu compreender os olhares dos adolescentes em conflito com a lei para a escola, como significam esta escola no momento do cumprimento da medida de internação, quais sentimentos a escola nesse espaço desperta nesses jovens.

A pesquisa foi realizada em um centro de internação para adolescentes privados de liberdade no município de Belo Horizonte, Estado de Minas Gerais, localizado na periferia da capital mineira. Na ocasião, contava com 65 adolescentes, todos do sexo masculino. Como estratégias metodológicas elegeram a análise de dados quantitativos referentes aos adolescentes, que trazem informações relevantes acerca do perfil socioeconômico, uso de drogas, envolvimento com a criminalidade, entre outros. Na segunda etapa, seguiu uma abordagem qualitativa, que consistiu na realização de observação no campo e entrevistas semiestruturadas com os sujeitos da pesquisa.

O estudo, afirmam, não tem a intenção de esgotar o tema proposto, mas trazer novos elementos e discussões para a compreensão de como a educação escolar é sentida e significada pelos adolescentes em um espaço tão peculiar como o da privação da liberdade. Entre as conclusões do trabalho, as autoras destacam, quanto ao valor do estudo e da escola, ao contrário do que muitos pensam acerca da não valorização da escolarização pelos adolescentes, que a pesquisa mostra que os jovens em cumprimento de medida valorizam a escolarização, e apesar da imposição desta, na atual circunstância de suas vidas, expressam que a escola pode render frutos no futuro, podendo inclusive ajudá-los na construção de uma vida diversa da criminalidade, que desejam abandonar. Os adolescentes apontam essa valorização, discorrendo sobre a importância da escola nas suas vidas, principalmente quando pensam na inserção no mercado do trabalho.

"'Sem querer você mostra o seu preconceito': as sutilezas das relações raciais e suas repercussões no cotidiano escolar de jovens estudantes do Ensino Médio", de Fernanda Vasconcelos Dias e Juarez Tarcísio Dayrell, situa-se no campo de estudos sobre juventude, raça, relações raciais e Ensino Médio. As discussões desenvolvidas aqui integraram as análises construídas em pesquisa de mestrado, na qual se buscou compreender e interpretar como se estabelecem as relações raciais entre jovens negros (pardos e pretos) e brancos estudantes de uma escola pública de Ensino Médio de Belo Horizonte/MG, a partir do cotidiano escolar de uma turma de 3º ano. A referida investigação, desenvolvida no período de 2009-2011, de caráter qualitativo, utiliza como instrumentos metodológicos a observação participante, questionário de perfil socioeconômico dos jovens e alguns princípios da análise documental. Realizaram-se também grupos de discussão, a partir de elementos do método documentário de investigação (MDI); entrevistas individuais semiestruturadas e um questionário foram aplicados aos professores da turma investigada.

Dentre apontamentos explorados nesse artigo, destaca-se que foi possível verificar indícios de que o estabelecimento das relações raciais na sala de aula pesquisada demonstrou a influência do quesito racial na visão de mundo dos jovens estudantes, que não desconsideraram estereótipos raciais nem destoaram da situação encontrada na sociedade. Nesse sentido, parece existir a percepção da diferença racial marcada pelos traços fenotípicos, dada a existência de práticas explicitadas e também veladas de preconceito racial na turma.

Neste ponto, os autores consideram que uma gama de representações sociais de cunho racial marcou a maneira sutil com a qual as relações e representações raciais foram abordadas pelos jovens. Ao analisar tais representações, foi constatado que, nem sempre, essas sutilezas se mostraram tão sutis assim. Na realidade, apontam algumas reincidências entre essas representações que, sob um olhar mais apurado, faziam das sutilezas, como destacam, muitas vezes, "menos sutis". De modo que, considerando-se o cotidiano e os pontos de vista dos jovens estudantes brancos, pardos e pretos, a reincidência mais acentuada mostrou-se no lugar extremamente desprivilegiado e estigmatizado dos negros, em quase todas as dimensões das relações e representações de cunho racial analisadas.

O segundo bloco de textos reúne pesquisas que se constituem na discussão das diferenças sociais a partir dos conceitos de *Educação, Gênero e Raça*. "Relações de cuidado: da compaixão ao ódio. Relatos de uma trabalhadora técnica de enfermagem", de autoria de Érica Dumont Pena e Isabel de Oliveira e Silva, tem por objetivo discutir as relações de cuidado vivenciadas por técnicas de enfermagem, procurando desvendar os processos de construção dos campos de significações que operam na relação entre cuidadora e pessoas que recebem os cuidados. Tais campos estão sendo entendidos como constitutivos das experiências dessas mulheres que desenvolvem práticas de cuidado profissionalmente. Esses são, no entanto, apreendidos como processos de construção que envolvem a experiência social mais ampla dessas mulheres, incluindo as relações familiares e suas condições objetivas de vida.

As autoras recuperam a discussão do conceito de cuidado e suas análises realizadas voltam-se para experiências de técnicas de enfermagem de uma unidade de saúde da Prefeitura Municipal de Belo Horizonte, onde trabalham três equipes da Estratégia de Saúde da Família. Neste artigo, focalizam as práticas e discursos de Lúcia, que é técnica de enfermagem, procurando apreender e analisar alguns dos sentidos construídos por ela acerca de suas práticas cotidianas na unidade de saúde e seus significados sociais. Como categoria de análise central, toma o conceito de gênero, lente por meio da qual procura interpretar os sentidos do cuidado para essa profissional.

O texto defende que a compreensão das relações de cuidado e seus sentidos para mulheres que atuam profissionalmente nesses espaços só pode ocorrer a partir das relações entre técnicas, ações e orientações das ações, dentro de um universo simbólico e objetivo que se transforma de acordo com as circunstâncias da doença ou da necessidade de cuidados, bem como de acordo com os sujeitos e as representações sociais a respeito de seus comportamentos e de suas possibilidades de suportar a dor ou mesmo de aceitar ou solicitar o cuidado. Nessa perspectiva, concluem, cruzam-se nesse ambiente as diferentes clivagens sociais e universos simbólicos, cuja consideração é fundamental para a construção de sentidos por parte de quem cuida e para a configuração dessa prática em relação ao que é cuidado.

Em "Traçando metas, vencendo desafios: experiências escolares de mulheres egressas da EJA", Ludimila Corrêa Bastos e Carmem Lucia Eiterer ensejam uma reflexão acerca da importância que assume a escolarização na Educação de Jovens e Adultos a partir dos depoimentos de um grupo de mulheres que concluíram o Programa de Educação Básica de Jovens e Adultos da UFMG. Investigando de que maneira e em que sentido as vivências proporcionadas pela educação escolar têm ou não alterado a sua qualidade de vida, buscam compreender se e como o conhecimento sistematizado da escola poderia modificar as relações delas com a família e a sociedade e quais seriam os efeitos duráveis da escolarização para elas. O artigo sinaliza que a frequência a um projeto de EJA e sua conclusão contribuíram, de algum modo, para que modificassem em parte seus valores e formas de pensar a sociedade, traçando novos objetivos e metas de vida. Afinal, sentiram-se mais valorizadas, confiantes e orgulhosas de suas condições de mulheres e de egressas da EJA.

No entanto, verificam também que nem todas essas promessas de ingresso no mundo do trabalho, melhoria salarial, obtenção de autonomia financeira se cumprem. Nesse caso, verifica-se entre elas a presença de um sentimento de desilusão em relação às muitas promessas que as mantiveram na escola. Também revelaram nas entrevistas elementos que evidenciam uma naturalização do papel social da mulher dentro da sociedade. Daí, revela-se na investigação que as mulheres em questão não questionam os desafios já enfrentados, as privações, as tarefas e as responsabilidades que lhes foram atribuídas ao longo de suas vidas. Ou seja, pensando a partir de uma perspectiva de relações de gênero, suas trajetórias estão carregadas de heranças sociais e históricas que determinam seus lugares na sociedade. Mas tais mulheres, ao naturalizarem tais desafios, sob suas perspectivas pessoais, não percebem que são desafios comuns postos coletivamente a elas, enquanto mulheres, em alguns casos pobres, negras ou pardas.

O artigo intitulado "Associativismo negro e educação em Belo Horizonte entre 1950 e 1960", de Andréia Rosalina Silva e Luiz Alberto Oliveira Gonçalves, é resultado de uma pesquisa realizada entre 2008 e 2009, na cidade de Belo Horizonte. Teve como fonte os arquivos da Associação José do Patrocínio, entidade que agregou entre 1950 e 1960 indivíduos negros, de ambos os sexos e diferentes idades, que atuaram em prol da inserção social da população de origem afro-brasileira e empreenderam iniciativas com vistas à educação de seus membros, promovendo cursos de alfabetização e de profissionalização, em uma época em que o acesso à escola ainda era muito limitado aos negros.

Os autores chamam a nossa atenção para elementos que poderiam ser classificados como iniciativas voltadas para a constituição de uma Associação com fins filantrópicos. Segundo eles, houve um movimento em direção das elites, ou seja, da busca de financiadores das ações que não se limitava exclusivamente aos recursos do Estado. Numa época em que a segregação demarcava na cidade os territórios permitidos para brancos e negros, indicam que a estratégia utilizada foi a de se construir uma imagem do negro como agente integrado e com capacidade de integrar seus descendentes, sem produzir movimentos separatistas.

Concluem que houve um elemento que marca todos os relatos, que é o sentimento de dignidade humana. Assim, ressaltam que era necessario colocar na cabeça dos afrodescendentes que não precisavam temer ousar em lugares que até então lhes eram negados, nem ter vergonha de sua cor. Lembram os autores que, para aqueles sujeitos ainda com proximidade muito grande com as experiências da escravidão, há de se reconhecer que a Associação José do Patrocínio ajudava a dar um passo gigante na direção de outro movimento mais contestador do *status quo*. Foi a nosso ver um estágio importante para o que aconteceu com o Movimento Negro dos anos 1970. Este, muito provavelmente, estava agregando filhos e netos daqueles que viveram os tempos áureos da José do Patrocínio.

"Relações raciais e (in)visibilidade nas trajetórias de trabalhadores(as) técnico-administrativos em educação negros(as) na UFMG", de Yone Maria Gonzaga e Nilma Lino Gomes, apresenta uma análise que teve como objetivo compreender os sentidos e significados de ser trabalhador(a) negro(a) e branco(a) na UFMG, construídos por um grupo de técnico-administrativos em educação desta universidade durante as suas trajetórias profissionais e de vida. Buscou-se analisar a trajetória desse(a) trabalhador(a) antes e após o ingresso na UFMG a fim de verificar se a questão étnico-racial produziu algum impacto sobre a sua vida, bem como indagar da existência ou não de mecanismos de racismo institucional na sua vivência profissional.

Considerando a abrangência da investigação, as autoras focalizaram neste artigo a análise das entrevistas realizadas com o grupo de trabalhadores(as) autoclassificados como negros (pretos e pardos).

Verificamos na leitura desse artigo que também no setor público os espaços de decisão política e de maior retorno financeiro ainda são ocupados pelos brancos, a exemplo do que ocorre no setor privado. Como destacam as autoras, a baixa escolaridade, somada à discriminação racial, faz perpetuar o grande círculo vicioso a que estão sistematicamente submetidos os segmentos negros: baixa escolaridade, pouca possibilidade de inserção no mercado formal e ausência de direitos previdenciários, o que resulta em baixa remuneração. De tal forma que, por sua vez, implica poucas possibilidades educacionais e termina por impactar toda a vida do sujeito e de seus descendentes.

Concluem que para romper com a invisibilidade e garantir o lugar dos(as) trabalhadores(as) negros(as) que lhes é de direito, a Instituição terá de desenvolver novas práticas pedagógicas e institucionais que inclua o respeito às diferenças. Assim, a tarefa de construir este lugar de visibilidade e autonomia também deve ser assumida por cada trabalhador(a) técnico-administrativo em educação, pelo sindicato de base e pela administração da Universidade.

A terceira e ultima parte traz discussões acerca do tema *Espaços Públicos, Trabalho e Formação de Si* em diferentes manifestações.

Em "Processos educativos em experiências de economia solidária no Vale do Aço", Luiz Antonio da Silva e Rogerio Cunha Campos visam a compreender os experimentos de associativismo solidário na região do Vale do Aço/MG, por meio da experiência do fórum regional de cooperativismo popular solidário, com suas diferentes trajetórias, seus enigmas e desafios.

O fórum existiu entre os anos de 2000 e 2003, foi concebido, segundo um dos seus idealizadores, à luz da experiência da rede de economia solidária, que é uma forma inovadora de organização, diferente das formas mais hierárquicas do tipo igreja, partido, sindicato. Para os agentes da Rede Brasileira de Socioeconomia Solidária (RBSES) essa rede é a única que corresponde aos valores da cooperação, reciprocidade, respeito à diversidade, complementaridade, solidariedade, irmandade. Ela se baseia na convicção de que cada pessoa, cada comunidade e cada empreendimento pode tornar-se sujeito ativo e consciente do seu próprio desenvolvimento. Conforme os autores, concretiza o compromisso entre os grupos e organizações que se unem nela por meio do compromisso de buscar sempre mais comprar, vender e trocar solidariamente no interior da própria rede. Além disso, busca ampliá-la sempre mais, inclusive atraindo para si igrejas, sindicatos, movimentos populares e todo ator social que possa sintonizar com a proposta de uma economia solidária e cooperativa.

Assim, este estudo pretendeu verificar como, nos coletivos populares, têm-se impulsionado as iniciativas do cooperativismo popular solidário, além de interpretar os temas atinentes às questões do mundo do trabalho na atualidade. Tal verificação foi possível graças aos contatos estabelecidos com participantes das referidas experiências, às conversas informais com seus agentes e às entrevistas realizadas com os atores dessas cooperativas e agentes profissionais da área social envolvidos. Esse procedimento foi uma das formas privilegiadas para se pensarem os fundamentos empíricos do cooperativismo, em que se destaca o debate sobre a problemática da diferença entre emprego e trabalho, a questão do desemprego, as encruzilhadas experimentadas no mercado de trabalho, o significado atribuído pelos sujeitos individuais e coletivos sobre tempo livre, lazer, prazer e emancipação social no âmbito da disputa contra-hegemônica com as forças capitalistas.

O trabalho docente na Educação de Jovens e Adultos é discutido em "Os desafios da formação do educador de jovens e adultos", dos autores Rosa Cristina Porcaro e Leôncio Soares. A proposta desse texto é, então, a de desenvolver uma reflexão sobre a formação de educadores de jovens e adultos, no que se refere aos desafios que se interpõem na construção da profissionalidade docente desses educadores diante das contingências do cenário educacional brasileiro. Especificamente, o texto aborda a configuração da profissionalidade docente no contexto da EJA; analisa a inserção profissional de educadores na realidade da EJA, avaliando a forma como tem se dado essa formação diante da complexidade da modalidade; identifica os desafios e as possibilidades que têm permeado o campo de atuação e de formação desses educadores, analisando os processos que constituem os sujeitos em educadores da EJA, a partir dessa inserção profissional; e analisa o olhar desses educadores em relação à sua profissão e o impacto de suas referências experienciais no processo de construção profissional.

Os autores destacam que, para o embasamento teórico desse estudo, foi desenvolvido um diálogo com alguns autores, que trouxeram importantes contribuições, essenciais à análise da questão abordada, como Freire, Diniz-Pereira, Fonseca, Machado, Franco, Zeichner, Gaskell, Silva, entre outros. Entre as questões fundamentais que balizaram tal estudo, estão: Quem é o educador que trabalha com a EJA? Que formação ele traz para o desenvolvimento do trabalho? Como se dá sua inserção profissional no campo da EJA?

Que desafios encontra no desenvolvimento do trabalho? Que caminhos busca para o enfrentamento desses desafios? Que olhar tem sobre sua trajetória formativa?

Diante do contexto encontrado, constata-se a necessidade de que os governos tratem a EJA de uma forma mais consistente, abandonando a ideia das campanhas de alfabetização e dos cursos aligeirados de escolarização dos jovens e dos adultos. Reafirma-se, com isso, segundo os autores, a necessidade de que esses governos organizem a EJA como uma modalidade de ensino, dedicando-lhe condições mínimas a um efetivo desenvolvimento do processo de ensino: salas de aula estruturadas, currículos flexíveis e adaptados à realidade da EJA, atendimento diferenciado dos educandos, recursos didáticos propícios ao trabalho e valorização do corpo docente, com justa remuneração e consistente formação – tanto inicial/acadêmica, com a criação de disciplinas obrigatórias sobre EJA nas licenciaturas –, quanto continuada, com o oferecimento de cursos voltados para a EJA, ancorados no processo de ação-reflexão proposto por Freire.

Em "Circuito de crianças em Belo Horizonte: explorando a dimensão formativa da cidade", Samy Lansky e Ana Maria R. Gomes refletem acerca da dimensão formativa presente na experiência de deslocamento (circulação) de crianças no espaço urbano. Para isso propõem como eixos de reflexão, inicialmente, pesquisas que abordam a temática do deslocamento no espaço; em seguida, abordam a circulação de crianças em contextos urbanos e finalizam com a apresentação de recorte da pesquisa que buscou formas de espacialização gráfica de informações etnográficas, com o objetivo de registrar e analisar o *movimento* e as *práticas* das crianças no espaço público urbano.

O texto leva-nos a refletir sobre o modo como progressivamente a criança urbana brasileira tornou-se uma das principais vítimas da segregação socioespacial, resultando, como afirmam os autores, nos extremos – em casos de confinamento e/ou controle excessivo para alguns grupos e de marginalização para outros.

Conforme o texto, os arredores do Parque da Barragem Santa Lúcia em Belo Horizonte, localizado na fronteira entre uma favela (o Morro do Papagaio) e bairros de classe média alta (São Bento, Santa Lúcia, entre outros), apresentam-se como ocasião de copresença em ambiente ambíguo em que tomam expressão alguns aspectos que, de forma mais abrangente, caracterizam espaços públicos na cidade grande brasileira e a experiência urbana: a descontração e o lazer; e, ao mesmo tempo, a violência multifacetada e multidirecional. Com objetivo de investigar crianças nos espaços públicos neste recorte socioespacial, os pesquisadores se deslocavam pelas ruas, praças e parques caminhando a pé pela fronteira que, apesar de porosa, era muito visível. Assim, foi possível observar a circulação das crianças moradoras dos bairros e do Morro, e foram observados fluxos de circulação das crianças para além dos limites do Parque, especialmente nos trajetos que ligam este a escolas localizadas nos extremos do espaço definido para a investigação.

Concluindo, convidamos o leitor a conhecer mais de perto esta amostra do que tem sido a produção acadêmica da linha de pesquisa Educação, Cultura, Movimentos Sociais e Ações Coletivas.

Parte I

Juventude, Diversidade e Diferença

Jovens, ensino médio e programas sociais: o caso do Poupança Jovem

Helen Cristina do Carmo
Geraldo Leão

Neste artigo discutiremos as experiências vivenciadas por jovens no ensino médio em duas escolas mineiras, mediada pela experiência de participação em um programa social voltado para a permanência dos jovens nesta fase do ensino. Os dados que serão apresentados são resultados de uma pesquisa, que teve como principal objetivo investigar as repercussões do programa Poupança Jovem nas experiências escolares de jovens egressos do ensino médio em Ribeirão das Neves/MG.

Para tanto, foi realizado um estudo de caso envolvendo três momentos. Para a primeira fase, utilizamos um banco de dados criado no ano de 2007 por uma equipe de consultoria. Este banco de dados possuía informações sobre o perfil dos jovens matriculados no primeiro ano do Ensino Médio em todas as escolas da rede estadual de Ribeirão das Neves, com um total de 3.426 respondentes ao questionário. No segundo momento, duas escolas foram escolhidas para que os questionários fossem reaplicados para os alunos do terceiro ano, perfazendo um total de 120 alunos. E, por fim, foram realizadas entrevistas com doze participantes do programa, sendo: uma gestora, duas educadoras, uma aluna adulta que participou da experiência e oito jovens alunos, com idades entre 17 e 20 anos, quatro do sexo masculino e quatro do sexo feminino. A maior parte deles veio de trajetórias escolares regulares e muitos já vivenciaram a experiência de trabalho, até mesmo durante o ensino médio. Metade dos jovens era oriunda de famílias de formato tradicional, composta de mãe, pai e irmãos. Outros dois jovens contavam com a presença da mãe e do padrasto e outros dois deles conviviam apenas com a mãe.

Além da aplicação dos questionários e da realização das entrevistas, também foram feitas análises de documentos relacionados ao Programa Poupança Jovem.

Considerações sobre as políticas públicas de juventude

De acordo com dados do IPEA (2008), o Brasil tinha em 2008 cerca de 49,7 milhões de jovens, 26,2% da população, com idades entre 15 e 29 anos.[1] Cerca de 14 milhões de jovens podiam ser considerados pobres, pois viviam em famílias com renda familiar *per capita* de até meio salário mínimo. Nesse contexto, torna-se evidente a necessidade de intervenção governamental, especialmente junto a esses jovens que, em sua maioria, estão privados das condições mínimas de sobrevivência como acesso aos serviços de saúde, educação, lazer, ao trabalho etc. A maior parte da população brasileira afetada por tais problemas sociais, contudo, os jovens vivenciam essas dificuldades de maneira mais acentuada. Corroborando com essa avaliação, Sposito (2003) afirma que, apesar dos crescentes índices de escolaridade da população juvenil, esse grupo tem uma participação maior em todas as situações de precariedade. Um exemplo é a situação do jovem no mercado de trabalho. Enquanto os trabalhadores sem carteira correspondem a 21,6% da população com mais de 24 anos, entre os mais jovens esse índice alcança 32,7% (IPEA, 2008).

Apesar desse quadro, as demandas juvenis ainda não se constituem como prioridade na agenda pública. De Tommasi (2004) fornece elementos para a compreensão do contexto de implantação de políticas públicas na América Latina. Para a autora:

> em matéria de políticas públicas de juventude, o panorama é ainda bastante desalentador. Apesar de existirem em quase todos os países instituições públicas dedicadas a formular e implementar políticas de juventude, as inúmeras mudanças de rumos, de planos propostos e de

[1] O IPEA vem procurando trabalhar com o mesmo recorte etário e categorização adotados na proposta do Estatuto da Juventude, em discussão na Câmara dos Deputados, também incorporados pela Secretaria e Conselho Nacional de Juventude. Cabe mencionar que, no âmbito das políticas públicas, a adoção do recorte etário de 15 a 29 anos é bastante recente. Antes, geralmente era tomada por "jovem" a população na faixa etária de 15 a 24 anos. Dessa maneira, a faixa etária de 15 a 29 anos é dividida em três grupos: de 15 a 17 anos (jovem adolescente), de 18 a 24 anos (jovem jovem) e de 25 a 29 anos (jovem adulto).

> programas implementados, e até de nomenclatura das instituições responsáveis, sugerem que essas políticas ainda sofrem de significativa falta de legitimidade e de extrema precariedade institucional, programática e financeira (DE TOMMASI, 2004, p. 177).

No contexto nacional, Sposito e Carrano (2003) fizeram um panorama das políticas públicas no Brasil, de meados da década de 1990 até princípio do ano 2000. Os autores evidenciaram a necessidade de uma contribuição efetiva para a construção de uma nova maneira de se compreender os jovens. A compreensão da juventude deveria se expressar tanto sob a forma de políticas públicas democráticas que reconheçam o não cumprimento de direitos historicamente negados como educação, saúde e trabalho, quanto com a abertura de outras modalidades de ação que contemplem novos direitos da juventude.

Ainda que o estudo dos referidos autores datem de um período político anterior ao Governo Lula, ainda hoje é possível fazer relações com as conclusões destacadas por Sposito e Carrano (2003). Isso acontece porque ainda são escassas as políticas voltadas para a juventude, configurando-se num "varejão" de políticas focalizadas, que eclodem e desaparecem no cenário brasileiro sem estabelecerem uma intervenção efetiva para a garantia dos direitos mínimos da juventude.

Atualmente, podem-se vislumbrar avanços e limites no cenário das políticas públicas para a juventude. Entre os ganhos percebidos, podemos citar o fortalecimento dos conselhos de juventude locais, culminando no Conselho Nacional de Juventude. A realização de conferências por todo o País, com destaque para questões importantes para a juventude, fomentando o debate acerca das políticas públicas também é importante ação, além de iniciativas de integração das ações no âmbito do Governo Federal. Por fim, a aprovação do Estatuto da Juventude, contribuiu para dar uma maior visibilidade às questões juvenis.

Apesar dos avanços destacados, ainda há muitos limites nesse campo. Ainda que haja um esforço no sentido de integração das políticas no marco nacional, ainda é grande o número de ações focalizadas, que dificultam uma intervenção mais eficaz junto a essa parcela da população. Percebemos também a desarticulação entre as várias políticas implantadas, desconsiderando os acúmulos das experiências anteriores. Finalmente, observamos a permanência da improvisação e da precarização das ações, consequências do baixo investimento financeiro, o que leva a intervenções de curta duração, além do descaso com as instituições/organizações responsáveis pela efetivação das ações propostas.

Nesse contexto de limites e possibilidades, a pesquisa buscou analisar as repercussões de um programa social nas experiências escolares de jovens alunos, tendo como foco de interesse a visão dos próprios estudantes sobre a experiência concomitante de escolarização no ensino médio e sua participação no Programa Poupança Jovem.

O programa Poupança Jovem

O Poupança Jovem é um dos projetos estruturadores[2] do governo do estado de Minas Gerais que teve início no ano de 2007, com a realização de uma proposta piloto em Ribeirão das Neves, cidade da região metropolitana de Belo Horizonte.

Trata-se de um programa social voltado integralmente para estudantes do ensino médio, matriculados nas escolas públicas estaduais e residentes em municípios ou regiões que apresentam elevadas taxas de evasão escolar, combinadas com altas taxas de violência e baixo Índice de Desenvolvimento Humano (IDH). O principal objetivo[3] do Poupança Jovem é assegurar aos jovens atendidos, durante o período de formação, um acompanhamento permanente do seu rendimento escolar, juntamente com atividades culturais e cursos técnicos profissionalizantes e de inclusão digital que desenvolvam seu capital humano e social, em benefício próprio, das famílias e das comunidades. Assim, além das aulas de reforço e acompanhamento, a proposta é que os alunos tenham acesso a diversos programas extracurriculares.

Como contrapartida, exige-se dos jovens os compromissos de frequência regular às aulas, bom desempenho escolar; participação em atividades juntos às comunidades, respeito aos "valores da cidadania" e nenhum envolvimento com a criminalidade e outras ações "antissociais" (SEDESE MG, 2010).

---

[2] Projetos estruturadores são aqueles que representam os melhores esforços do governo estadual. Eles são monitorados intensivamente por equipes de especialistas em gestão de projetos (GUIMARÃES; CAMPOS, 2011, p. 01).

[3] As informações referentes à caracterização do programa são da Secretaria de Desenvolvimento Social de Minas Gerais, disponíveis no portal da internet dedicado ao Programa Poupança Jovem: <www.poupancajovem.mg.gov.br>.

A cada ano, cumpridos todos os seus compromissos, o jovem poderá receber a importância de mil reais, depositados em conta bancária individual. A quantia só poderá ser retirada ao final do ensino médio. Contudo, o jovem pode receber 100 reais, como adiantamento, ao completar o primeiro e o segundo anos do ensino médio, sendo que os 2.800 reais restantes são corrigidos monetariamente. O estudante é livre para utilizar esses recursos da forma que julgar mais produtiva para o seu futuro desenvolvimento humano e profissional.

A versão piloto do Programa Poupança Jovem foi realizada na cidade de Ribeirão das Neves na Região Metropolitana de Belo Horizonte, Minas Gerais. Trata-se de um município marcado pela pobreza, associada à baixa renda *per capita* de seus moradores e elevados índices de desemprego e baixa escolaridade da população. Em relação aos 34 municípios que compõem a RMBH, Ribeirão das Neves é o quarto mais populoso, representando 6,59% dos residentes na região (IBGE, 2007). Embora conte com alto contingente populacional, o município oferece poucas oportunidades de trabalho, com uma taxa de desemprego de aproximadamente 22%, de acordo com dados do Censo de 2000. Como consequência das poucas oportunidades de trabalho, Ribeirão das Neves é considerada "cidade dormitório", convivendo com o fenômeno de deslocamento pendular de seus habitantes que possuem como principal destino a capital mineira. O município apresenta também baixa renda *per capita*, cerca de R$ 160,00 (cento e sessenta reais). Comparada às outras cidades da RMBH, ele apresenta a sexta menor renda (IBGE, 2000).

Em relação à escolarização, os índices também são baixos quando comparados às demais cidades da RMBH. A taxa de alfabetização é de 90,6%, ao passo que, na Região Metropolitana essa taxa é de 94% (IBGE, 2000). Comparando também o percentual de pessoas com menos de quatro anos de estudo por idade, é possível perceber a diferença do município com a média das cidades vizinhas. Entre as crianças de 10 a 14 anos, 34,2% possuem menos de quatro anos de estudo, enquanto na RMBH esse número é de 33,8%. Entre os jovens de 15 a 17 anos, 7,2% estudaram menos de quatro anos, ao passo que na RMBH esse índice é de 6,2%. Já os jovens entre 18 e 24, 10,5% têm menos de quatro anos de estudo, enquanto na RMBH esse mesmo número cai para 7,2%. Por fim, em relação às pessoas com mais de 25 anos, 32,3% estudaram menos de quatro anos, enquanto que, na RMBH, esse índice é de 20,5%.

Os dados apresentados contribuem para a compreensão da escolha do município de Ribeirão das Neves para experiência piloto do Programa Poupança Jovem, uma vez que o município apresenta um baixo Índice de Desenvolvimento Humano (IDH), critério relevante para a sua implantação.

Num contexto marcado por mazelas sociais, é mais evidente a necessidade de se problematizar a experiência escolar vivida pelos jovens do ensino médio, bem como compreender as trajetórias traçadas em meio aos obstáculos impostos a essa parcela da população. Nesse sentido, durante a execução da pesquisa, nos propomos a compreender as repercussões do Programa Poupança Jovem nas experiências escolares dos jovens moradores de Ribeirão das Neves. Levaram-se em consideração os objetivos propostos pelo governo do estado com tal política, mas atentando para a percepção dos jovens acerca da experiência de participação nesse programa e as possíveis marcas em seus percursos escolares.

Repercussões do programa na experiência do Ensino Médio

O ponto central dessa investigação está centrado nas repercussões do Poupança Jovem nas experiências escolares dos jovens participantes, ou seja, na relação estabelecida entre as atividades do programa e a vivência do ensino médio. Desta forma, traremos a seguir algumas falas dos jovens sobre duas questões: a primeira diz respeito ao entendimento do programa como incentivo para a finalização dos estudos e a outra é relativa à relação entre o desempenho dos jovens no ensino médio e a participação no programa.

Na primeira questão podemos observar que os jovens entrevistados indicaram que a principal característica do programa para o incentivo aos estudos foi o benefício financeiro. Guilherme exemplificou a relação estabelecida entre permanecer na escola e em troca receber o benefício:

> A educação assim, eu acho assim a educação muito fraca em alguns pontos e isso foi uma, como se diz, entusiasmou algumas pessoas que não gostavam de estudar, mas tava ali, nem que fosse forçado, mas tava ali [...]. Pra mim foi um incentivo, não vou falar com você que foi um incentivo, não foi, porque de qualquer forma eu queria formar. Independente se tivesse rolando dinheiro ou não, eu queria formar, queria ter isso na minha vida, porque, com o estudo, tá difícil demais arrumar emprego, sem estudo então, nem com a metade que você tiver, é muito difícil também (Guilherme, 18 anos).

Guilherme esclareceu que mesmo não sendo seu caso — que terminaria o ensino médio com ou sem o programa — para muitos jovens o Poupança Jovem tornou-se um incentivo. Mas é importante destacar como ele enxergava a relação de permanência estabelecida, "mesmo que seja forçado".

Seguindo esta linha, podemos dizer que Michael lançou um olhar parecido sobre a relação estabelecida entre a permanência na escola e a participação no programa:

> Não, porque, na escola era assim, se você matasse aula você perdia o Poupança Jovem. Ai foi nisso que eu fiquei mais preso dentro da sala de aula, aprendi até bem mais, nunca mais matei aula e ninguém também da minha sala não matou. Todo mundo foi normal [...] Ah, com Poupança Jovem, parece que deu mais vontade de estudar. Quando eu estava na oitava eu estudava por estudar mesmo, pra mim formar [...] E no primeiro ano, depois de ter matado aula, depois que eles chegaram ai me incentivou mais a estudar e igual, com o Poupança Jovem, eu nem vi nem o tempo passar. Passei, assim, de olho fechado (Michael, 18 anos).

Com a chegada do Poupança Jovem, ele passou a se sentir mais "preso dentro da sala de aula", ou seja, antes do interesse em aprender, predominou um estímulo externo para que ele não deixasse o espaço da sala de aula. Neste sentido, ele apontou que o fato de permanecer dentro da sala fez com que aprendesse mais, sentiu mais vontade de estudar e concluiu o ensino médio sem problemas.

Gustavo, assim como Guilherme, destacou que, independentemente da ação do Poupança Jovem, concluiria o ensino médio. Desta forma, não considerou que o programa tenha sido um incentivo para ele.

> Pra mim se tivesse, ou não tivesse, eu ia frequentar (o ensino médio). Porque eu não ia parar de estudar. Mas pra quem não tem interesse em nada mudou alguma coisa, porque no final do ano eu tenho dinheiro. Pra mim incentivou, foi bom, mas... incentivar não incentivou não porque eu não ia parar de estudar (Gustavo, 17 anos).

Já Rebeca conseguiu estabelecer uma relação direta entre o fato de se dedicar mais aos estudos e o recebimento do benefício. Para ela, o valor de três mil reais foi uma motivação para concluir o ensino médio. Entretanto ela reconheceu que para muitos jovens o benefício não serviu como um incentivo.

> O programa aí, ele ajudou, tipo a pessoa estudar mais, porque três mil não cai do céu assim não. Quando, quando... nós nem tava acreditando que era verdade, todo mundo tava duvidando que esse dinheiro ia ser, que ia cair na nossa mão mesmo. Aí nós, tipo foi um motivação pra estudar né? Mas tem alguns que nem ligava, tava nem aí, não estudava nada, não acreditou. Mas eu, muitos colegas da minha sala esforçou muito pra passar por causa dos três mil (Rebeca, 18 anos).

No segundo eixo, percebemos que o programa teve pouco reflexo nas experiências diretamente relacionadas ao ensino médio. Quando questionados se o Poupança Jovem ajudou a melhorar o desempenho escolar, a maior parte dos jovens considera que não.

> **Pesquisadora**: Você acha que o Poupança Jovem melhorou o seu desempenho na escola?
>
> **Felipe**: Não. Eu acho assim, o meu desempenho foi melhorado por mim mesmo.
>
> **Pesquisadora**: Veio anterior?
>
> **Felipe**: Veio anterior. Eu queria crescer, ser alguém, aprender as coisas e às vezes, por causa da matéria, também me chamava muita atenção. Porque eu sempre fui curioso, sempre quis saber essas partes, estudar mais um assunto. Então eu acho que foi por causa disso mesmo. Pelo meu interesse.

Felipe apontou que seu desempenho dentro da sala de aula estava diretamente relacionado ao interesse que ele tinha em relação às disciplinas. Desta forma, não conseguiu estabelecer uma relação entre a participação no programa e a melhora do desempenho escolar.

Júlia também partilhou de opinião parecida:

> Poupança Jovem não teve nenhuma influência em relação à matéria, aprendizado, em relação a conteúdo escolar não. Acho que o Poupança Jovem queria influenciar você a daí pra frente, a da escola pra frente, pra ser um cidadão, não pra ser um futuro estudante. Era mais pra ser um, um, cê planejar uma vida, uma vida dali pra frente. Não que ali cê num tivesse, né, mas no foco de ser um ótimo estudante, é, pra eles era uma motivação pra influenciar o aluno a estudar porque ele ia ter o dinheiro e isso acho que funciona sim, porque afinal de contas quem não quer dinheiro? Mas ao mesmo tempo, mais é pra, para aquelas pessoas

> que já não gostavam de estudar. [...] Essas pessoas ligam mais pro interesse material, liga mais pro dinheiro, não pensa que o conhecimento é algo que ninguém pode tomar (Júlia, 17 anos).

A jovem reforçou a ideia de não haver uma ligação direta entre o programa e o desempenho no ensino médio e enxergava as ações do Poupança Jovem muito mais voltadas para um conhecimento que não é o escolar, ressaltando os conhecimentos mais ligados à dimensão da cidadania.

Já Michael conseguiu estabelecer uma relação entre os aprendizados adquiridos a partir do programa e os conhecimentos necessários no desenvolvimento do ensino médio:

> Agora que eu lembrei do inglês, no terceiro ano... Foi, três meses. Deram apostila, CD. Tenho até guardado até hoje ali... Estudei, comecei a tirar até, eu fechava as notas de inglês. Me ajudou bastante (Michael, 18 anos).

O benefício

Sob o ponto de vista dos jovens, o benefício financeiro, configurou-se como a mais importante contribuição do Poupança Jovem. Isso se deve em grande parte, ao próprio desenho do programa, que desde o princípio enfatizou na transferência de renda, seu principal atrativo para os jovens. Na discussão anterior pode-se ver claramente o lugar de destaque dado ao benefício, quando os jovens tratam das repercussões do programa. Mas será que os jovens só participam destas atividades por causa do dinheiro?

Em geral, nos programas que se caracterizam pela transferência de renda, os participantes relatam que muitas pessoas permanecem no programa apenas pelo benefício financeiro. Isto é algo que podemos problematizar, pois quando se afirma que alguns jovens só participam de determinadas atividades para receber um benefício financeiro, significa que o sentido atribuído à atividade em si, não tem valor, ou seja, exprime que a atividade não tem poder de mobilização, de despertar o interesse desses jovens. Muitos programas depositam na renda transferida aos jovens o sentido maior para a adesão/permanência dos participantes. E dessa forma incentivam-nos a atribuírem um valor extrínseco ao programa, na remuneração que vão receber.

Em contraposição a esta situação, podemos observar em outras experiências em que os jovens não recebem nenhum benefício e, entretanto, frequentam as atividades. Isso se deve ao fato de os jovens conseguirem atribuir um valor intrínseco à própria atividade, que pode ser o fato de estar junto, de encontrar os colegas, de sair de casa, ou seja, que existam outros interesses que os satisfazem nesta mobilização, principalmente no âmbito da sociabilidade.

Parece então clara a necessidade de fazer com que as atividades propostas para os jovens tenham sentido para eles, de modo que consigam perceber o valor da atividade nela mesma, e não apenas num benefício que virá.

No caso do Poupança Jovem, existia uma tensão entre permanência no programa/escola e o recebimento do benefício. Porém, torna-se difícil separar de maneira dicotômica se os jovens aderem ao programa interessados nas atividades propostas ou apenas no benefício. O importante é destacarmos a necessidade de que no desenho de tais programas haja a preocupação com o sentido das atividades oferecidas, bem como a importância do benefício para os participantes.

Na perspectiva de compreendermos a importância do benefício para os jovens que participaram do programa, podemos visualizar no gráfico a seguir uma comparação entre o momento inicial do Programa em 2007 e a sua fase final em 2009. Perguntou-se sobre como os jovens planejavam gastar os recursos recebidos.

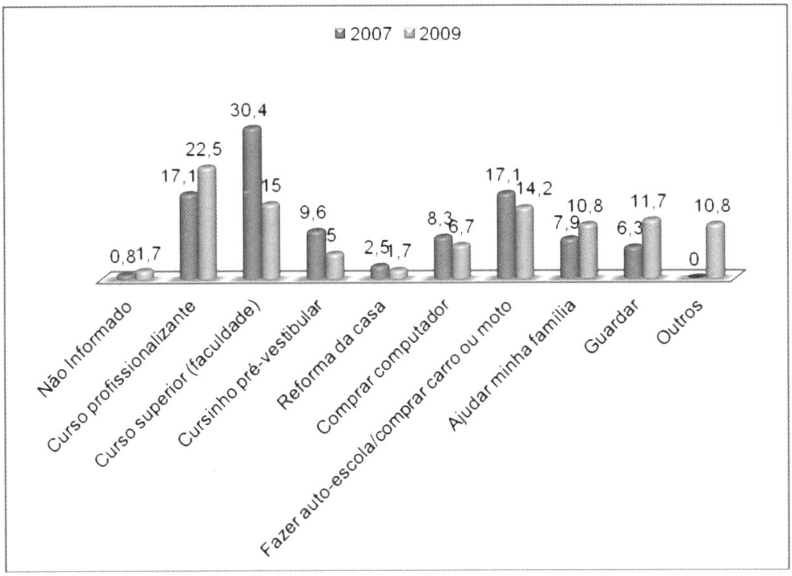

GRÁFICO 1: Uso do benefício – 2007 e 2009

A primeira afirmação que podemos fazer é que no ano de 2007, a maior parte dos jovens, aproximadamente 30%, estavam interessados em investir o benefício no curso superior. No ano de 2009 esse número cai para a metade. Vários razões podem ter motivado a queda deste valor, uma delas pode ser o conhecimento de que o benefício não é suficiente para garantir nem mesmo o primeiro momento no ensino superior. Outra possibilidade pode ser a mudança de planos, fazendo opção pelo curso técnico em detrimento da faculdade. Outros projetos ganham destaque. É o caso do acesso a um meio de transporte representado na opção "Fazer autoescola/comprar carro ou moto", que apresentou uma média de 15% dos interesses dos participantes.

Tais opções podem estar ligadas ao momento de conclusão do ensino médio, em que há uma maior insegurança e indefinição com relação ao futuro. Os jovens parecem apostar em sonhos mais realistas como fazer cursos profissionalizantes e manter uma poupança que garanta fundos para os seus gastos mais imediatos enquanto não se consegue uma ocupação. O desejo de dar continuidade aos estudos ou adquirir uma moto fica adiado face à necessidade de "se garantir".

Entre os entrevistados, observamos o uso do benefício de maneira diferenciada, dependendo principalmente das condições econômicas de cada família. Michael, por exemplo, optou por ajudar em casa:

> Igual, ajudar a minha mãe a reformar a casa, comprar os móveis, através do Poupança Jovem. Eu falei assim: "Eu vou fazer o seguinte, pega o dinheiro compra o seu guarda-roupa, sua cama". Eu comprei minha cama, meu guarda-roupa, a mesa. E teve um, igual, esse negócio assim teve que passar o cartão, porque o dinheiro não deu não (Michael, 18 anos).

Já Felipe, que tem um melhor suporte financeiro familiar optou por não utilizar o dinheiro, que na época da entrevista, ainda estava intacto na conta poupança:

> Olha, eu ia gastar até na compra do carro, inteirar, mas, graças a Deus não precisou e eu ainda tenho ele guardado ainda (Felipe, 20 anos).

Como a família pode arcar com alguns custos ligados ao consumo juvenil, esse jovem optou por manter a poupança.

Como vimos, vários destinos foram dados ao benefício recebido. Em geral se mostraram muito animados ao relatarem os investimentos. Observamos que o benefício significou a possibilidade de consumir, de terem controle sobre uma renda significativa, a oportunidade de auxiliar a família e de fazer planos. Isso representa aspectos importantes das suas autoimagens.

A avaliação geral

Diante de todo o percurso realizado pelos jovens durante o ensino médio e a participação no programa Poupança Jovem, de maneira geral, eles avaliaram a experiência como muito positiva. Cerca de 95% dos jovens que responderam ao questionário no ano de 2009 avaliam a experiência como positiva, sendo que quase 40% consideraram o Poupança Jovem excelente. Vários aspectos eram levados em conta, como a possibilidade de sair de casa, de encontrar os amigos, de terem oportunidades de formação, de ocupar o tempo, e é claro, a chance de receber o benefício.

> Que eu mais gostei foi disso, conheci novas pessoas. Tanto é que eu vou em alguns lugares que algumas pessoas me conhecem por causa do

> poupança jovem, que fez a gente ver pessoas diferentes e entrosar, né? (Guilherme, 18 anos)

Mas, mesmo com a avaliação positiva, os jovens são capazes de fornecer pistas sobre o que eles consideram como falhas e deixam suas sugestões para que o programa melhore:

> Eu acho que assim, deveria é ter mais excursão, sabe, pras pessoas interagir umas com as outras. Que muitas vezes tinha, mas a gente era restrito de misturar com o pessoal. Eu acho que devia ter isso, mais liberdade de conversar com as pessoas e tudo (Guilherme, 18 anos).

Guilherme também revelou a necessidade de se dar mais liberdade aos jovens no desenvolvimento das atividades e denunciou uma postura de infantilização no tratamento dos jovens. Além da crítica sobre a presença inconstante de representantes do Poupança Jovem na escola:

> Porque muitas vezes a gente tinha que sentar em grupinhos, não podia sair, então isso era muito chato. As palestras também não vou falar que as palestras era muito boa porque era irritante, tinha hora. Mas às vezes, no intervalo, a gente meio que poderia tá ali se misturando, eles não, "faz a fila, vão com o moço, que...". Tinha fila, o trem era chato, sô. Fila indiana, aí tinha que ir, uma atrás do outro. Nosso Deus, era horrível, porque a gente daquele tamanho, uns marmanjão velho, entendeu? Aí isso que eu ficava assim, indignado mesmo. Aí nós, fora isso, muito bom mesmo eles ter, e o outra também, ter a convivência deles, dos auxiliadores na escola, que muitas vezes sumia, sabe? Ficava três meses sem ir, aí a gente ficava doido. Eu mesmo falava: "Ih gente, esse trem de dinheiro, vai ter dinheiro não. Se fosse vocês estudava mesmo e caça um jeito de comprar seus negócios". Eu mesmo não acreditava, só acreditei mesmo depois que eu vi meu cartão chegando. Mas que eu vi a falta deles lá, muitas vezes a gente querendo tirar uma dúvida e não ter ninguém pra tirar a dúvida (Guilherme, 18 anos).

Outro aspecto negativo foi ressaltado por Júlia ao manifestar sua opinião sobre a falta de planejamento do programa, tendo em vista a forma improvisada como a proposta piloto foi executada.

> O Poupança Jovem, pra mim foi mais uma experiência, assim, inicial. Uma experiência que eu acho que deveria ter sido mais planejada. Eu

> acho que eles antes de anunciar já tinha que ter o planejamento. Já tinha que ter tudo assim, ah, vai ser aqui, vai ser aqui, vai ser aqui, as atividades vão ocorrer aqui, eu acho que deveria ter sido assim, porque essa correria de última hora, acaba que a gente faz e não faz ao mesmo tempo, quando faz, faz corrido (Júlia, 17 anos).

Assim, apesar dos aspectos positivos ressaltados pelos jovens, pode-se perceber uma insatisfação deles em relação ao modo como as propostas são desenvolvidas. Em muitos casos as ações são improvisadas e tendem a repetir o mesmo modelo escolar, com sua lógica transmissiva, ao qual eles resistem.

Considerações finais

Buscamos identificar como os jovens avaliaram a experiência de participação no programa, bem como perceberam a interferência deste em sua experiência escolar. A partir da fala dos jovens, pudemos conhecer diversos pontos de vista sobre a importância do programa para cada um dos sujeitos participantes. Foi possível perceber que mesmo diante dos imprevistos durante a sua execução, os jovens consideraram a participação no Poupança Jovem positiva, apontando como principais ganhos o fato de conviver com os amigos, fazer algum curso e especialmente receber o benefício de três mil reais.

É difícil mensurar as repercussões específicas do Poupança Jovem nas experiências vividas pelos jovens, já que é impossível isolar os acontecimentos, de forma a atribuir a uma única ação, um determinado resultado. O que percebemos com o processo de investigação é que as repercussões aparecem de forma diferenciada para cada jovem, dependendo da expectativa que ele nutria em relação ao programa, da organização e do acompanhamento familiar, das experiências escolares anteriores, dos projetos para o futuro, entre outras motivações.

Mesmo sendo um programa que buscava combater a evasão, o número de jovens que iniciaram o ensino médio, foi diminuindo até o final desta etapa do ensino. Para confirmar essa informação, recorremos às secretarias das respectivas escolas para conhecermos o fluxo das turmas no período de 2007 a 2009.

TABELA 1: Número de Alunos Matriculados no período de 2007 a 2009

	Escola Serra	Escola Planalto
2007	5 turmas / **171** estudantes no primeiro ano	4 turmas / **126** alunos no primeiro ano
2008	3 turmas / **101** estudantes no segundo ano	3 turmas / **104** alunos no segundo ano
2009	2 turmas / **83** estudantes no terceiro ano	3 turmas / **99** alunos no terceiro ano

Fonte: Dados de matrícula das secretarias das respectivas escolas, 2007, 2008 e 2009.

Analisando os dados da TAB. 1, percebemos o enxugamento da quantidade de alunos, na medida em que avançam as séries do ensino médio. Esse afunilamento no número de concluintes do ensino médio não é um problema que aflige apenas o município de Ribeirão das Neves, nem tão pouco o estado de Minas Gerais. Este fenômeno está presente em todo o cenário nacional. Diante deste contexto, nossas considerações apontam para a necessidade de uma maior compreensão dos motivos que levam os jovens a deixarem a escola. Segundo algumas pesquisas, o abandono escolar no ensino médio pelos jovens em grande parte está ligado à ausência de sentido para estudar. Os dados divulgados pela Fundação Getulio Vargas (2009) sobre os principais motivos da evasão dos jovens alunos da instituição escolar, revelam que a falta de interesse predomina entre tais motivos (40,29%).

Partindo desse ponto, o Poupança Jovem tem muitas dificuldades para combater a evasão, pois sua relação com a escola é frágil. Uma vez que o programa tem pouco diálogo com as escolas que atende, ele não contribui para o maior interesse dos jovens no ensino médio em si. O que percebemos, na verdade, é que a o programa mantém uma relação "condicional" com os jovens, estabelecendo uma relação de troca que por vezes pode ser confundida com "chantagem". Parte dos jovens permanece, "mesmo que forçados", utilizando as palavras do Guilherme, a fim de conquistar o benefício final. Resta-nos questionar a validade desta relação estabelecida.

Referências

DE TOMMASI, Lívia. Um olhar sobre as experiências de políticas públicas de juventude na América Latina. *Revista Brasileira de Educação*, São Paulo, n. 25, p. 177-

181, jan./abr. 2004. Disponível em: <http://www.scielo.br/pdf/rbedu/n25/n25a15.pdf>. Acesso em: 02 mar. 2011.

FUNDAÇÃO GETULIO VARGAS. Motivos da evasão escolar. 2009. Disponível em: <http://www.cps.fgv.br/cps/tpemotivos/>. Acesso em: 02 mar. 2011.

GUIMARÃES, Tadeu Barreto; CAMPOS, Eder. *Sistema de monitoramento e avaliação no Governo do Estado de Minas Gerais*: aspectos de gerenciamento. Disponível em: <http://siteresources.worldbank.org/INTLACREGTOPPOVANA/Resources/Tadeu_Barreto_Minas_Gerais.pdf>. Acesso em: 02 mar. 2011.

IBGE. INSTITUTO BRASILEIRO DE GEOGRAFIA E ESTATÍSTICA. Censo demográfico: 2000. Rio de Janeiro: IBGE, 2002. Disponível em: <http://www.sidra.ibge.gov.br/cd/defaultcd2000.asp?o=15&i=P>. Acesso em: 07 jun. 2011.

IBGE. INSTITUTO BRASILEIRO DE GEOGRAFIA E ESTATÍSTICA. IBGE Cidades: 2007. Disponível em: < http://www.ibge.gov.br/cidadesat/painel/painel.php?codmun=315460#>. Acesso em: 19 mai. 2011.

IPEA. INSTITUTO DE PESQUISA ECONÔMICA APLICADA. PNAD 2007 *Primeiras análises*: educação, juventude, raça e cor. 2008. v. 4. (Comunicado da Presidência nº 12).

JOÃO PINHEIRO CONSULTORIA JR. *Relatório Diagnóstico Programa Poupança Jovem*. Belo Horizonte: [s.n.], 2007.

SEDESE MG – Secretaria de Estado de Desenvolvimento Social. Poupança Jovem, [*online*]. 2010.

SPOSITO, Marília Pontes. *Os jovens no Brasil*: desigualdades multiplicadas e novas demandas políticas. São Paulo: Ação Educativa, 2003.

SPOSITO, Marília Pontes; CARRANO, Paulo César Rodrigues. Juventude e políticas públicas no Brasil. *Revista Brasileira de Educação*, São Paulo, n. 24, p. 16-39, set./dez. 2003.

Olhares de adolescentes em conflito com a lei para a escola: significados da experiência escolar em contexto de privação de liberdade

Brenda Franco Monteiro Prado
Lucia Helena Alvarez Leite

Introdução

Atualmente, o número de adolescentes e jovens envolvidos com a criminalidade tem crescido no Brasil, sendo crescente também a inserção desses adolescentes no cumprimento da medida socioeducativa, como é denominada a aplicação da sanção ao adolescente (entre 12 e 18 anos) que comete ato infracional. A lei que regula o cumprimento das medidas socioeducativas é a Lei nº 8.069/90, o Estatuto da Criança e do Adolescente (ECA). O ECA institui que os adolescentes que cometem atos infracionais, análogos aos crimes previstos no Código Penal brasileiro, não devem ser tratados como os adultos, pois estão em processo de desenvolvimento. Por tal motivo, as aplicações são diferenciadas e os adolescentes devem cumprir medidas socioeducativas, que têm caráter sancionatório, mas também com um viés educativo e de responsabilização acerca das infrações cometidas. A referida legislação é uma das mais avançadas da América Latina no que se refere à garantia e proteção dos direitos da criança e do adolescente, sendo fruto de um forte movimento social de luta por tais direitos ocorrido no Brasil na década de 1980.

Este texto apresenta reflexões construídas durante uma pesquisa de Mestrado, ainda em andamento, que tem como objetivo compreender as relações que os adolescentes e jovens estabelecem com a escola em espaço de privação de liberdade, já que, de acordo com o ECA, a partir do momento em que o adolescente é acolhido na internação, a frequência escolar passa a ser obrigatória e a oferta da escolarização nesse espaço é um dever do poder público.

A partir de (re)leituras de autores que tratam da violência, da juventude, da privação de liberdade, da escolarização (ARROYO, 2007; MAKARENKO, 1985; FOUCAULT, 1975; TRASSI, 2006) e de dados referentes ao perfil e à escolaridade dos adolescentes internados em um centro socioeducativo localizado na periferia da cidade de Belo Horizonte, construímos algumas questões orientadoras da pesquisa: como os jovens significam a escola a que são submetidos na privação de liberdade? Quais são seus olhares perante a escolarização? Qual a presença e qual a função que essa escola exerce na vida desses sujeitos?

Assim, a pesquisa tentou compreender os olhares dos adolescentes em conflito com a lei para a escola, como significam esta escola no momento do cumprimento da medida de internação, quais sentimentos a escola nesse espaço desperta nesses jovens.

A pesquisa foi realizada em um centro de internação para adolescentes privados de liberdade no município de Belo Horizonte, Estado de Minas Gerais. A unidade está localizada na periferia da capital mineira. Àquele momento, a unidade contava com 65 adolescentes, todos do sexo masculino.

Para a realização dessa investigação, as estratégias metodológicas caminharam em duas vertentes. A primeira centrou-se na análise de dados quantitativos referentes aos adolescentes, que trazem informações relevantes acerca do perfil socioeconômico, uso de drogas, envolvimento com a criminalidade, entre outros. A segunda seguiu uma abordagem qualitativa, que consistiu na realização de observação no campo e entrevistas semiestruturadas com os sujeitos da pesquisa. O estudo não tem a intenção de esgotar o tema proposto, e sim trazer novos elementos e discussões para a compreensão de como a educação escolar é sentida e significada pelos adolescentes em um espaço tão peculiar como o da privação da liberdade.

O início dos estudos aconteceu em 2010 e a pesquisa de campo foi realizada de outubro de 2011 a janeiro de 2012 em uma instituição de privação de liberdade de adolescentes autores de ato infracional. Foram realizadas observações diárias nas salas de aulas nos anos finais do Ensino Fundamental e na única turma de Ensino Médio da unidade, que à época tinha 4 adolescentes matriculados. Ao final da observação de campo, os adolescentes foram convidados a dar entrevistas, divididas em três momentos da vida escolar dos sujeitos: o passado escolar, as vivências escolares na privação de liberdade e os pensamentos e sentimentos em relação ao futuro após o período de internação. No decorrer da entrevista e das observações de campo, várias outras questões surgiram, como, por exemplo, o cotidiano escolar, as limitações das ações educativas nesse contexto, as angústias de professores(as) que acreditam na presença da escola e convivem diariamente com os limites impostos pelas circunstâncias e pelo espaço.

No início da pesquisa foi possível observar que a presença da pesquisadora foi um incômodo para os alunos. No entanto, após um período nas salas de aula, convivendo todos os dias com os sujeitos, foi possível minimizar os efeitos da presença, que, com o tempo, deixou de ser apenas uma estranha. Além do mais, alguns artifícios foram utilizados, como o não uso do caderno de campo nas salas de aula. Todas as anotações foram registradas fora da presença dos sujeitos da pesquisa. Dessa forma, foi possível obter certa confiança dos sujeitos envolvidos na investigação, constatada nas entrevistas, que foram bastante produtivas.

É necessário frisar que este estudo não teve como intuito finalizar ou esgotar o tema proposto a partir dessa investigação, e sim de ampliar o debate sobre uma realidade pouco conhecida e estudada em nossa sociedade. Procurando compreender como a educação escolar é sentida pelos jovens e adolescentes em privação de liberdade, como é a vida deles na escola e a escola nas suas vidas. Esta investigação pode contribuir para o surgimento de mais pesquisas, reflexões e diálogos acerca do tema, gerando mais estudos e conhecimento na área.

De menor infrator a adolescente em conflito com a lei – Novos parâmetros de atendimento a partir do Estatuto da Criança e do Adolescente

O Estatuto da Criança e do Adolescente é uma das legislações mais avançadas da América Latina no que se refere à garantia e proteção dos direitos da criança e do adolescente, sendo fruto de um forte movimento social de luta por tais direitos ocorrido no Brasil na década de 1980. Antes do ECA, as crianças e adolescentes brasileiros não eram reconhecidos como sujeitos de direitos e estavam sujeitos à Doutrina da Situação Irregular, que era voltada apenas para crianças e adolescentes pobres, em situações vulneráveis: abandono, miséria, vítimas de violências, entre outros. Com a promulgação do ECA, em 1990, começa a vigorar a Doutrina da Proteção Integral, que passa a reconhecer que crianças e adolescentes devem ser tratados como sujeitos de direitos e que é função do Estado, da sociedade e da família fazer com que esses direitos sejam garantidos. As crianças e adolescentes gozam de todos os direitos fundamentais e sociais, principalmente os relativos à proteção, por estarem em processo de desenvolvimento.

Essa nova legislação tirou de cena o Código de Menores que vigorava no País desde os anos 20 do século passado. Em 1979 houve a promulgação do Código Mello Matos, mas que também estava em consonância com a Doutrina da Situação Irregular. De acordo com Mendez (1998), antes, de 1919 a 1990, as mudanças na legislação foram rasas, sendo que alterações substanciais só ocorreram com o ECA.

As medidas socioeducativas previstas no ECA são divididas em dois grupos: as medidas de meio aberto e as medidas de regime fechado. As medidas socioeducativas têm o intuito educativo e punitivo e visam à responsabilização do adolescente perante sua conduta ilícita. Além do mais, as medidas devem buscar assegurar condições que promovam o desenvolvimento do sujeito como cidadão e pessoa. As medidas socioeducativas de meio aberto são aquelas em que não há qualquer restrição ou privação da liberdade do adolescente: advertência; obrigação de reparar o dano; liberdade assistida e prestação de serviço à comunidade. Já as medidas de meio fechado são aquelas que impõem alguma restrição em relação à liberdade do adolescente autor de ato infracional: a semiliberdade, que prevê a restrição da liberdade, e a internação em estabelecimento educacional, que prevê a privação de liberdade do adolescente, do direito de ir e vir.

A medida socioeducativa de privação de liberdade deve estar sujeita a três princípios fundamentais (COSTA, 2006). O principio lógico, referente à excepcionalidade da privação de liberdade, ou seja, é uma medida que deve ser aplicada somente em último caso, sendo aplicada como alternativa última. O principio cronológico, referente ao tempo, à brevidade da medida, que deve ser o mais breve possível. E o principio ontológico, referente à condição peculiar de pessoa em desenvolvimento, que reconhece o adolescente como sujeito em processo de formação.

A internação é a mais grave de todas as medidas, por isso deve ser a última alternativa a ser pensada, a partir dos princípios elencados acima. Essa medida deve ter a duração mínima de 6 (seis) meses e máxima de 3 (três) anos. De acordo com a Lei nº 8.069/90, a internação em estabelecimento educacional só pode ser aplicada quando se tratar de ato infracional cometido mediante grave ameaça ou violência a pessoa; por reiteração no cometimento de outras infrações graves; por descumprimento reiterado e injustificável de medida anteriormente imposta ao adolescente. A medida não comporta prazo determinado e deve ser avaliada no máximo a cada 6 (seis) meses.

Mesmo o Estatuto da Criança e do Adolescente sendo uma das mais avançadas legislações da América Latina no que se refere à garantia de direitos às crianças e adolescentes, ainda há, na sociedade brasileira, a ideia de que é uma legislação que veio para reforçar a impunidade de adolescentes que cometem infrações análogas aos crimes previstos no Código Penal.

Segundo Mendez (2006), o ECA atravessa duas crises: a crise de implementação e a crise de interpretação. A primeira devido à escassez de gastos públicos com a questão social: carência de recursos em relação à saúde e à educação no Brasil, por exemplo. Já a crise de interpretação, é ainda mais complexa. O autor especifica que a dificuldade de interpretação do ECA não é devido aos termos técnicos, mas sim à dificuldade de se eliminar as práticas tutelares que vigoravam antes do ECA.

Com o Estatuto tornou-se necessária a construção de um novo olhar, já que são adolescentes que transgridem normas da sociedade e novos aspectos deveriam ser levados em consideração "Dimensões como a da saúde física e emocional, conflitos inerentes à condição peculiar de pessoa em desenvolvimento" (VOLPI, 2008 p. 19). Pode-se dizer que essa construção de um novo olhar da sociedade brasileira para os adolescentes em conflito com a lei ainda está em processo, pois é possível perceber que muitos ainda os veem com preconceito e medo: principalmente aqueles privados de liberdade. São os "bandidos mirins", "aprendizes da bandidagem" e outros termos comumente utilizados e disseminados pela mídia.[1]

No entanto, ao contrário do que muitos pensam, as medidas socioeducativas são punitivas aos infratores, porém comportam também aspectos educativos, e devem proporcionar acesso à formação, informação e atividades culturais, de lazer e esportivas. O Estatuto, assim, tem caráter de proteção e de responsabilização, sendo uma legislação que estabelece direitos e respon-

[1] Wacquant refere-se a esses programas como mídias que "alimentam uma florescente indústria cultural do medo aos pobres – por exemplo, os programas de televisão [...] que apresentam em horários nobres ações reais da polícia nos bairros deserdados negros e latinos, com absoluto desprezo aos direitos das pessoas presas e humilhadas diante das câmeras" (WACQUANT, 2008, p. 96).

sabilidades, tanto para adultos quanto adolescentes, baseada no modelo de responsabilidade.

A escola na privação de liberdade

A educação escolar nas unidades de internação socioeducativa e no sistema prisional no Estado de Minas Gerais é fruto de uma parceria da Secretaria de Estado de Educação e da Secretaria de Estado de Defesa Social (SEDS). É oferecida por meio de um convênio de cooperação mútua, sem repasse de recursos, "com finalidade de propiciar educação básica nas modalidades EJA e comum para os adolescentes, jovens e adultos, privados de liberdade, por ordem judicial nas unidades da SEDS em todo o Estado de Minas Gerais" (Convênio 1034/2010).

De acordo com o convênio, cada nova unidade socioeducativa ou prisional aberta funciona como segundo endereço de uma escola estadual já existente na comunidade. Dessa forma, a sede da escola com direção, vice-direção e secretaria escolar, com todos os documentos referentes aos adolescentes e funcionários, estão localizadas em outro espaço. As unidades contam apenas com a equipe de docentes e um(a) supervisor(a) que é responsável pela coordenação do trabalho escolar nas unidades, assim como pela comunicação com a sede da escola e a equipe de atendimento da unidade de internação.

A escola conta atualmente com 4 (quatro) profissionais de secretaria escolar (assistente técnico de educação básica), que são responsáveis pelas demandas dos recursos humanos da escola, assim como pela expedição da documentação escolar do aluno. No total, são 93 (noventa e três) professores(as), sendo 57 (cinquenta e sete) designados e 36 (trinta e seis) efetivos. A contratação de professores(as) por meio da designação acontece de acordo com a demanda da escola. Quando surgem alunos nas unidades que estão em anos escolares que não tem turmas, é criada uma turma específica para o aluno, o que faz com que algumas unidades tenham turmas de 1 (um), 2 (dois) alunos.

A unidade socioeducativa em que a pesquisa foi realizada possui espaço próprio para a escola, com algumas salas bem amplas e arejadas. Mas as salas não são suficientes para todas as turmas, então a escola utiliza um espaço no qual acontecem, no período da manhã, as oficinas terapêuticas: pintura, artesanato, entre outras atividades. O espaço onde ficam as salas permanece trancado durante as aulas, com um agente socioeducativo[2] no corredor e outros dentro de cada sala de aula, que também ficam fechadas. O agente abre as salas apenas quando um professor vai entrar ou sair. No espaço das salas de aula há um banheiro e um bebedouro aos fundos, que é onde ficam os adolescentes no intervalo, que é de 20 minutos. Sempre quando é permitido ao adolescente sair da sala, o agente faz uma revista superficial para verificar se carregam algum objeto: como lápis e caneta. As aulas acontecem das 13h às 17h30min.

A unidade possui também uma ampla biblioteca, porém não era utilizada pelos docentes. Durante o período de observação, não houve nenhuma atividade na biblioteca. Alguns alunos relataram o gosto pela leitura, que eram feitas nos alojamentos, pois eles não podiam frequentar a biblioteca, já que não havia mais um profissional responsável por esse espaço. Um adolescente e um agente socioeducativo ficavam responsáveis por escolherem livros na biblioteca e levarem aos adolescentes nos alojamentos. A leitura era uma atividade frequente entre alguns dos adolescentes entrevistados, revelando-se uma atividade terapêutica naquele período, já que permitia "viajar" em histórias as mais diversas, segundo relatos dos alunos.

A escola oferta as turmas de acordo com a escolaridade dos adolescentes que chegam para o cumprimento da medida. No momento de realização da pesquisa, a unidade socioeducativa contava com 65 (sessenta e cinco) adolescentes, distribuídos entre Ensino Fundamental e 1º Ano do Ensino Médio. Não havia, naquele momento, turmas de 2º e 3º Anos do Ensino Médio.

Foi possível verificar, no decorrer da pesquisa, que todos os alunos se encontravam em situação de defasagem idade/ano escolar, ou seja, todos os alunos daquela escola traziam histórias de abandono da escola ou histórias de repetências, informação ratificada nas entrevistas e nas conversas realizadas com os adolescentes nos momentos de observação. Esse é um reflexo do abandono escolar de muitos dos(as) adolescentes que chegam ao cumprimento da medida. Deixaram de frequentar a escola em algum momento de suas vidas, por motivos diversos – repetências consecutivas pela infrequência, trabalho, ausência de sentimento de pertencimento ao ambiente escolar, uso de drogas, envolvimento com a criminalidade. Motivos esses que ganham força quando somados e são decisivos para o abandono.

[2] O agente socioeducativo é o profissional responsável pela segurança dos adolescentes, funcionários e visitantes da unidade. Não é permitida a utilização de nenhum tipo de arma naquele espaço.

Jovens com trajetórias de exclusão e fracasso escolar

Estes jovens e adolescentes carregam trajetórias históricas de exclusão, de coletivos que tiveram e ainda têm direitos negados, como bem explicita Arroyo (2007) p. 43), "não são acidentados ocasionais que gratuitamente abandonaram a escola. Repetem histórias longas de negação de direitos. Histórias coletivas. As mesmas de seus pais, avós, de sua raça, etnia, gênero e classe social".

Quando Arroyo faz essa reflexão, refere-se ao público da educação de jovens e adultos, mas é possível compreender os adolescentes privados de liberdade, sujeitos dessa pesquisa, nesses mesmos termos, já que trazem histórias de abandono, de negação de direitos. Muitos compartilham histórias repetidas. Histórias que seus antepassados viveram. É nessa perspectiva que o compreendemos, buscando romper com análises reducionistas que responsabilizam apenas os sujeitos pelas suas práticas, individualizando o fracasso escolar e culpando-os pelas situações vivenciadas.

Relatório da UNICEF,[3] divulgado em 2012, discorre sobre a situação dos adolescentes brasileiros no ano de 2011. Um dos pontos relatados é a questão da baixa escolaridade. Grande parte não teve acesso à educação infantil e frequentou o Ensino Fundamental por um breve período. A necessidade de ajudar em casa com alguma renda acaba fazendo com que muitos iniciem a vida no trabalho prematuramente, e a escola acaba sendo relegada. Com a inserção no trabalho e também na criminalidade, como é o caso dos sujeitos em questão, a frequência às aulas fica prejudicada. O ciclo de repetências passa a fazer parte de suas vidas escolares e consequentemente o abandono. Essa é uma característica encontrada na escola que atende à privação de liberdade em Belo Horizonte. Grande parte dos sujeitos já passou pela escola em algum momento de sua vida, mas, no entanto, sequer terminou o Ensino Fundamental. São jovens que construíram uma trajetória de educação marcada por intensas e constantes rupturas com a cultura escolar. Trajetórias que são fruto, conforme nos faz refletir Arroyo (2000), também de uma escola excludente, pois "a cultura da exclusão está materializada na organização e na estrutura do sistema escolar" (p. 18) que muitas vezes reduz a "educação básica a um

---

[3] Relatório da UNICEF "Situação da Adolescência Brasileira: o direito de ser adolescente". Relatório que discorre sobre a situação dos(as) adolescentes brasileiros(as) em diversos eixos: escola, trabalho, profissionalização, saúde, violência, entre outros.

processo disciplinar e seriado de ensino-aprendizagem" (p. 29). Às vezes uma escola que não dá conta das demandas dos jovens que acolhe, que desconhece a história e o contexto dos adolescentes.

Também observamos que, em muitos momentos, a escola cobra e valoriza muito além daquilo que grande parte dos sujeitos de classes desfavorecidas carrega para esse espaço, ou seja, os alunos não são familiarizados com o ambiente escolar, com sua linguagem e seus modos, daí também a hipótese de uma relação conflituosa, tensa (BOURDIEU, 2008).

Essa realidade é presente na prática diária de quem trabalha com esse público. Realidade que nos remete a muitos outros escritos de Miguel Arroyo, quando discorre acerca da fragilidade do saber sobre quem são esses jovens com trajetórias escolares tão truncadas, trajetórias de rupturas constantes, e de reconhecer esses jovens enquanto sujeitos de direitos (ARROYO, 2007). Reflexões que instigam o pensamento a ponto de questionar qual a relação desses jovens com essa escola que agora se impõe em suas vidas na privação de liberdade. Como sentem e percebem essa escola?

Com a aprovação do Estatuto da Criança e do Adolescente, a matrícula escolar no País realmente avançou, o número de matriculados no Ensino Fundamental atualmente é superior ao antes da promulgação da referida legislação. No entanto, a permanência na escola é um problema enfrentado pela educação brasileira. Muitos adolescentes abandonam os bancos das salas de aula sem completarem o Ensino Fundamental. Os adolescentes em conflito com a lei são o espelho dessa situação. Conforme dados da escola pesquisada, apenas 6,43% do total de alunos frequentavam o Ensino Médio e o restante ainda estava no Ensino Fundamental. A distorção idade-série[4] é um dos desafios da educação no cumprimento da medida de internação, já que mais de 90% dos alunos da escola em questão estão nessa situação: cursando anos escolares diferentes do previsto para a idade.

No decorrer da pesquisa, fomos percebendo que, para compreender o olhar para o adolescente privado de liberdade e sua relação com a escola nesse espaço, devemos levar em consideração sua história, suas vivências. Afinal, são jovens que trazem uma experiência de vida de muitas negações, de muitos conflitos. E esse viver pretérito está presente nas suas relações com a escola na privação de liberdade.

---

[4] A maior parte dos adolescentes atendidos pela escola está na faixa entre 15-21 anos. Na unidade socioeducativa pesquisada havia entre outubro e dezembro de 2011 apenas um adolescente com 13 anos, o restante estava entre 15 e 20 anos de idade.

Escolhemos para apresentar neste texto, já que não seria possível em um espaço reduzido abordar todos os temas tratados com os sujeitos nas entrevistas e na observação de campo, as dimensões: abandono escolar e criminalidade, obrigatoriedade da frequência no âmbito da medida de internação e reflexões acerca do futuro escolar após o cumprimento da medida.

Abandono da escola e envolvimento com o crime

> *Os maluco lá no bairro*
> *Já falava de revólver, droga, carro*
> *Pela janela da classe eu olhava lá fora*
> *a rua me atraia mais do que a escola.*
> (Racionais Mc's)

Os adolescentes em cumprimento de medida deixam transparecer a teoria *bourdieusiana* acerca das desigualdades escolares e das relações das classes populares com a cultura escolar (BOURDIEU, 2008), uma cultura distante do mundo dos adolescentes e que acaba distanciando-se ainda mais a partir da inserção na criminalidade. Há uma dificuldade de conciliação entre escolarização e vida no crime, contribuindo para o abandono precoce da sala de aula. Isso não significa afirmar que apenas a vida no crime faz com que os jovens deixem a escola, mas evidenciar que a soma de várias situações leva ao abandono; e o envolvimento com a criminalidade vem a ser um fator relevante para a decisão desses sujeitos.

Alguns dados quantitativos evidenciam o abandono da escolarização precocemente. A unidade socioeducativa em que a pesquisa foi realizada contava naquele momento com 65 adolescentes e jovens, entre 15 e 20 anos de idade (um com 13 anos). Desse total, 4 estavam matriculados no 1º Ano do Ensino Médio; não havia turmas de 2º e 3º Anos do Ensino Médio. O restante estava no Ensino Fundamental, sendo que 38,6% estavam matriculados no 6º Ano, turma em que há maior concentração de alunos e precisou ser dividida em duas, já que, por questões de segurança, não seria possível concentrar um grande número de alunos em um mesmo espaço. Nesse período, havia também 4 adolescentes matriculados em uma turma de alfabetização, um número elevado considerando-se a idade desses jovens. Ainda havia outros adolescentes matriculados em turmas dos anos iniciais do Ensino Fundamental, em processo mais avançado de leitura e escrita, porém ainda não liam com a fluência esperada para aquele ano da etapa.

Muitos dos adolescentes relataram que a relação com a escola já estava fragilizada e com a inserção na criminalidade a frequência passou a ser ainda mais complicada, muitas vezes porque precisavam estar no ponto de venda de drogas no período da escola; pelo uso de entorpecentes que em muitos casos acabava acontecendo; pelas guerras provocadas pelas disputas de ponto de drogas. Quando há guerra, os adolescentes evitam circular pela redondeza ou ir a locais como a escola para evitar que os rivais conheçam o cotidiano. Dessa forma, a frequência escolar passa a ser relegada. Um dos adolescentes entrevistados, ao ser questionado sobre o motivo de ter abandonado a escola, fala da incompatibilidade de horários do plantão[5] e da escola:

> Porque eu comecei a envolver com os cara lá. Aí eu nem tinha tempo de ir pra escola não. Tinha o plantão. Tem dia que pega de sete da manhã até as quatro da tarde, aí tem cara que pega das quatro da tarde até as dez horas da noite. Aí tem neguin que fica só duas horas porque já tem mais tempo na quebrada,[6] eles fica só duas horas, porque aí eles não precisa mais de vender não, aí tem neguin que fica de madrugada. Por exemplo, eu estudava de noite, sete horas, aí eu ficava de quatro horas até meia noite, onze horas. Até que poderia estudar, mas é que troca de plantão toda mão.

Outro adolescente faz ainda a seguinte reflexão acerca das guerras e do abandono escolar:

> Mesmo assim quem num tem guerra uma hora vai ter que sair da escola. Pode perguntar a maioria desses menino aí eles num estudava na rua não. Se tiver guerra, guerra mesmo, cê tem que ficar sempre só... Só no crime ou cê sai da sua cidade, da sua quebrada, se cê quiser levar uma vida pra frente, né? Agora se cê quiser ficar no crime mesmo cê num tá nem aí pra nada não.

Muitos adolescentes ainda permanecem na escola e na criminalidade por um tempo, alguns até relatam que a escola era um dos pontos onde ven-

---

[5] O trabalho na venda de drogas muitas vezes é dividido por plantões, que acontecem durante o dia ou à noite. E cada um tem o seu horário de plantão, assim como no trabalho formal.

[6] Quebrada é uma gíria muito utilizada pelos jovens e quer dizer o local onde moram, o bairro, a região.

diam drogas, principalmente no período noturno. No entanto, não sustentam a permanência na escola, até porque passam a contar com o crime como um sustento, como uma fonte de renda rápida, o que muitas vezes a escola não pode lhes oferecer, como dizia um jovem, mesmo sabendo que o dinheiro do crime é um dinheiro gasto involuntariamente, como relatam. Gastam muito dinheiro em festas, roupas caras e de marca e têm o crime como uma forma de sustentar um consumo exacerbado que a família não poderia lhes oferecer.

Os adolescentes relatam que, em diversos momentos, já estavam mesmo desanimados com a escolarização, por acreditarem que estudariam e não teriam o retorno financeiro que poderiam alcançar com a venda de drogas e roubos. Alguns adolescentes apontaram, em diversos momentos da pesquisa, que as várias repetências vivenciadas durante a vida escolar levam ao desânimo e ao enfraquecimento do laço construído com a escola na infância.

> Eu fui vendo minha nota lá no meio do ano... Não consigo não, aí eu já desistia. No meio do caminho. Não tinha nada, não nota nenhuma. E fui envolvendo, fumando um, vendendo e acabei desistindo.

Assim, o ciclo de repetências é parte da vida escolar dos sujeitos dessa pesquisa, o que acaba fazendo com que eles não sustentem a frequência escolar, que fica prejudicada em detrimento de outras atividades.

A obrigatoriedade escolar na unidade de internação

> *Só vou para escola para não pegar castigo. Eu aprendi a gostar de estudo aqui dentro. Se não, ninguém vai. Só ia vir os professor. Ninguém quer escola não.*

Uma parte da pesquisa com os adolescentes teve o intuito de conhecer a opinião dos alunos acerca da escola na unidade de internação. E nesse âmbito, surgiu a questão sobre a obrigatoriedade escolar, pois assim que o adolescente é acolhido na medida de internação, a frequência escolar passa a ser uma obrigação, passível de sanção disciplinar quando o aluno se recusa a frequentar a aula. Se um adolescente se recusar a ir à aula, deverá ficar o dia todo no alojamento, sem direito à participação nas outras atividades: esportes, artesanato, assistir televisão, ouvir música, entre outros.

Percebeu-se que a obrigatoriedade, em alguns casos, era vista como positiva e em outros, negativa. Muitos adolescentes relatam que se a escola não fosse obrigatória não frequentariam, preferiam ficar no alojamento. E ainda falam que talvez iriam alguns dias na semana, mas não todos os dias. Um adolescente, muito envolvido com a escola, afirma que foi na internação que aprendeu a gostar de estudar, mas fala que gostaria que a escola não fosse obrigatória, assim poderia ter mais atenção dos(as) professores(as), pois acredita que poucos iriam às aulas e as turmas ficariam até mais vazias.

Alguns alunos acreditam que a obrigatoriedade rendeu frutos positivos no período de privação de liberdade, pois foi a partir da obrigação de frequentar as aulas que construíram o gosto pela escola, pelos estudos. Um dos alunos relata que no futuro tem até vontade de ser professor de história, pois naquela escola descobriu como é importante para o ser humano conhecer o passado das sociedades. Além do mais, relata que teve experiências positivas, que muitos docentes o incentivam para continuar estudando, para ir além, terminar o Ensino Fundamental. Relata que foi na internação que pôde ter auxilio de professores que acreditam nele e na sua capacidade de aprender, de avançar nos estudos, pois antes era apenas mais um em uma turma lotada de alunos. Um dos alunos faz a seguinte afirmação:

> O bom é que aqui ocê já sai regular. Cê faz a matéria aqui e cê já sai com ela completa. E já pode começar outro estudo. Quando sai o que estudou aqui vai valer, no documento. Por que a única coisa boa aqui é que cê num tem pra onde fugir, pra onde escapar, não tem como negar ir para escola e se negar é tranca.

Mas, em alguns aspectos, a obrigatoriedade é vista como negativa, pois instrumentaliza a educação naquele espaço, reduzindo-a ao cumprimento da medida. É o que nos coloca esse adolescente:

> Ah eu acho que né não [a escola ser obrigatória]. Porque ocê ir num trem que ocê é obrigado a ir aí cê fica meio... Com raiva né? Qualquer trem, cê fica nervoso à toa.

Muitos adolescentes entrevistados percebem a escola apenas como um instrumento para agilizar o processo do cumprimento da medida. Esta ideia está presente na cultura da instituição, nas falas de adolescentes, agentes e docentes: a escola é um eixo de suma importância para a medida socioeducativa, e os adolescentes que frequentam com assiduidade e têm um bom comportamento na sala de aula, acabam sendo desligados com maior facilidade. Lógica reforçada diariamente.

Os professores utilizam na sala de aula o recurso de pequenos relatórios, nos quais anotam o comportamento dos adolescentes, o envolvimento com as atividades – pontos negativos e também pontos positivos. Esses relatórios são repassados para a equipe de profissionais que elaboram o relatório interdisciplinar do adolescente, que é enviado para o juizado da infância e juventude. Os adolescentes estão sempre preocupados com o que vai aparecer nesse documento, pois temem que alguns fatos façam com que permaneçam mais tempo privados de liberdade, que sejam prejudicados.

As aulas são permeadas pela circunstância que estão vivendo naquele momento: pelo fato de estarem privados de liberdade. Verificamos que, em alguns momentos, os professores sentiam-se incomodados com esse fato, pois os alunos falavam muito do cumprimento da medida, das dúvidas que tinham em relação aos processos jurídicos. Dúvidas que não podem ser sanadas pelos docentes, que não têm acesso aos prontuários dos adolescentes, nos quais estão todas as informações acerca do processo de cada um. E percebia-se que alguns docentes tinham um grande empenho pela função: acreditando naquela juventude, na capacidade de mudança.

Alguns professores relataram que essa angústia do aluno atrapalhava o andamento das aulas. A ansiedade por notícias, por saber se vão ou não a casa no Natal e nas festas de final de ano. Todos esses fatos aparecem nas salas de aula. E, muitas vezes, a falta de notícias desmotiva o aluno, pois ligam diretamente a frequência e participação nas aulas ao cumprimento da medida. Estão constantemente dizendo: "Não vou fazer nada mesmo não, não vou ganhar nada em troca. Estão me aperreando".[7] Estabelecem uma relação permeada pelo poder, por trocas. E muitos professores também internalizam essa lógica, é uma verdade que acreditam. Acreditam que essa é uma maneira de fazer com que todos estejam na sala de aula, quietos, copiando a matéria do quadro, participando das atividades.

A partir de Foucault (1975) buscou-se uma maior compreensão desses espaços, onde a vigilância é constante e a todo o momento há um agente socioeducativo próximo aos adolescentes, um espaço em que todas as suas ações estão sendo constantemente vigiadas, passíveis de punição. Ambiente no qual todas as ações são monitoradas e a autonomia dos sujeitos é limitada nas mais simples das ações: tomar banho, dormir, conversar, comer. Dentro

[7] Aperrear: termo muito utilizado para designar que estão sendo tratados sem consideração, que não estão sendo vistos.

da unidade não é permitido o trânsito dos adolescentes pelos corredores e espaços. Sempre que vão a algum lugar, é preciso um agente socioeducativo para acompanhar esse jovem, visto que as "portas" (grades) precisam ser abertas e trancadas quando as pessoas passam. E, na escola não é diferente: o trânsito é limitado e o comportamento é analisado a todo o tempo.

Foucault (1975) problematiza o vigiar, colocando a questão da disciplina como uma maneira de produção de indivíduos dóceis, que podem ser submetidos, utilizados. Nesses espaços há um controle permanente sobre as ações, sobre os espaços que os adolescentes estão ocupando, e esse controle está relacionado à biografia do adolescente. Assim, alguns são mais vigiados que outros, pois sua trajetória e suas ações na unidade orientam a vigilância. E na escola, a vigilância passa a obedecer a esses termos. Os adolescentes que têm um comportamento aquém do desejado por agentes e professores passam a ser mais observados, com relatos nos documentos mais frequentes.

A escola, assim, está diretamente atrelada ao cumprimento da medida, o que em alguns casos acaba sendo negativo, pois alguns alunos relatam que só vão à escola para não serem sancionados e para que possam ser desligados mais rápido. Nos termos de Perrenoud (1995), aderem ao ofício de aluno, "o oficio de aluno aprende-se no local de trabalho, imitando os outros. Antes mesmo de ser orientado ou admoestado pelo professor, o aluno adapta-se, observa como fazem os colegas" (PERRENOUD, 1995, p. 203). Talvez seja possível fazer uma comparação e usar esse termo para os adolescentes que cumprem medida de internação, pois muitas vezes é o que acontece. Acabam aprendendo com os outros o "ofício de socioeducando", e na sala de aula isso não é diferente. Vão trocando entre eles as estratégias, orientações para o cumprimento da medida e também para o comportamento na sala de aula.

O desligamento da medida de internação – Planos para o futuro escolar

> *Acho que vai ser difícil estudar, mas eu vou querer, vou tentar pelo menos. Não quero saber de vender mais droga não. Quero continuar estudando. Mas sei lá, é muita coisa. Muita coisa para resolver da minha vida. Quero trabalhar.*

Os planos para o futuro também fazem parte da rotina dos adolescentes. Durante as entrevistas, muitos mostravam interesse em construir uma vida diferente da que estavam levando antes do acautelamento. Disseram de seus sonhos, de planos para o futuro, das construções que vinham elaborando, alguns junto de familiares, para quando estiverem em liberdade. Um desses adolescentes, que à época tinha uma filha de 1 ano e 6 meses, fez a seguinte afirmação:

> Eu tô querendo sair daqui e trabalhar, cuidar da minha menina, por que se eu continuar nessa vida aí, eu vou morrer cedão e não vou curtir minha menina nada.

Estes jovens carregam a ideia de que é o trabalho que os torna homens, responsáveis. Segundo suas falas, valorizam os trabalhadores, aqueles que lutam no dia a dia para sustentar a família, de forma honesta. Como diziam: "sem correr riscos, sem ter que vender drogas". Apontam o interesse de conseguir um bom emprego, para colaborar com o sustento da família e alcançar a independência financeira, anteriormente alcançada por meio da criminalidade. Os planos para a continuidade dos estudos são secundários para muitos dos entrevistados, que vislumbram primeiramente a inserção no mercado de trabalho, seja formal ou informal.

Mas relatam também o desejo de voltar para a escola, de concluir o Ensino Fundamental, uma luta interna na busca por novas oportunidades. Reconhecem que a escolarização pode contribuir substancialmente para suas vidas, inclusive na construção de uma trajetória longe da criminalidade.

> Se você não tiver estudo você não vai conseguir nada na sua vida não, você tem que ter pelo menos o estudo, pelo menos o Ensino Fundamental completo. Até pra lixeiro hoje em dia tem que ter segundo grau, ué. Tem que ter escolaridade, tem que estudar, tem que ter escolaridade, para você ter pelo menos uma renda se você tem um filho um dia, comprar uma casa pro cê, um carro, alguma coisa.

Reconhecem, entretanto, a dificuldade de conciliar o trabalho com os estudos, principalmente por estarem sujeitos a trabalhos pesados, que, muitas vezes, demandam força física, como os empregos de servente de pedreiro, repositor de mercadorias em supermercados, entre outros.

Esse fato faz-nos ratificar a ideia de Wacquant de que os empregos precários são destinados à classe popular, um círculo vicioso imposto pela política neoliberal, submissa ao "livre mercado", que impõe o trabalho precário para as classes desfavorecidas da sociedade (WACQUANT, 2008). Uma realidade vivenciada pelos adolescentes em conflito com a lei, por suas famílias, por seus antepassados.

Sendo assim, alguns adolescentes apontam que cursos profissionalizantes seriam mais interessantes que a escolarização, alegando a necessidade de serem inseridos no mercado de trabalho. Acreditam que os cursos de capacitação poderiam ser mais úteis que a escola e valorizam bastante a inserção em cursos no período de cumprimento da medida.[8] Um dos adolescentes afirma que antes de voltar a estudar, quando for desligado da medida de internação, quer concluir um curso profissionalizante, conseguir um bom emprego e depois pensar em voltar a estudar.

São planos longínquos em relação à escola, mas que fazem parte de seus pensamentos.

Algumas considerações finais

O intuito da investigação foi tentar compreender os olhares dos adolescentes em conflito com a lei para a escola, como significam a escola no momento do cumprimento da medida de internação, quais sentimentos a escola nesse espaço desperta nesses jovens.

Um primeiro dado a ser considerado, ao se pensar na relação dos adolescentes com a escola no espaço de privação de liberdade, é a história de vida e a trajetória escolar desses adolescentes. A maioria desses jovens chega à unidade socioeducativa com uma história de fracasso escolar, reflexo da situação de exclusão e desigualdade à qual estão submetidos. Isso não significa enxergá-los apenas na perspectiva da falta, da carência. É preciso compreendê-los como sujeitos de direitos, direitos que, historicamente, vêm sendo negados a esses jovens.

Afinal, o aluno que chega para a escola na medida socioeducativa "é membro de uma classe, sujeito de um saber e de uma cultura, cujos limites estão dados pelas condições materiais em que está inserido" (DAYRELL, 1992, p. 23-24). Trazem consigo experiências de vida, saberes, interesses, desejos, que precisam ser considerados, ao construir uma escola para eles, num espaço de privação de liberdade.

[8] Além de acreditarem que os cursos são muito válidos para a inserção no mercado de trabalho, alguns adolescentes relatam também o desejo de fazer cursos fora da unidade de internação, para poderem sair enquanto estão cumprindo a medida, conhecerem outras pessoas, vivenciarem um pouco a "liberdade".

Em relação ao valor do estudo e da escola, ao contrário do que muitos pensam acerca da não valorização da escolarização pelos adolescentes, a pesquisa mostra que os jovens em cumprimento de medida valorizam sim a escolarização, acreditam que a escola pode render frutos no futuro, pode inclusive ajudá-los na construção de uma vida diversa da criminalidade, já que o desejo de abandonar essa vida, muitos dos jovens têm. E os adolescentes apontam essa valorização, discorrendo sobre a importância da escola nas suas vidas, principalmente quando pensam na inserção no mercado do trabalho:

> Importante é. [...], porque faz falta no futuro, né? A gente sabe que faz falta. Estudo, se cê quiser trabaiá, faz muita falta!
>
> To querendo completar meus estudos, arrumar um emprego, fazer tipo um cursinho, passar e arrumar um serviço pela ordi aí e ficar tranquilo.

No entanto, talvez os conteúdos, as formas e o currículo ofertados não estejam nos planos dos jovens, não façam sentido para suas vidas, estejam muito distantes do que esperam da escola, distante do cotidiano que vivem, das experiências que carregam. Como nos coloca este adolescente:

> Cadeia não combina com escola, combina não. Ninguém gosta de ir na escola, assim não. Vai porque é precisado, porque se não tivesse tranca, ninguém ia pra escola, não.

Ainda há muito que se avançar nessa compreensão e na escuta dos alunos que cumprem a medida de internação, principalmente em relação à escolarização, pois a escola é uma imposição e esta pode ser uma das causas da sua negação por parte de muitos dos sujeitos da pesquisa. Afinal, essa foi a afirmação de um dos alunos: "gostaria de poder participar da escolha de temas que fossem tratados na sala de aula".

Participação talvez seja o caminho para que estes adolescentes possam viver uma experiência educativa de autonomia e liberdade, ainda que em um espaço de privação desta.

Referências

ALVES-MAZZOTI, Alda Judith. Usos e abusos dos estudos de caso. *Cadernos de Pesquisa*, São Paulo, v. 36, n. 129, set./dez. 2006.

ARROYO, Miguel. Fracasso-sucesso: o peso da cultura escolar e do ordenamento da educação básica. *In*: ABRAMOWICZ, Anete; MOLL, Jaqueline (Org.). *Para além do fracasso escolar*. 3. ed. Campinas: Papirus, 2000.

ARROYO, Miguel. *Quando a violência infanto-juvenil indaga a pedagogia*. Educação e Sociedade, Campinas, vol. 28, n.100, out. 2007.

BOURDIEU, Pierre. A escola conservadora: as desigualdades frente à escola e à cultura. *In*: ______. *Escritos de educação*. 10. ed. Petrópolis: Vozes, 2008.

COSTA, A. C. G.; TRASSI, M. de L. Socioeducação. *In*: SECRETARIA ESPECIAL DOS DIREITOS HUMANOS (Org.). *Justiça, adolescente e ato infracional*: socioeducação e responsabilização. São Paulo: ILANUD, 2006.

COSTA, Antônio Carlos Gomes. *De menor a cidadão*: notas para uma história do novo direito da infância e da juventude no Brasil. Brasília: Ministério da Ação Social, Governo do Brasil, 1994.

COSTA, Antônio Carlos Gomes. *Os regimes de atendimento no Estatuto da Criança e do Adolescente*: perspectivas e desafios. Brasília: Secretaria Especial de Direitos Humanos, 2006.

DAYRELL, Juarez. Educação do aluno-trabalhador: uma abordagem alternativa. *Educação em Revista*, Belo Horizonte, n. 15, p. 21-29, jun. 1992.

FANFANI, Emílio Tenti. *La escuela y la question social*: ensayos e sociologia de la educación. Buenos Aires: Siglo XXI, 2007.

FOUCAULT, Michel. *Vigiar e punir*. 36. ed. Petrópolis: Vozes, 1975.

FREIRE, Paulo. *Pedagogia da autonomia*: saberes necessários à prática educativa. 28. ed. São Paulo: Paz e Terra, 1996.

LARROSA, Jorge. Experiência e paixão. *In*: ______. *Linguagem e educação depois de Babel*. Belo Horizonte: Autêntica, 2004.

MAKARENKO, Anton. *Poema Pedagógico*. São Paulo: Editora 34, 2005.

MENDEZ, Emilio Garcia. *Infância e cidadania na América Latina*. São Paulo: Hucitec, 1998.

MENDEZ, Emilio Garcia. *Evolução Histórica do Direito da Infância e da Juventude*. In.: *Justiça, Adolescente e Ato Infracional: socioeducação e responsabilização*. São Paulo: ILANUD, 2006.

PERRENOUD, Philippe. Ofício de aluno e sentido do trabalho escolar. Porto: Porto editora, 1995.

TRASSI, Maria de Lourdes. *Adolescência-violência*: desperdício de vidas. São Paulo: Cortez, 2006.

UNESCO. *Educación en prisiones en Latinoamérica*: derechos, libertad y ciudadania. Brasília: UNESCO, 2008.

VOLPI, Mário. *Adolescentes privados de liberdade: a normativa nacional e internacional e reflexões acerca da responsabilidade penal.* 4ª ed. São Paulo, Cortez, 2008.

WACQUANT, Loic. *As duas faces do gueto*. São Paulo: Boitempo, 2008.

"Sem querer você mostra o seu preconceito": as sutilezas das relações raciais e suas repercussões no cotidiano escolar de jovens estudantes do Ensino Médio

Fernanda Vasconcelos Dias
Juarez Tarcísio Dayrell

Este artigo situa-se no campo de estudos sobre juventude, raça, relações raciais e Ensino Médio. As discussões desenvolvidas aqui integraram as análises construídas em nossa pesquisa de mestrado, na qual buscamos compreender e interpretar como se estabelecem as relações raciais entre jovens negros (pardos e pretos) e brancos estudantes de uma escola pública de Ensino Médio de Belo Horizonte/MG, a partir do cotidiano escolar de uma turma de 3º ano. A referida investigação foi desenvolvida no período de 2009-2011, teve caráter qualitativo, no qual utilizamos como instrumentos metodológicos a Observação Participante, um Questionário de Perfil Socioeconômico dos Jovens e fizemos uso de alguns princípios da Análise Documental. Realizamos também Grupos de Discussão, a partir de elementos do Método Documentário de Investigação (MDI),[1] Entrevistas Individuais Semiestruturadas e também, um Questionário foi aplicado aos professores, buscando a opinião destes sobre a turma investigada.

Dentre as discussões desenvolvidas sobre o bairro e a escola pesquisada, exploramos de maneira mais detida, o perfil socioeconômico e discente dos jovens investigados. O universo pesquisado constituiu-se de jovens estudantes do Ensino Médio Diurno, da escola que chamamos de maneira intencional de

[1] Ver sobre o Método Documentário de Interpretação em Weller (2005).

Escola Estadual Abdias Nascimento.[2] Eles integravam uma turma que intitulamos *Turma 3B*, formada por quarenta estudantes, com idades entre 17 e 20 anos. A Turma era composta por 28 mulheres e 12 homens, considerados integrantes das camadas populares. A autodeclaração racial, a partir de critérios do IBGE, demonstrou que a maioria dos jovens da *Turma 3B* se autodeclara negra, contando com 16 jovens pardos e 12 jovens pretos, seguidos por 10 jovens brancos e 2 jovens indígenas. E, ainda, verificamos que o perfil discente desses sujeitos apontava para uma média de desempenho escolar mediana, destacando-se a metade da turma que apresentava percalços em sua trajetória escolar, como reprovações e progressão parcial.

Consideramos, assim, que adentramos uma escola típica, com sujeitos típicos, sem qualquer histórico precedente que pudesse colocar este público investigado como "informantes privilegiados" para a verificação de situações que nos falassem sobre as relações raciais entre jovens estudantes do Ensino Médio.

De maneira que discutiremos aqui os apontamentos fornecidos pela realidade observada nesta turma e pelos discursos dos jovens de diferentes grupos raciais e de cor sobre as relações raciais entre eles e na sociedade em geral. Assim, exploraremos nossa percepção quanto à sutileza dessas relações e de suas repercussões no cotidiano escolar pesquisado.

Breves delimitações conceituais

Inicialmente, cabe-nos esclarecer alguns dos conceitos norteadores desta discussão. Ao lidarmos com sujeitos jovens, consideramos estes mais do que informantes ocasionais neste estudo. De fato, nossa escolha por estudantes na faixa etária descrita diz respeito à importância que atribuímos às opiniões, identidades, questões e possibilidades de entendimentos provenientes dos jovens em sua diversidade de vivência da experiência juvenil.

Neste sentido, apoiamo-nos numa concepção de juventude alicerçada na ótica da diversidade.[3] Concordamos com Dayrell (2005) quando este nos

---

[2] Todos os sujeitos que integraram a pesquisa que originou este artigo estão identificados neste trabalho com nomes fictícios, tal como são fictícios os nomes da escola e da turma.

[3] Não cabe nos limites deste texto aprofundar a discussão em torno da noção de juventude, o que fizemos na nossa dissertação. Para mais detalhes ver Pais (1993), Abramo (1994), Dayrell (2005).

fala que "na ótica da diversidade existem diferentes modos de ser jovem, resultado, em parte, das próprias condições sociais nas quais esses sujeitos constroem sua experiência" (p. 26). Logo, podemos mencionar "juventudes", no plural, devido ao reconhecimento de que existe uma grande diversidade social e cultural. Sendo assim, ouvir os jovens sobre as relações raciais e buscar a compreensão de tais relações, considerando o ponto de vista deles, mostra-se relevante tanto no âmbito social quanto no acadêmico, pela especificidade da fase da vida na qual estes estudantes se encontram.

É a partir dessa percepção dos e sobre jovens que colocamo-nos diante dos desafios de trabalhar relações raciais entre estudantes do Ensino Médio. Ressaltamos que nosso entendimento acerca do conceito de raça está profundamente vinculado à realidade brasileira que demonstra a validade social de tal conceituação. É interessante verificar que os dados estatísticos oficiais nos mostram um cenário importante na configuração da população brasileira, no qual se percebe que, no início do século XXI, a população brasileira declara-se majoritariamente negra, somando os grupos *pretos* e *pardos*, de modo que este grupo racial alcançou um percentual de 51,1% em 2009.[4] Verifica-se então, a pertinência dos estudos raciais, por se tratar de um tema atual e com forte aplicabilidade social. Sustentamos nosso entendimento sobre o conceito de raça na leitura de Guimarães (2005) e Munanga (2004), lembrando que o primeiro faz a seguinte afirmação:

> "Raça" é um conceito que não corresponde a nenhuma realidade natural. Trata-se, ao contrário, de um conceito que denota tão-somente uma forma de classificação social, baseada numa atitude negativa frente a certos grupos sociais, e informada por uma noção específica de natureza, como algo endodeterminado. A realidade das raças limita-se, portanto, ao mundo social (GUIMARÃES, 2005, p. 11).

Ao mesmo tempo, delimitamos como um entendimento básico das relações raciais, neste estudo, a referência às relações estabelecidas entre negros (pretos e pardos) e brancos, conforme o uso feito também por Guimarães (2005) da expressão "relações raciais". Mas temos claro que é um conceito dinâmico, ou seja, buscamos nos aproximar de tal conceituação, a partir da pesquisa realizada e dos âmbitos desta, que exploraremos neste trabalho. Visto que a complexidade das relações raciais no Brasil, a força da dimensão socio-

---

[4] Para mais informações ver IBGE (2010).

econômica cruzando com as questões raciais, a mestiçagem, a miscigenação, o histórico brasileiro relacionado à população negra desde a escravidão até a diáspora, a forma brasileira de lidar com o racismo, dentre outros fatores, fazem com que esta não seja uma conceituação simples, da mesma forma que a investigação também não o é.

O desenvolvimento de uma aproximação qualitativa – Os jovens, as relações raciais e suas sutilezas

No desenvolvimento da pesquisa fomos percebendo que o conceito de raça e cor tinha significado para os jovens da *Turma 3B*. Isso ficou evidente no número de respostas à questão fechada e à questão aberta acerca da declaração racial desses sujeitos. Quando discutimos sobre as relações raciais entre os jovens da sala, todos, ao descreverem suas "boas relações raciais" e/ou argumentarem sobre a inexistência do quesito racial no estabelecimento das relações de amizade e sociabilidade na sala de aula traziam exemplos de colegas heteroclassificando-os racialmente, especialmente aqueles negros e pretos, buscando demonstrar o estabelecimento de relações de sociabilidade com estes. Ao mesmo tempo e de forma geral, os jovens compreendiam as interações entre jovens negros e brancos na sala de aula como não influenciadas pelo quesito racial.

Diante das negativas relacionadas às interferências do quesito racial na dinâmica da turma começamos a atentar para as conversas entre amigos mais íntimos na sala de aula; a observar trocas de olhares e outros sinais corporais, como os risos; a explorar exemplos em nossas questões que suscitassem a questão racial sem que esses tivessem relação direta com a turma investigada; e ainda, a explorar os discursos mais intimistas proporcionados pelas entrevistas individuais. Ao observarmos tais *nuances*, constatamos que se tratava de trabalhar com assuntos não ditos em público; com o aparentemente não dito que diz alguma coisa; e, ainda, com o que é dito sem palavras, mas nas ações e reações.

A sutileza das relações raciais ficou ainda mais evidente quando começamos a cruzar as análises referentes às falas dos jovens nos Grupos de Discussão com nossa observação e com as entrevistas individuais realizadas posteriormente. A sutileza da configuração das relações raciais no Brasil pôde ser verificada na realidade daqueles jovens inseridos num cotidiano escolar típico e específico.

Vimos que o modo como as relações raciais têm sido estabelecidas no Brasil carrega características político-ideológicas peculiares que parecem operar em nosso imaginário e realidade com enorme finura e engenhosidade. Mesmo entre jovens que em princípio vivenciam um momento de experimentação e questionamento de valores/paradigmas aprendidos no seu processo de socialização, percebe-se a penetração de tais ideologias, operando no pensamento e raciocínio raciais refinados desses sujeitos. É a partir dessa percepção que discutiremos a seguir.

Das sutilezas das relações raciais e suas repercussões no cotidiano escolar – heteroatribuição racial entre os jovens da *Turma 3B*

Na pesquisa realizamos um levantamento sobre a heteroatribuição racial, explorando os momentos nos quais os jovens trouxeram questionamentos, posicionamentos e reflexões sobre quem é negro, branco, moreno, entre outros termos de cor e raça, relacionados aos jovens da turma.

Chamou nossa atenção como as jovens autodeclaradas brancas e pardas percebiam a presença do número considerável de negros na *Turma 3B*. Os relatos dessas jovens sobre a heteroatribuição racial na sala de aula mostraram-nos estereótipos raciais referentes aos estudantes negros até então não expressos. Para explicar sua percepção quanto à presença de muitos negros na *Turma 3B*, a jovem Mariana (18 anos, parda), por exemplo, contou-nos sobre um comentário feito por um aluno da escola, que estudava em outra sala de aula. Na narração de Mariana, este jovem teria comentado sobre a existência de um "*lado escuro na sala*",[5] em tom de crítica, com referência àqueles que estavam mais ao fundo da sala de aula investigada.

Outro exemplo é o da jovem Beatriz, que reforçou que, na turma, havia muitos negros, mas que mesmo tendo essa percepção, ela não possuía preconceito racial. Ao mesmo tempo ela não escondeu que seus colegas que se sentavam mais próximos ficavam "*zuando*", justificando que isso ocorria "*porque geralmente no grupo de trás todas eram negras. Todas, todas!*" Nesse sentido a jovem afirma:

[5] Trouxemos algumas falas nativas inseridas no texto com objetivo de aproximar nossa leitura analítica das categorias nativas trazidas pelos sujeitos pesquisados. Nestes casos, estes trechos aparecerão entre "aspas" e em *itálico*.

> Não tinha ninguém branca ali [entre um grupo de alunas negras que sentavam atrás da sala] e tinha os meninos também, mas eu tô falando do grupo em si, assim! Quando alguém entrava na sala, via que aquele meio, tudo assim né? Aí os meninos brincava, tipo assim, cantava: "a *macacada* reunida..." [risos] Eles brincavam muito assim, e também quando elas falavam, faziam alguma gracinha, todo mundo: "Só podia, só podia! Não entendo isso, só podia ser..." [negras] Eles brincavam assim, sabe? (Beatriz, 17 anos, branca – Entrevista Individual)

Este depoimento trouxe diversos apontamentos que se associam e também ultrapassam a dimensão da heteroatribuição racial. A jovem Beatriz deixa explícita a ideia de que as jovens negras eram reconhecidas e referenciadas racialmente, tal como ocorria com outros jovens negros da turma. A sutileza das situações envolvendo o que a jovem chama de "*brincadeira*", que consideramos ter destacado "cunho racial", revela-se na inobservância destes comentários durante a observação e de sua omissão durante os Grupos de Discussão.

Esses, dentre outros exemplos – dada a associação desses apelidos com dimensões raciais, levadas para o âmbito da "zoação", ou seja, do que é brincadeira – nos mostram que os jovens parecem demonstrar a existência de pontos de vista "racialistas"[6] e, neste caso, também "racistas" , entre alguns estudantes da *Turma 3B*.

Não se pode perder de vista que os momentos nos quais surgiam tais atribuições de apelidos eram marcados por um clima de comédia. De modo que essa característica pareceu sugerir um movimento contrário com relação aos que "brincavam", ou seja, de não responsabilização pelos seus atos de preconceito racial, visto que não se tratava de um momento sério. As situações de brincadeira que apresentaram conteúdo e motivação racial não foram observadas somente nos depoimentos dessa jovem. Ao contrário, a "*zuêra*" mencionada pela Beatriz nos levou a explorar outras situações deste gênero observadas na sala de aula e suas possíveis repercussões.

---

[6] Quando utilizamos essa ideia de pontos de vista "racialistas" neste momento (e o faremos em discussões que seguirão), estamos nos reportando à percepção de que neles os jovens apresentam concepções baseadas na "*existência de raças*", por lidarem com dimensões essencialmente fenótipo-biológicas. Ver explicações sobre *Racialismo* em Munanga (2004).

Das sutilezas das relações raciais e suas repercussões no cotidiano escolar – As brincadeiras de cunho racial e sua incidência

Durante nossa permanência na sala de aula e na escola pesquisada, verificamos diversos momentos de descontração, brincadeiras e "zoações" entre os jovens, por motivos também variados, dentre os quais foi possível presenciar situações pautadas no discurso racial. Aproximadamente um mês depois de nossa chegada à *Turma 3B*, deparamo-nos com a primeira "brincadeira"[7] contendo um conteúdo racial que consideramos pejorativo. Esta ocorrência partiu de um jovem autodeclarado preto e foi direcionada a uma colega também autodeclarada preta.

Lembramos que este foi o único jovem do conjunto daqueles autoclassificados pretos que, durante os Grupos de Discussão, classificou-se, espontaneamente, como "*moreno chocolate*". Verificamos diversos momentos nos quais ele comentava algo relacionado às matérias ensinadas ou fazia brincadeiras inapropriadas com colegas e professores. Além disso, este estudante, geralmente, ria e expressava suas brincadeiras e opiniões num tom de voz alto. Às vezes, emitia suas "zoações" de cunho racial em tom baixo, direcionando-as aos colegas próximos, mas, comumente, ria em alto tom, diante de seu desdobramento. Em um determinado dia anotei no meu Diário de Campo:

> Hoje, na aula de Português, a Poliane emprestou o seu lápis para o Péricles. Eu estava sentada próxima deste jovem e o empréstimo foi feito sem maiores comentários entre os dois, que pareciam envolvidos com a atividade escolar. O Paulo virou para trás e fez o seguinte comentário: "Tem macumba aí!" Num tom de riso, referindo-se ao lápis emprestado, que já estava nas mãos de Péricles. E ele acrescentou, olhando para Poliane: "Essa raça maldita!" e em seguida riu. Poliane voltou um olhar de desdém para Paulo e Péricles balançou a cabeça, emitindo um leve sorriso. Não houve reação de Poliane nem comentários das meninas próximas. Acho que elas fizeram de conta que não ouviram (Diário de Campo – Dia 06.07.2010).

O conteúdo da brincadeira de Paulo (18 anos, preto) não se dirige ao lápis emprestado, mas à jovem autodeclarada preta que o empresta. Esta "brin-

[7] Trouxemos a palavra brincadeira entre aspas, pelo fato de que os casos explicitam um significado insociável com o sentido de divertimento, geralmente, associado a este termo.

cadeira" parece, assim, revelar uma ideia de que é necessário manter distância do que provém do negro, numa tentativa de não se contaminar. Com efeito, reforçamos que essas representações a respeito da *negritude vinculada ao mal* parecem surgir muito cedo nas concepções de sujeitos socializados num contexto de relações raciais racialistas e, por vezes, racistas, como observado na sociedade brasileira e constatado nos estudos de Fazzi (2004).

Observamos outro estereótipo racista voltado aos negros no caso abaixo:

> Como já fico atenta às conversas de Paulo com Péricles, observei uma delas durante a aula de Matemática. Não acompanhei o início da conversa, mas registrei uma fala em tom de voz mais alto emitida por Paulo, que disse: "Ah, todo preto é uma merda!" Não consegui identificar o ponto da discussão que gerou esta fala, pois o Péricles só ficou escutando, copiando do quadro o exercício que estava sendo resolvido pela professora e, ao mesmo tempo, sorrindo, dando atenção ao colega. E o Paulo continuou falando e rindo, como se estivesse brincando: "Eu concordo com Hitler... Tudo branco de olho azul!". E ele riu, olhando para o Péricles, num volume de voz que possibilitava que os demais colegas em volta escutassem; apenas isto, pois ninguém deu atenção, olhando ou respondendo. A professora parece não ter ouvido o Paulo, já que estava concentrada na resolução do problema matemático no quadro (Diário de Campo – Dia 08.09.2010).

Na "brincadeira" em questão, já se tem o jovem utilizando o termo *preto*, reforçando seu ***valor pejorativo***, com sua associação à "*merda*". Contrapondo esta desvalorização do negro, o jovem Paulo recorre à ideologia ariana, denotando o valor positivo dos traços caucasianos. Ressaltamos outro aspecto desta segunda narrativa do jovem Paulo: sua ocorrência na presença da professora. Houve outras duas situações nas quais os professores e, até mesmo, a vice-diretora presenciaram e ouviram as falas de cunho racial do estudante, o que chamou nossa atenção pela desconsideração de sua ocorrência por parte dos educadores.

Um terceiro âmbito dos estereótipos racistas observados nas falas do jovem Paulo refere-se à concepção de ***inutilidade do negro***. Nesta perspectiva, ressaltamos que um dos focos de "brincadeiras" com conteúdo racial deste jovem era a aluna Paula (18 anos, preta), que se sentava à sua direita:

> Durante a aula de Química vimos o Paulo pedindo para a Paula pegar o caderno que a Bia estava emprestando a ele. No momento do pedido,

> Paula continuou fazendo sua atividade e não pegou o caderno para o Paulo. Logo, a estudante Pamela, que estava logo atrás de Paula, passou o caderno para o colega. Ele, imediatamente, falou para Paula, num tom de riso, mas também com mais ênfase, que ela não serve pra nada e a chamou de "preta". Paulo repetiu: "preta!" [num tom de riso e "zoação"] e Paula, mantendo-se séria, olhou para ele, sem revidar. Paulo continuou rindo e aí ela também sorriu, mas manteve-se calada (Diário de Campo – Dia 16.07.2010).

Pareceu-nos que o estereótipo que versa sobre a inutilidade dos negros, na "brincadeira" do jovem Paulo, representou uma associação entre a situação de ser inútil à condição natural e racial observada na jovem Paula: ser "*preta*". Vimos, então, como o tom de riso e a insistente postura de "zoação" enfraqueciam as possibilidades de jovens negras como Paula revidarem as frases racistas do colega. A postura dessas jovens não impedia a continuidade destas "brincadeiras" e o jovem continuava a emitir declarações preconceituosas, como as exemplificadas até aqui.

Ao sistematizarmos tais considerações sobre os casos de "brincadeiras" raciais e racistas observadas no cotidiano escolar, consideramos que o lugar do jovem Paulo precisa ser problematizado. Reconhecemos que existe uma tendência à individualização dos casos de preconceito racial em nossa sociedade. Na maioria das vezes, diante de um ato de racismo denunciado e noticiado na mídia, não há uma reflexão sobre o que as situações denunciadas podem nos dizer sobre o funcionamento social do conceito de raça, que, muitas vezes, agrega condições de exclusão em nosso País. Em geral, observa-se um tratamento individual da situação, com o apontamento de um culpado, por vezes, considerado acidental e infortuno, que, dificilmente, responderá pelo crime de racismo. Mesmo reconhecendo a legitimidade da responsabilização do indivíduo racista, este também parece ser um artifício que pode estar sendo utilizado para o não reconhecimento das tensões existentes nas relações raciais mais amplas, no ideológico "paraíso das raças".

Estas observações foram colocadas a fim de que Paulo não seja apontado como exemplo de um caso individual e isolado de alguém preconceituoso na sala de aula. Ao contrário, podemos inferir que o jovem Paulo desempenha um papel relevante na dinâmica das relações raciais na sala de aula, que, aparentemente inexistentes, parece abrigar o que podemos chamar de "preconceito racial latente". Inclusive, este jovem demonstrava coragem para explicitar concepções raciais que podiam estar escondidas entre os demais jovens em decorrência de certas noções sociais denominadas de "politicamente correto". Tal constatação pode ser reforçada por algumas concepções e representações expressas nos Grupos de Discussão analisados, as quais nos mostraram a dimensão desta "latência" relacionada aos preconceitos de cunho racial entre os jovens, que são, por vezes, mediados pelo humor e/ou pela naturalização das "brincadeiras".

As brincadeiras e/ou o riso, segundo Dahia (2008), "desempenha um importante papel mediador" (p. 697). Nesse sentido, a autora discorre sobre o lugar do riso na dinâmica das relações raciais em nossa sociedade, lugar esse que parece ser compreendido pelos jovens da *Turma 3B*. Assim, Dahia argumenta que,

> inscrito na fronteira entre realidades distintas – o psíquico e o social, o consciente e o inconsciente, o jocoso e o sério –, o riso é capaz de articulá-las de forma a contribuir para o encobrimento e a consolidação do racismo aqui vigente (DAHIA, 2008, p. 697-698).

A partir disso, uma leitura possível indica que, entre os jovens estudantes da *Turma 3B*, a falta de reação às falas do estudante Paulo, por parte dos envolvidos, inclusive educadores, pode apontar indícios de um processo de naturalização dessas "brincadeiras", sendo estas cercadas pela mediação do riso, o qual, por sua vez, pode estar alicerçado em sua incidência também nas vivências sociais externas à escola.

Nesse cenário ambíguo das relações raciais entre os jovens estudantes da *Turma 3B*, sabemos que estamos lidando não só com relações, mas também com pensamentos, concepções e representações a respeito das relações raciais que tangenciam e ultrapassam o ambiente escolar. Ao abordarmos a heteroatribuição de raça/cor e as "brincadeiras" de cunho racial, tocamos, de alguma forma, em dimensões dessas representações sociais. No entanto, esse âmbito do discurso dos jovens transcorreu para outras dimensões, como a beleza, que pode nos ajudar a compreender, ainda mais, os entrecruzamentos entre as relações raciais na escola e suas interseções com as experiências sociais dos jovens, que dialogam com essas relações.

Das sutilezas das relações raciais e suas repercussões no cotidiano escolar– Discursos sobre a beleza no ponto de vista dos jovens

Durante a pesquisa utilizamos uma cena do filme *Preciosa* para introduzir aquilo que queríamos discutir sobre relações raciais, visto que o trecho mostrava duas pessoas, uma branca e outra negra.[8] Ao perguntarmos à turma "O que nós acabamos de ver?", pareceu unânime entre os jovens a reação de que se havia assistido a uma cena que tratava do que é belo e do que é feio.

Exploramos então, uma dimensão que consideramos importante nas discussões raciais entre jovens: as representações sociais sobre a beleza relacionadas com a identificação racial. Neste sentido, destacamos o Grupo de Discussão – Autodeclaração Mista (GD: AD – Misto), formado por jovens autodeclarados pardos e brancos. Nele a discussão sobre a beleza, a partir da cena assistida, mostrou diversos desdobramentos, visto que surgiram três exemplos de jovens estudantes mencionados entre eles que nos remeteram à dimensão racial.

O primeiro exemplo é o da jovem Maísa (17 anos, parda). Ela se autodeclarou, espontaneamente, como *morena clara*, sendo que, na fala de alguns jovens, ela foi incluída no grupo dos brancos da turma, em decorrência de seus traços fenotípicos, de seus cabelos lisos e tingidos de loiro. Intitulamos o exemplo de Maísa como ***O caso do orgulho branco.*** Ela foi citada no GD quando os jovens afirmaram existir certo sentimento de orgulho na pessoa branca, por ela enquadrar-se num determinado "*padrão*". Vejamos:

> MARINA: Eu acho também, não é que faz a pessoa ser bonita, mas às vezes até assim, mais valorizada, entre aspas, assim! Porque tipo assim, cê olha lá na revista, aí tá aquela mulher, aquela loirona, aquela coisa assim. Aí eu falo assim: "Nossa, a Maísa parece com aquela mulher!" Aí falo: "Nó, a Maísa é bonita!" Sei lá o que. Não deixa de ser uma coisa assim de padrão, entendeu?
>
> MICHEL: E a Maísa vai sentir orgulho!

---

[8] A referida cena mostra uma jovem negra, de tonalidade de pele escura, cabelos curtos e escuros, crespos e alisados, com feição juvenil vendo a sua imagem refletida no espelho como uma jovem branca, de tonalidade de pele clara, cabelos loiros e longos, ondulados e caindo em seus ombros. A jovem refletida é magra, tendo rosto e traços faciais bem finos.

MARIANA: É!

MICHEL: Vai falar: "Nossa, eu pareço com aquela mulher!" [risos] (GD: AD – Misto: Segmento 379-386).

Na discussão acima, é possível perceber que se trata de um jogo de elementos que engloba os modelos de beleza pautados em características caucasianas, o papel da mídia no reforço e divulgação destes modelos e, ainda, a postura dos indivíduos que valorizam a beleza branca. Ao nos depararmos com tais elementos pensamos em três categorias de representações sociais de cunho racial com que eles pudessem estar relacionados, quais sejam: a "ideia do branco/loiro bonito"; a "existência de um padrão de beleza"; e a "importância da mídia na discussão sobre beleza".

O outro lado desta moeda pode ser observado na análise do segundo exemplo. Trata-se de Péricles (18 anos, preto), que se autodeclarou, espontaneamente, como *negro*, sendo o jovem que apresenta a tonalidade de pele mais escura na *Turma 3B*. O Péricles foi mencionado no GD AD – Misto, quando os jovens deste grupo discutiam sobre o preconceito de negros com relação a outros negros, cujos desdobramentos nos levaram ao que chamamos de ***O caso da feiúra negra***. Uma das jovens trouxe, como exemplo, seus comentários a respeito da beleza do colega Péricles (18 anos, preto). Vejamos o desenvolvimento deste ponto de vista:

> MICHELE: Nossa sala não tem isso não, preconceito, questão de cor, não. Às vezes eu comento que o Péricles ele é negro, mas tem os traços bonitos, não é? [afirmação entre risos diante das expressões de "zoação" de Michel e Maísa]
>
> MICHELE: Não! É sério!
>
> MICHEL: Cê tá entregando! [risos]
>
> MICHELE: Ele tem os traços bonitos, ele é simpático (GD: AD – Misto: parte do Segmento 669-681).

No segmento acima, percebemos a jovem Michele (17 anos, parda) explicar o fato da não existência de preconceito de cor em sua turma, dando exemplo de sua consideração sobre um dos negros da sala. Ela traz uma oposição entre ser negro e ser bonito, utilizando o "mas", e parece dizer que o colega é negro e, apesar disso, possui "*traços bonitos*". Então, não se trata de assumir sua beleza na integralidade, como aconteceu nos casos referentes à beleza alicerçada na brancura. Ao contrário, são apontadas algumas características do jovem – seus traços – que o aproximam da beleza.

Diante das brincadeiras que os colegas fazem com Michele, insinuando certo interesse dela no colega negro, ela reforça que sua opinião está pautada nos "*traços bonitos*" de Péricles, mas isso não confere a ele a condição de belo, sugerindo o entendimento de que ele poderia, no máximo, ser considerado "*simpático*". De uma maneira geral, verificamos, entre os jovens pesquisados, as representações sociais de cunho racial sobre beleza como a existência da associação entre negritude e feiúra.

Um terceiro exemplo trazido pelo Grupo de Discussão AD – Misto foi uma inferência à jovem estudante Bruna (17 anos, branca), que nos levou ao que analisamos como ***O caso do valor da mestiçagem***.

A jovem Bruna foi mencionada em Grupos de Discussão e também em Entrevistas Individuais quando o assunto girou em torno de questões de beleza e/ou relacionamentos inter-raciais entre negros e brancos. Isto porque ela tem traços fenótipos caucasianos, como os olhos claros e cabelos lisos, e, ao mesmo tempo, possui tom de pele menos claro e outros traços fenotípicos que usualmente remetem à negritude, como a espessura de seus lábios. Vejamos, então, o momento em que a referência a essa jovem no GD apareceu vinculada às discussões sobre beleza, com destaque para suas dimensões raciais:

> MARINA: E uma coisa também, tipo assim, tem um casal, um negro e outro branco, aí sai aquele filho assim... Pode ser branquinho, só que com aqueles traços negros, aí fica aquela coisa linda, porque tipo a Bruna, ela é branquinha do olho claro e ela tem os traços fortes e ela é bonita. Eu não sei, porque eu não conheço a família dela, mas acho que isso não vem só da pessoa branca, entendeu? Só que o povo vai falar assim: "Não! É branco!" Que sei lá o que, só que tipo, ele tem alguma coisa negra, entendeu?
>
> PESQUISADORA: E é bonito? É isso?
>
> MARINA: É! A Bruna, ela é branquinha, olho verde, azul, sei lá. E tipo assim, ela tem os traços muito fortes, entendeu? E ela é muito bonita! (GD: AD – Misto: Parte do Segmento 279-301)

O segmento acima mostra como a jovem Marina (18 anos, parda) parece constatar a existência da valorização da hereditariedade branca, em detrimento da negação da hereditariedade negra, na ocorrência de filhos provenientes de um relacionamento inter-racial.

Quando a jovem Marina constata que existe beleza na jovem Bruna (17 anos, branca), considera-se que isso ocorra também pelo fato de a colega possuir "*traços fortes*", ou seja, "*aqueles traços negros*". Ela parece, assim, afirmar que esses traços compõem a beleza de Bruna, que é, inclusive, acrescida pelos traços negroides observados. Basta perceber que Marina ainda diz que a colega possui esses traços "*e ela é muito bonita*", o que nos remete à possibilidade de uma leitura de sua beleza na lógica de que se pode ser bonito(a) "apesar de" ou "ainda que" se tenha traços fenotípicos negros.

Podemos registrar que, nos três exemplos até aqui discutidos sobre as representações de cunho racial concernentes à beleza, parece-nos ter havido um reforço da tese de que "**Negro é feio**", com base nos casos trabalhados. Ainda, tal interpretação trouxe apontamentos relevantes para a compreensão das relações raciais entre e no ponto de vista dos jovens dessa turma, tendo em vista que o campo das representações integra as relações sociais.

Das sutilezas das relações raciais e suas repercussões no cotidiano escolar – Outros desdobramentos relacionados à questão racial presentes no discurso dos jovens

Além das representações de cunho racial sobre beleza, vimos outras representações nos discursos dos jovens da *Turma 3B*, todas elas enunciadas de forma sutil, que mereceriam um aprofundamento maior. Em função dos limites deste trabalho, elas serão apenas comentadas, a fim de demonstrar as possibilidades de compreensão que se abrem a partir das vozes dos jovens e suas percepções acerca de raça/cor e as relações raciais em nossa sociedade.

Observamos, inicialmente, que, nos Grupos de Discussão analisados, muitas vezes a representação racial foi marcada pela vinculação dos negros à criminalidade e com os perigos proporcionados por pessoas envolvidas com o crime. Chamamos estes indícios de representações raciais que aludem à ideia de que "**Negro é ladrão**".

O segundo âmbito das representações de cunho racial encontradas nos pontos de vista dos jovens refere-se ao pensamento de que o "**Negro é incompetente**". Em geral, as ocorrências de discursos sobre esta representação apareceram em situações nas quais jargões que reforçam essa incompetência dos negros são evocados na vida social e presenciados e/ou vivenciados pelos jovens.

O terceiro âmbito das representações de cunho racial observadas nos discursos dos jovens da *Turma 3B* parece indicar "**Negro é punição**", dando a entender que a *raça* e a *cor* dizem "*alguma coisa*". Explica-se na representação de que a existência do sujeito enquanto negro e/ou incidência de traços negros nos seus descendentes já pode ser a expressão de uma punição dada às pessoas brancas por suas ações, inclusive, pelo seu preconceito racial relacionado aos negros.

Por fim, lembramos que quando os jovens discutiam sobre essas representações de cunho racial e, até mesmo, a respeito das relações raciais na *Turma 3B*, questões voltadas ao preconceito racial dos negros com relação a outras pessoas negras eram tematizadas. Nesse sentido podemos apontar um outro âmbito das representações "raciais" percebidos entre os jovens, o qual pode ser emblemado como "**Negro é preconceituoso**".

Considerações finais

Cabe explicar que "*Sem querer você mostra o seu preconceito*", título deste artigo, refere-se a um fragmento de discurso de uma das jovens estudantes que integraram a pesquisa. Essa afirmação nativa dialoga com outras falas de jovens que também expressaram esse tipo de "constatação" de maneiras distintas, às vezes, até com outras palavras, durante os debates proporcionados pelos Grupos de Discussão realizados com os jovens estudantes da *Turma 3B*. Contudo, no complexo desafio de compreender as relações raciais naquele contexto escolar específico, essa observação feita pela jovem ecoou aos nossos ouvidos quando foi pronunciada em meio a uma discussão sobre preconceitos raciais, envolta em argumentos relacionados à sua negação e à sua inegável verificação na vida social, acompanhando-nos até a conclusão do estudo. Talvez, porque ela nos tenha desafiado a compreender como sucediam as relações raciais num contexto de pesquisa no qual considerávamos difícil percebê-las e que, paulatinamente, foi se mostrando revelador de dimensões vinculadas a essas mesmas relações.

Em todos os Grupos de Discussão evidenciou-se a percepção dos jovens sobre a existência de preconceito racial com relação aos negros em nossa sociedade. De maneira que esses jovens estudantes da *Turma 3B*, embora reforçando o discurso da não existência de preconceito racial ou outras influências de cunho racial nas relações estabelecidas na sala de aula, referiram-se ao Brasil dizendo que nossa "*sociedade é preconceituosa*". Nesse sentido, identificamos uma semelhança na leitura sobre esse preconceito, pois os jovens apontaram que se trata de um "*preconceito escondido*"; ele existe "*mas todo mundo abafa*".

Constatamos que, na observação participante e nos discursos diretos dos jovens a respeito da *Turma 3B*, as referidas representações pareceram-nos quase inexpressíveis, sendo elas, possivelmente, mediadas pela dinâmica das relações de sociabilidade existente entre os jovens. No entanto, essa percepção da realidade já pode nos informar "algo" sobre como os jovens têm experimentado e naturalizado o estabelecimento das relações raciais em nossa sociedade. Significa dizer que a própria desvinculação da existência do preconceito racial existente na sociedade da experiência particular desses sujeitos, especificamente do cotidiano escolar, já aponta indícios do funcionamento da dinâmica das relações raciais entre esses jovens.

Dentre apontamentos explorados neste artigo, destacamos que foi possível verificar indícios de que o estabelecimento das relações raciais na sala de aula pesquisada demonstrou a influência do quesito racial na visão de mundo dos jovens estudantes, que não desconsideraram estereótipos raciais nem destoaram da situação encontrada na sociedade. Nesse sentido, parece existir a percepção da diferença racial marcada pelos traços fenotípicos, dada a existência de práticas explicitadas e também veladas de preconceito racial na turma.

Neste ponto, consideramos que uma gama de representações sociais de cunho racial marcou a maneira sutil com a qual as relações e representações raciais foram abordadas pelos jovens. Ao analisarmos tais representações, foi constatado que, nem sempre, essas sutilezas se mostraram tão sutis assim. Na realidade, havia algumas reincidências entre essas representações que, sob um olhar mais apurado, faziam das sutilezas, muitas vezes, "menos sutis". De modo que, considerando-se o cotidiano e os pontos de vista dos jovens estudantes brancos, pardos e pretos, a reincidência mais acentuada mostrou-se no lugar extremamente desprivilegiado e estigmatizado dos negros, em quase todas as dimensões das relações e representações de cunho racial analisadas.

Referências

ABRAMO, Helena. *Cenas juvenis*: punks e darks no espetáculo urbano. São Paulo: Escrita, 1994.

DAHIA, Sandra Leal de Melo. A mediação do riso na expressão e consolidação do racismo no Brasil. *Sociedade e Estado*, Brasília, v. 23, n. 3, p. 697-720, set./dez. 2008.

DAYRELL, Juarez T. *A música entra em cena*: o rap e o funk na socialização da juventude. Belo Horizonte: Ed. UFMG, 2005.

FAZZI, Rita de Cássia. *O drama racial de crianças brasileiras*: socialização entre pais e preconceito. Belo Horizonte: Autêntica, 2004.

GUIMARÃES, Antônio Sérgio Alfredo. *Racismo e anti-racismo no Brasil.* 2. ed. São Paulo: Ed. 34, 2005.

IBGE. INSTITUTO BRASILEIRO DE GEOGRAFIA E ESTATÍSTICA. Pesquisa Nacional por Amostra de Domicílios. Síntese de Indicadores 2009. Rio de Janeiro, 2010.

MUNANGA, Kabengele. A difícil tarefa de definir quem é negro no Brasil. *Estudos Avançados*, São Paulo, v. 18, n. 50, p. 51-56, abr. 2004.

PAIS, José Machado. *Culturas juvenis*. Lisboa: Imprensa Nacional/Casa da Moeda, 1993.

TELLES, Edward E. *Racismo à brasileira*: uma nova perspectiva sociológica. Rio de Janeiro: Relume Dumará, 2003.

WELLER, Wivian. A contribuição de Karl Mannheim para a pesquisa qualitativa: aspectos teóricos e metodológicos. *Sociologias*, Porto Alegre, ano 7, n. 13, p. 260-300, jan./jun. 2005.

Parte II

Educação, Gênero e Raça

Relações de cuidado: da compaixão ao ódio. Relatos de uma trabalhadora técnica de enfermagem

Érica Dumont Pena
Isabel de Oliveira e Silva

Este trabalho tem por objetivo discutir as relações de cuidado vivenciadas por técnicas de enfermagem, procurando desvendar os processos de construção dos campos de significações que operam na relação entre cuidadora[1] e pessoas que recebem os cuidados. Tais campos estão sendo entendidos como constitutivos das experiências dessas mulheres que desenvolvem práticas de cuidado profissionalmente. Esses são, portanto, apreendidos como processos de construção que envolvem a experiência social mais ampla dessas mulheres, incluindo as relações familiares e suas condições objetivas de vida. As análises realizadas voltam-se para experiências de técnicas de enfermagem de uma unidade de saúde da Prefeitura Municipal de Belo Horizonte, onde trabalham três equipes da Estratégia de Saúde da Família.[2] Neste artigo, focalizamos as práticas e discursos de Lúcia,[3] que é técnica de enfermagem, procurando

---

[1] Uma vez que estamos apresentando o relato de uma técnica de enfermagem, do sexo feminino e também sendo a categoria profissional constituída pela maioria de mulheres, optamos utilizar o termo no feminino.

[2] O programa que hoje chamamos de Estratégia Saúde da Família (ESF) surgiu em 1994, como iniciativa do Ministério da Saúde para a reorientação do modelo assistencial que estava vigente no País. A ESF é operacionalizada por equipes multiprofissionais em unidades básicas de saúde. Estas equipes são responsáveis pelo acompanhamento de um número definido de famílias, localizadas em uma área geográfica delimitada, onde atuam com ações de promoção da saúde, prevenção, recuperação, reabilitação de doenças e agravos mais frequentes (BRASIL, 2012).

[3] O nome da técnica de enfermagem que participou desta pesquisa foi substituído, conforme acordo para realização das entrevistas.

apreender e analisar alguns dos sentidos construídos por ela acerca de suas práticas cotidianas na unidade de saúde e seus significados sociais. Como categoria de análise central, tomamos o conceito de gênero, lente por meio da qual procuramos interpretar os sentidos do cuidado para essa profissional.

Feminismos e aproximações do cuidado

Tradicionalmente, as disciplinas que se ocuparam de pensar o cuidado foram a filosofia e a enfermagem, voltadas ora ao cuidado de si e ora ao cuidado do outro (MONTENEGRO, 2001). Cuidar de si, mais comumente pensado na filosofia, relaciona-se à reflexão sobre si mesmo, enquanto, na enfermagem, cuidar tem sido frequentemente concebido como altruísmo. Nesta, as elaborações muito voltadas para técnicas específicas (cuidado intensivo, do idoso, da criança, etc.) e distantes das questões da sociedade, pouco problematizaram o conceito de cuidado em si (MONTENEGRO, 2001). Nos últimos 30 anos, pode se dizer que o cuidado se tronou um objeto para o campo das ciências humanas e sociais, sobretudo no campo de estudos feministas. Esse debate foi protagonizado pelos países anglo-saxões na década de 1980, repercutindo por volta de 2000 na França e, no Brasil, nos países da América Latina e da América Central, num período ainda mais recente (HIRATA, 2010).

Helena Hirata (2010), na sua contribuição para o estado da arte sobre cuidado, destaca que as primeiras análises contemporâneas do tema foram realizadas por Carol Gilligan, psicóloga do desenvolvimento que abordou o cuidado na perspectiva da ética. Outra importante teórica destacada por Hirata (2010) é Joan Tronto, politóloga, que voltou seus estudos, sobretudo, para os aspectos políticos do cuidado. Também segundo a autora (HIRATA, 2010), a partir de 1995 é que outras pesquisadoras passaram a discutir a temática, nesse caso sociólogas, especialistas em sociologia moral e política, como é o caso de Patricia Paperman; ou filósofas, como Sandra Laugier; ou psicólogas do trabalho, como Pascale Molinier (PAPERMAN; LAUGIER, 1995; MOLINIER; LAUGIER; PAPERMAN, 2009). No Brasil, Hirata (2010) destaca as publicações da Sempreviva Organização Feminista (SOF). Acrescentamos também os trabalhos de Marília de Carvalho e Thereza Montenegro, e das enfermeiras Vera Lúcia Regina Waldow e Damaris Maranhão.

Cuidado – Sentimentos e ações

O termo fundador dessa discussão é o termo *care* em inglês, uma vez que, como já dissemos, são de origem anglo-americana as pesquisadoras protagonistas do debate. Como observaram Guimarães, Hirata e Sugita (2010), o termo *care*, assim como trabalho e gênero, possui uma natureza multidimensional e transversal e encontra semelhanças na maioria das línguas. Embora no português "cuidar" designe com mais frequência atitudes, é o verbo cuidar significando ação – no dizer popular, "tomar conta" – que traduz melhor o *care* (*idem*, 2010). "Tomar conta" possui conotações negativas, marcadas pelo período escravista (*ibidem*, 2010) no Brasil e pela persistência de uma dura realidade de vida e de cuidado para as mulheres pobres. A expressão informa sobre diversas ações carregadas de significados e emoções, sobretudo relacionadas às crianças, as quais, nas classes baixas [certamente pelas (in)constâncias do cuidado], transitam entre as mulheres das famílias. O cuidado entre os pobres é um elo importante para a noção que se tem de família, constituída com base na obrigação (SARTI, 2007) ou, em outras palavras, na compreensão de que é preciso ajudar e respeitar o outro, pois, um dia, pode-se vir a precisar dele.[4]

Embora as pesquisadoras feministas estejam se debruçando sobre o *care* na tentativa de conceituá-lo, não existe um consenso sobre o que seja cuidar. Podemos dizer que a compreensão principal do tema está relacionada a *ações e atitudes* que constituem a experiência das mulheres e que são constituídas por essa experiência. Para Hirata (2010), uma definição rigorosa do cuidado seria: um tipo de relação social que se dá tendo como objeto outra pessoa.

> Se quiséssemos definir de maneira muito rigorosa o que é o care, seria: é o tipo de relação social que se dá tendo como objeto outra pessoa. Descascar batatas é care, mas de uma forma muito indireta: é care porque preserva a saúde, o outro ser. Fazer com que outro ser continue com saúde implica cozinhar, alimentá-lo, pois precisa desse cuidado material, físico. Então, pode-se dizer que tudo faz parte do care, mas aí não teríamos mais uma definição rigorosa de care. Deixar a casa limpa

[4] Os estudos de John Langston Gwaltney (1980 *apud* TRONTO, 1987) revelaram que grupos culturais negros se expressavam moralmente, com ênfase no respeito com os outros e no compromisso com a honestidade e generosidade, motivados pela ideia de que cada pessoa pode vir a precisar da ajuda da outra.

> e agradável, deixar a cama cheirosa e agradável, passar o lençol, isso tudo pode fazer parte do trabalho de care da empregada doméstica ou da diarista, que deixa essas tarefas prontas. [...] Em números de 2009 (PNAD), seriam, no Brasil, 7 milhões e 223 mil pessoas em emprego doméstico, das quais 504 mil são homens e 6 milhões e 719 mil são mulheres. Será que podemos dizer que todas essas mulheres que fazem o trabalho doméstico remunerado são trabalhadoras de care? [...] Então, é importante estudar o que é o trabalho doméstico remunerado e o que é a relação social de cuidado, quando ele se profissionaliza (HIRATA, 2010, p. 43).

Como um trabalho relacional, cuidar incluiria tanto as tarefas e ações quanto estados emocionais e relações interpessoais "estabelecidas entre as prestadoras de cuidado e aquelas pessoas que o recebem" (HIRATA, 2010). Na área da saúde, isso se traduziria como ações e emoções nas quais esforços devem ser empenhados, para que o outro possa viver da melhor maneira possível, sendo esse "melhor" o aspecto particular do cuidado, amplamente definido pela cultura, podendo ser expresso sob a forma de direitos e de políticas públicas de saúde. Hoje, evidentemente, isso tem sido definido desigualmente pelas relações de classe, etnia, gênero e geração.

Nesse contexto de emoções e técnicas, um dos grandes desafios é compreender a relação entre o trabalho de cuidado remunerado e público ou profissional e o cuidado não remunerado, privado ou familiar, cujas fronteiras são bastante tênues. Nas atividades de cuidado, o amor, o carinho e as emoções não parecem exclusivos das famílias, assim como o fazer e a técnica não parecem exclusividade das "cuidadoras", das "acompanhantes" ou das "auxiliares" remuneradas (HIRATA, 2010). Na mesma direção, Lopes e Leal (2005) pensam o cuidado como sendo uma ação identitária, como consequência de serem as mulheres as que aprendem a cuidar ao longo de suas vidas. Para as autoras (LOPES; LEAL, 2005), desse modo, as enfermeiras constroem "um saber-fazer que se esforçam em valorizar, amar e defender (por que não?)", o que, por outra via, leva a "redesenhar a defesa, histórica entre as mulheres, de sua condição de 'cuidadoras".

Não resta dúvida de que "tomar conta" das pessoas inclui momentos de afeto, de alegrias, de prazeres, de aprendizado. Ao mesmo tempo, é compreensível o modo depreciativo como essas atividades são significadas na sociedade, sobretudo quando se referem ao "tomar conta" que é desempenhado por mulheres das classes populares, cujo cotidiano do "cuidar" é percebido como constituído de atividades sujas, subalternas e menos qualificadas em comparação com as outras.

Ao contrário, na imagem que se faz da enfermagem, embora seja evidente que o cuidado na profissão também é desvalorizado, precarizado e constituído de sentimentos e ações negativas, ele mais frequentemente é significado de forma idealizada, como parte de um campo de significações positivas, relacionado a características tidas como naturais e/ou divinas das mulheres.

A aproximação dos sujeitos que realizam essa atividade permite apreender que todas essas significações, sentimentos, emoções e contradições fazem parte da vida de uma mesma pessoa, cuja subjetividade se constitui como uma realidade diferenciada, histórica e singular. Também no campo de estudos feministas, o conceito de cuidado é significado de diferentes formas, e é bastante recente a tentativa de quebrar as dicotomias estabelecidas diante do tema: cognitivo e emocional; atividade racional e subjetividade; submissão e libertação.

Gilligan (1982) percebeu que o cuidado, na experiência das mulheres que ela pesquisou, estava relacionado ao desenvolvimento da chamada *ética do cuidado*, ética essa que ela aponta ter sido negligenciada pelos pesquisadores da moral, atentos por demais à ética da justiça, kantiana. A ética do cuidado, diferente da ética da justiça, está voltada para relações mais íntimas, e não para princípios abstratos, e mais direcionadas pela responsabilidade do que pelas regras, constituindo-se a partir dos relacionamentos e da não violência.

Mais recentemente, como alertou Molinier (2004), constatou-se que a maioria das teóricas da ética do cuidado criticaram na razão individualista a ideia neoclássica de que haveria mercados perfeitos. Mas também elas teriam se arriscado numa representação do cuidado sem contradições, como se existisse um trabalho de cuidado ideal, realizado por mulheres também ideais e em situações perfeitas. Essa construção ideal do cuidado tem a ver com as próprias limitações das teorizações feministas, referenciadas, sobretudo, nas experiências e nas ideias das mulheres brancas, de classe média alta e heterossexuais, estando, portanto, passíveis de tendências (TRONTO, 1993). Nesta pesquisa, consideramos importante problematizar essa prática (cuidar do outro) e suas representações a partir do entendimento de que as subjetividades que constituem as relações sociais de cuidado são contraditórias e ambíguas. Neste artigo, buscamos uma aproximação dessas subjetividades, apresentando algumas reflexões da pesquisa de mestrado intitulada: *Relações sociais de cuidado: histórias de vida das [também] técnicas de enfermagem e construção de sentido*. Essa pesquisa foi realizada em uma unidade de saúde de Belo Horizonte, situada numa das periferias mais estigmatizadas e precárias da região. Nosso foco foi o trabalho de duas técnicas de enfermagem, mulheres das classes populares, que estabelecem relações de cuidado também com pessoas com as quais compartilham esse pertencimento social. Para conhecermos essas cuidadoras e, como consequência, compreendermos o cuidado, construímos com elas narrativas aprofundadas sobre o cotidiano de trabalho [de cuidado das famílias do programa Estratégia de Saúde da Família] e também sobre o cotidiano das suas famílias. Foram incluídas, ainda, entrevistas com outras pessoas, de suas famílias e do trabalho, bem como se realizou observação do cotidiano da unidade e da casa.

A abordagem metodológica ancora-se na ideia de que, como dimensão do campo das práticas sociais interpessoais, carregadas de significados socialmente construídos, a compreensão das relações sociais de cuidado demanda uma imersão no campo de ação dessas mulheres, bem como a escuta atenta das narrativas por elas produzidas. De modo específico, discutiremos neste artigo o cuidado com base na história de vida, que gentilmente nos foi cedida por Lúcia, atentando para aspectos do seu trabalho na unidade de saúde.

Lúcia é a filha mais velha de uma família com seis filhos. Começou a "trabalhar fora" quando tinha 16 anos. Como a maioria das mulheres das classes populares, trabalhou em vários empregos: dois anos e meio como auxiliar de cozinha, um ano como babá (o único de carteira assinada até ingressar na enfermagem), e também como balconista de padaria e recepcionista. Quando estava no terceiro ano do Ensino Médio, depois de já ter parado de estudar por uma vez, engravidou e casou-se, deixando novamente a escola e o trabalho. No período em que estava grávida da terceira filha, começou a trabalhar em um hospital no período noturno, como auxiliar de serviços gerais.

Da compaixão à ética do cuidado

Foi referindo-se a esse trabalho como auxiliar de serviços gerais em um hospital, que Lúcia conta ter tido os primeiros contatos com pessoas doentes: "pessoas assim, que não eram da minha família, *outras pessoas*". Talvez porque não se remeta ao trabalho de enfermagem, Lúcia conta de forma espontânea sobre o desenvolver do sentimento de compaixão. Para Mollinier (2008), a compaixão, ou o sofrer com o outro, é um dos principais sentimentos necessários para que se deseje cuidar bem (do outro que lhe é estranho). Como observou a autora (MOLLINIER, 2008), a compaixão é aprendida, ou seja, aprende-se a sofrer com o outro, o que nada tem de natural e espontâneo. Para as enfermeiras observadas pela autora, e como veremos no relato de Lúcia, os primeiros contatos com o outro em situação de sofrimento despertaram reações de medo, de angústia e desgosto. Esses sentimentos, nota Mollinier (2008), assimilados nos corpos podem até levar ao pânico, ao desejo de fugir.

> Trabalhei no hospital, na limpeza, nos serviços gerais, trabalhava uma noite sim, uma noite não. [...] Foi quando tive meu primeiro contato com pessoas doentes, sabe, pessoas assim, que não eram da minha família, outras pessoas. Aí fiquei até assombrada na hora que entrei lá, fiquei até neurótica, sabe? Lá, são pessoas com C.A,[5] só câncer e geralmente em fase terminal... [...] Então assim, nossa! Se saísse uma mancha em mim, ficava doida! Pensava: Ah, meu Deus, estou com câncer, misericórdia! Se desse uma dor de garganta, eu falava: Ai, meu Deus do céu! Gente, eu fiquei doida, eu tinha medo... morri de medo, a falta de informação era [tão] grande que eu pensava assim: "gente, esse trem deve pegar é no ar, olha pra você ver"!? Só de espirrar! Qualquer coisa diferente, que a gente vê assim no corpo, ou se eu levantasse gripada, pensava assim: "ah meu Deus, estou com câncer"! [...] E eu tinha passado tanta dificuldade desempregada antes, tanta dificuldade... [...] E assim, quando aquilo começou a ficar muito, muito mesmo, que eu vi que estava passando do limite, eu falei assim: ó Deus, se foi o Senhor que me deu essa porta, tira isso de mim porque eu preciso trabalhar! Uai, como que eu vou trabalhar desse jeito, "neurada" desse jeito, não tenho paz, sossego interior... [...] Aí, graças a Deus, foi saindo aos poucos, sabe, acho que fui habituando, acostumando, aí você vai e procura saber: o que que é isso? Como que o pessoal pega isso? Eu sempre tive muita curiosidade de saber as coisas. Então, chegava assim nas meninas da enfermagem, perguntava. Aí fui pegando gosto, apesar de não ser uma coisa muito bonita de se ver, um paciente em fase terminal de CA, mas, assim, aquilo moveu uma compaixão em mim sabe... (Lucia, 2011)

Lúcia manifesta, na sua fala, uma forte angústia diante do quadro dos pacientes que passou a acompanhar sem, no entanto, conseguir entender o que se passava. O não entendimento/desconhecimento revela-se como um fator de acentuação de seus medos. Em contrapartida, é o entendimento que vai

---

[5] Sigla utilizada na saúde para o adenoma carcinogênico, em inglês.

ajudá-la, em alguma medida, a sentir-se mais segura naquele ambiente. Como se pode observar no relato, também se revela a condição, ao mesmo tempo, de ruptura e de continuidade com sua experiência doméstica: era a primeira vez que ela tinha contato com pessoas doentes fora da família. Ou seja, o elemento *cuidado*, possivelmente, se constitui em continuidade. A ruptura se dá pelo processo de alterização. Observa-se também que a natureza do sofrimento e também o lugar externo à família assumem lugar importante para ajudá-la a perceber a si mesma na relação.

O sentimento de compaixão, as reações do sofrer com o outro demandam, em primeiro lugar, colocar-se no lugar desse outro, lugar que, no caso, gera medo, como aconteceu com Lúcia. Embora ela atribua o sentimento de medo à possibilidade de contaminar-se com o câncer e à sua falta de esclarecimento, descreve a necessidade de "habituar-se, acostumar-se" com essa situação, o que implica sentir seu próprio sofrimento e enfrentar a si mesma, como ela mesma diz: ir "pegando gosto".

Sabemos ser a formação técnica em enfermagem uma das opções mais acessíveis para "melhorar de vida" entre as mulheres pobres. Essa profissão teria sido constituída historicamente nesse lugar, como opção de trabalho para recuperar as prostitutas e bêbadas (ALMEIDA, 1989) e depois para as pobres batalhadoras: a cultura profissional da enfermagem se estabeleceu como "neutralizadora" dos males de si e do outro. Ao longo da história da profissão criaram-se dispositivos por meio dos quais as agentes poderiam viver e superar essas fases de angústia e de medo. Para a superação do medo, muitas vezes é necessário que as trabalhadoras coloquem em latência suas necessidades imediatas para, então, suportar a passividade (MOLLINIER, 2008). Observa-se que, nesse contexto, a cultura e a formação da enfermagem, marcadas pelo disciplinamento do corpo e pela regulação moral cristã, contribuíram e ainda contribuem para a prescrição de corpos passivos. A prescrição de vestimenta, do sorriso, dos cabelos presos sem cortes excêntricos, da postura contida, além de relacionar-se com a higiene e a prevenção de doenças, se relaciona também com a disciplina das emoções e com a tranquilidade que deve ser transmitida, para que o outro também se sinta bem, "tranquilo".

Como um trabalho que se faz sobre e com o corpo, para tornar-se uma ferramenta eficaz, o corpo das enfermeiras deve, em primeiro lugar, anular-se. O cansaço, a vulnerabilidade, a irritação e o sofrimento devem desaparecer para que a sua presença seja calmante. O aspecto sereno das enfermeiras é uma das garantias da docilidade dos pacientes (MOLLINIER, 2008).

No período a que se refere esse relato, Lúcia ainda não havia estudado enfermagem. A passividade dela com relação às próprias emoções parece-nos bastante relacionada à pressão decorrente da falta de condições materiais, expressas pelo desemprego anterior e pela necessidade de trabalhar. Se, por um lado, esses aspectos também estavam presentes no cotidiano das colegas que já eram técnicas de enfermagem, o que diferencia Lúcia naquele momento, é que ela ainda não tinha tido acesso à formação, à cultura profissional da enfermagem e às condutas morais que se esperam dessas profissionais. Então, ela recorre a Deus, evidenciando um esforço pessoal para buscar a "paz interior": "ó Deus, se foi o Senhor que me deu essa porta, tira isso de mim porque eu preciso trabalhar"!

Sofrer com o outro é também fundamental para aprender a adivinhar (MOLLINIER, 2008). Prever as necessidades é importante para que o cuidado ocorra, uma vez que as necessidades dos outros não estão [nem estarão] sempre prescritas nos *Cadernos da Atenção Básica*.[6] Depois de ter feito o curso de enfermagem, referindo-se ao seu primeiro trabalho como técnica de enfermagem, na pediatria de um hospital, Lúcia diz: "Como que eu cuidaria da minha filha? Aí imaginava [...] o que eu pudesse falar com a mãe, orientar a mãe".

Prever as necessidades do outro é primordial quando este(a) não pode explicar por si ou solicitar algum cuidado (uma criança, um paciente em coma, uma pessoa em situação de exclusão social, tímida). Lúcia conta uma situação de previsão com relação aos usuários de *crack* que normalmente não vão à Unidade.

Segundo Lúcia, a unidade de saúde

> devia se voltar para ir ao encontro desses usuários. Uma vez, eu lembro até hoje. [...] Estava fazendo vacina da gripe no ano passado, e ela [a enfermeira] falou: nós vamos visitar os usuários do Beco [...], lá em baixo, na tal da cracolândia, que ninguém gosta. Aí separou três auxiliares, perguntou quem que ia, quem que não ia... Aí, alguns não vão porque têm medo. Ela falou: Você vai Lúcia? Falei: Vou...

[6] Os *Cadernos da Atenção Básica* são publicações cujas orientações sobre os principais procedimentos são organizadas de acordo com as especificidades do cuidado, ex: obesidade, saúde na escola, saúde do idoso, da criança, da mulher, saúde bucal, etc. São 27 cadernos. Disponíveis em: <http://dab.saude.gov.br/caderno_ab.php>.

E ainda assim, quando o outro é capaz de solicitar o cuidado de acordo com suas necessidades, pode ser que a sua solicitação não seja condizente com a aprendizagem técnica. Em alguns desses momentos a aprendizagem parece passível de ser relativizada (O que fazer se um senhor de 90 anos, com câncer, deseja fumar?), sendo tênues os limites da autonomia de cada uma das partes.

> O que faz o usuário hoje lá da Pedreira felizes é a farmácia. Se eles chegarem no posto e não tiver médico, eles xingam e eles voltam no outro dia, voltam amanhã, a tarde... Mas se a farmácia estiver fechada é um absurdo: [Dizem]: "eu vou ligar pra Secretaria [de Saúde], chamar polícia". E me deixa triste isso, porque é uma medida curativa, é pra tratar uma dor, uma doença que poderia ter sido evitada. Aí assim, eu acho que devia fazer mais programas educativos, mais grupos educativos.

As necessidades (ditas e não ditas) do outro podem desapontar as expectativas da cuidadora e, muitas vezes, não são de fato respeitadas por ela. As constantes situações de escolha ("Vamos fazer vacina na região onde estão concentrados(as) usuários(as) do *crack*"? "Como eu cuidaria da minha filha"?), exigem um esforço para guiar as condutas pela razão – isto é, fazer as melhores escolhas em cada caso.

Nas escolhas, evidencia-se em alguma medida a aprendizagem de Lúcia no que se refere a orientar-se com sensibilidade para as necessidades do outro, um dos princípios da ética do cuidado. Faz-se aqui uma ressalva. Em alguns casos, embora sejam "percebidas" suas necessidades, o outro é responsável por cuidar de si mesmo. Significados aparecem nas narrativas relacionadas a contextos em que faltam estruturas para atender às demandas.

> Porque o que desgasta muito de trabalhar no Centro de Saúde é você querer cuidar da pessoa e a pessoa não querer cuidar dela, [...] porque o paciente não quer ter cuidado na maioria das vezes. Quando se trata do idoso que é uma pessoa frágil, a família não quer ter essa responsabilidade. (Lúcia)

> Hoje teve uma paciente, que eu fazia visita, era uma senhora, idosa acamada. Tava sozinha... Aí você para ali e fala assim: poxa, deve ter uns filhos. Aí você vai ouvir a história, e é uma mulher que saía, deixava os filhos sozinhos. (Adélia)

O papel materno parece influenciar a orientação profissional [e também as condições materiais de trabalho que, embora muito ruins, privilegiam esse tipo de atendimento]. Quando se trata do cuidado com crianças, a alterização escapa às concepções descritas acima. Um caso que presenciamos pode nos dar pistas dessa forma de orientar a ação. No fim da nossa primeira reunião na unidade de saúde, observamos uma conversa entre três técnicas de enfermagem. Assunção contava para as demais que Rosana, médica da unidade, atendera uma emergência na rua, um rapaz ensanguentado. Ana disse que havia lido essa notícia no jornal *Super*[7] e completou dizendo que a médica fizera o atendimento na presença dos filhos desta e, como consequência, eles ficaram com medo e estavam sem conseguir dormir. O caso foi contado com admiração por Assunção (embora ela tenha mencionado sentir dó dos filhos de Rosana) e por Zilda, que observaram que ela é uma médica muito bondosa. Lúcia questionou o pensamento das colegas e disse que a médica deveria dosar razão com emoção e, nesse caso, chamar o SAMU *ou coisa parecida*, mas não atender na frente dos próprios filhos.

Essa posição de Lúcia exemplifica a fraqueza e a força moral da ética do cuidado. "A fraqueza moral da mulher, manifestada numa aparente confusão e dispersão de seus juízos, é inseparável da força moral das mulheres, que é uma preocupação com relacionamentos e responsabilidades" (GILLIGAN, 1982, p. 33). A aparente confusão dos juízos está na possibilidade de não salvar alguém na rua. Partindo de nossas observações e conversas, seria surpreendente pensar que Lúcia não se importaria se alguém na rua estivesse correndo risco de morrer, e muito provavelmente não se trata dessa situação, já que ela ponderou que haveria outras formas de ajudar o rapaz. Lúcia é sensível não só às necessidades do outro, mas também aos laços de relações mais estabelecidos, e é neles que reside sua força. Gilligan (1982) também observa que as apreciações públicas e as avaliações privadas normalmente se contrariam. Nesse caso, a apreciação pública rendeu uma notícia no jornal, fato digno de nota como uma possível evidência da assertividade da ação da médica.

Da ética do cuidado ao ódio

Mollinier (2004) faz uma ressalva com relação à ética do cuidado que se arrisca a uma representação do *care* sem contradições. Nesse sentido, assim

[7] Tabloide popular, no qual a maioria das matérias possui um foco criminológico, e muito lido pelos(as) funcionários(as) da unidade.

como Tronto tinha ressaltado o "mau cuidado", Mollinier (2004) chama a atenção para o sentimento de ódio, que leva algumas mulheres no trabalho de cuidado a quererem o mal para alguém, e até a se sentirem bem por isso. Ela ressalta que ainda estão por serem feitas análises feministas do cuidado, no que diz respeito a sentimentos como ódio, estando esses sentimentos ocultos dos testemunhos das trabalhadoras, podendo constituir a "caixa preta" do feminismo.

Finalizamos nossas observações nos aproximando também do ódio como forma de orientação. Num dos dias em que acompanhávamos o trabalho de Lúcia na farmácia, Elisa, outra técnica de enfermagem, entrou e disse: "Atendi sua paciente lá", num tom de brincadeira, eufórica. Elisa contou, como quem conta um desaforo, que Joana, que tinha uma ferida nas axilas, queria que ela lavasse a região com água e sabão. Lúcia respondeu que, no lugar de Elisa, falaria com Joana "que só lavaria seu próprio sovaco". E nos explicou que até lavava pé, braço, de gente sem informação, idosa, acamada, mas de uma menina de 20 anos, não. Para piorar a situação, a paciente não tinha depilado a região, e Elisa, por causa disso, esfregou bem forte o soro com gaze (Elisa nos mostra como fez), levando a paciente a reclamar. Depois, as duas comentaram que Joana poderia ter cortado os pelos que ficam ao redor da ferida, "raspar que seja", e do quão "nojento é aquele tanto de cabelo".

Concordamos com Mollinier (2004) que esse tipo de ação, que chega a ser violento, nos faz questionar sobre sua origem e também sobre as formas de preveni-la. Histórias parecidas são comuns no âmbito da enfermagem, como usar o maior cateter para fazer lavagem intestinal em quem tenta suicídio ou colocar mulheres que fizeram aborto para se recuperarem na mesma ala de mulheres grávidas. Podemos perceber, na situação, um exercício radical do poder, cuja orientação para a ação mais uma vez escapa à ética do cuidado, ou seja, não expressa a responsabilidade pelo outro, colocando em prioridade os sentimentos próprios, como nojo com relação aos pelos, muito relacionado, por sua vez, às concepções públicas sobre o corpo da mulher.

Sarti (2001) adverte para o caráter sempre social do corpo e das representações sobre ele, em que realidade objetiva e simbólica não existem uma sem a outra. As clivagens de classe, etnia, gênero, entre outras, são destacadas pela autora como elementos constitutivos das construções simbólicas e expectativas em relação ao corpo do outro e às relações de cada um com o próprio corpo. Para essa técnica de enfermagem, de uma mulher jovem deve-se esperar um corpo não apenas cuidado, mas correspondente aos padrões estéticos e higiênicos socialmente reconhecidos e prescritos. Incidem aqui, também, as expectativas sobre sua capacidade de suportar a dor que lhe será imposta, o que, talvez como nos ritos das sociedades tradicionais, possa funcionar como elemento de aprendizagem dos comportamentos esperados (SARTI, 2001).

Não podíamos deixar de ressaltar que, como condições objetivas, não somente deparamos com mulheres das classes populares cuidando de pessoas das classes populares (ambas em situações constantes de violência), mas também com condições objetivas de trabalho muito precárias, que não priorizam o cuidado. Lúcia lembra: "Você atende o usuário mal, você atende ele lá fora sentado no banco, todo mundo escutando o problema dele [...] Às vezes, quando estão todos os médicos atendendo". Além de as condições de trabalho não serem sempre adequadas à prática profissional (iluminação ruim, muito barulho, poeira, poucas salas para atendimento), a categoria dos profissionais técnicos(as) de enfermagem é muito desvalorizada, o que se expressa pelos baixos salários e jornada de trabalho extensa.

Considerações finais

A compreensão do cuidado como prática social inerente às relações humanas (ou à condição humana) e das condições de sua realização no contexto profissional encerra grande complexidade. Irredutível às técnicas, o cuidado profissional nas práticas de atenção à saúde tampouco pode ser explicado pela empatia ou pela compaixão exclusivamente. No encontro entre cuidadora e pessoas que recebem cuidados (ou se deixam cuidar), pode haver significados opostos, impedindo, em algumas situações, a instalação de um campo compartilhado de sentidos para as ações que devem, em alguma medida, coordenar-se.

Nessa direção, a compreensão das relações de cuidado e seus sentidos para mulheres que atuam profissionalmente nesses espaços só pode ocorrer a partir das relações entre técnicas, ações e orientações das ações, dentro de um universo simbólico e objetivo que se transforma de acordo com as circunstâncias da doença ou da necessidade de cuidados, bem como de acordo com os sujeitos e as representações sociais a respeito de seus comportamentos e de suas possibilidades de suportar a dor ou mesmo de aceitar ou solicitar o cuidado. Nessa perspectiva, cruzam-se nesse ambiente, as diferentes clivagens sociais e universos simbólicos, cuja consideração é fundamental para a construção de sentidos por parte de quem cuida e para a configuração dessa prática em relação ao que é cuidado.

Referências

ALMEIDA, Maria Cecília Puntel de; ROCHA, Juan Stuardo Yazlle. *O saber de enfermagem e sua dimensão prática*. São Paulo: Cortez, 1989. 128 p.

BORGEAUD-GARCIANDIA, Natacha; HIRATA, Helena; MAKRIDOU, Efthymia. Note de lecture Gilligan, Tronto, Laugier, Molinier, Paperman. *Cahiers du Genre*, n. 49, 2010.

BRASIL. Ministério da Saúde. Programa de Saúde da Família. Disponível em: <http://portal.saude.gov.br/portal/saude/cidadao/area.cfm?id_area=149>. Acesso em: 14 jan. 2012.

GUIMARÃES, Nadya A; HIRATA, Helena S; SUGITA, Kurumi. Cuidado e Cuidadoras: o trabalho de care no Brasil, França e Japão. Trad. Philippe Dietman. *Sociologia e Antropologia*, Rio de Janeiro, v.1, n.1, pp.151-180, 2011.

GILLIGAN, Carol (1982). *Teoria psicológica e desenvolvimento da mulher*. Tradução de Natércia Rocha. Lisboa: Fundação Calouste Gulbenkian, 1997. 285 p. (Tradução do original inglês intitulado: In a Different Voice: Psychological Theory and Women's Development).

HIRATA, Helena. Teorias e práticas do *care*: estado sucinto da arte, dados de pesquisa e pontos em debate. *In*: FARIA, Nalu; MORENO, Renata (Org.). *Cuidado, trabalho e autonomia das mulheres*. São Paulo: SOF, 2010 (Coleção Cadernos Sempreviva. Série Economia e Feminismo, 2).

LOPES, Marta Júlia Marques; LEAL, Sandra Maria Cezar. A feminização persistente na qualificação profissional da enfermagem brasileira. *Cadernos Pagu*, n. 24, p. 105-125, 2005.

LÚCIA. Depoimento. Belo Horizonte. Entrevista concedida a Érica Dumont e Isabel de Oliveira e Silva como parte da pesquisa de mestrado realizada na Faculdade de Educação da Universidade Federal de Minas Gerais, 2011.

MOLLINIER, Pascale. A dimensão do cuidar no trabalho hospitalar: abordagem psicodinâmica do trabalho de enfermagem e dos serviços de manutenção. *Revista Brasileira de Saúde Ocupacional*, v. 33, n. 118, p. 6-16, 2008.

MOLLINIER, Pascale. O ódio e o amor, caixa preta do feminismo? Uma crítica da ética do devotamento. Tradução de Nina de Melo Franco. *Psicologia em Revista*, Belo Horizonte, v. 10, n. 16, p. 227-242, dez. 2004.

MONTENEGRO, Thereza. *O cuidado e a formação moral na Educação Infantil.* São Paulo: EDUC, 2001. 182 p.

PAPERMAN; Patricia LAUGIER, Sandra (direction) (1995). Le souci des autres. Éthique et politique du care. Paris: École des Hautes Études en Sciences Sociales, 2011.

MOLINIER, Pascale; LAUGIER, Sandra; PAPERMAN, Patrícia. *Que'est-ce que le care?* Souci des autres, sensibilité, responsabilité. Paris: Éditions Payot & Rivages, 2009.

SARTI, Cynthia Andersen. A dor, o indivíduo e a cultura. *Saúde e Sociedade*, São Paulo, v. 10, n. 1, p. 3-13, 2001.

SARTI, Cynthia Andersen. Famílias enredadas. *In*: COSTA, A.; VITALE, M. A. (Org.). *Família, rede, laços e políticas públicas.* 3. ed. São Paulo: Cortez, 2007.

TRONTO, Joan. *Moral boundaries.* A political argument of care. New York: Routledge, 1993. 226 p.

TRONTO, Joan. Beyond gender difference to a theory of care. *Signs*, Chicago, v. 12, n. 4, pp.644-663, 1987.

Traçando metas, vencendo desafios: experiências escolares de mulheres egressas da EJA

Ludimila Corrêa Bastos
Carmem Lucia Eiterer

Introdução

Este texto elabora uma síntese do trabalho de pesquisa desenvolvido entre 2009 e 2011 e apresentado em dissertação de mestrado ao Programa de Pesquisa e Pós-Graduação da FAE-UFMG. A proposta de trabalho visou à reflexão acerca da importância que assume a escolarização na Educação de Jovens e Adultos a partir dos depoimentos de um grupo de mulheres egressas do Programa de Educação Básica de Jovens e Adultos da UFMG.

Por conseguinte, investigamos de que maneira e em que sentido as vivências proporcionadas pela educação escolar têm ou não alterado a qualidade de vida das egressas do curso de Educação de Jovens e Adultos e concluíram o Ensino Médio, neste caso, na UFMG. Motivou-nos a ideia de compreender se e como o conhecimento sistematizado da escola poderia modificar as relações dessas egressas com a família e a sociedade e quais seriam os efeitos duráveis da escolarização para elas.

Há quase três décadas, Borges (1980) já afirmava que algumas questões ligadas à mulher estavam um tanto esquecidas quando muito se discutia sobre o papel da mulher dentro da sociedade. Segundo a autora, a condição da mulher em nossa sociedade é de clara inferioridade em relação ao homem. Essa situação é decorrente da falta de oportunidades que fazem com que a mulher tenha que se afirmar como ser socialmente útil, sofrendo discriminação social, econômica e educacional ao longo de todo o processo histórico brasileiro.

Algumas autoras como Rosemberg, Pinto e Negrão (1982), há quase trinta anos, já destacavam ser fato relevante o aumento do grau da escolarização da mulher no Brasil. Entretanto, as autoras afirmavam que pouco ou quase nada se sabia sobre os efeitos dessa escolarização, nem que utilização as mulheres têm feito dela em suas vidas, já que a passagem pela escola era agora mais numerosa e mais longa.

Deste modo, buscamos investigar nesta pesquisa a forma pela qual a educação escolar vem alterando a qualidade de vida e a inserção dessas mulheres dentro da sociedade. Procuramos investigar quais são os caminhos percorridos por essas mulheres, quais são, a seu ver, as mudanças ocorridas em suas vidas após a conclusão dos estudos na EJA e como o curso frequentado pôde ou não ter contribuído nas escolhas posteriores ao percurso escolar.

Buscamos mediante entrevistas semiestruturadas reconstruir parte da história da vida escolar de algumas egressas, procurando elementos que nos permitissem verificar os motivos que as afastaram da escola quando ainda meninas, o que as fizeram retomar seus estudos na EJA, dificuldades para se manterem matriculadas e frequentes, suas expectativas e sonhos e quais os sentimentos e mudanças conquistadas após o término da escola básica.

Temos em mente, como evidencia o relatório UNESCO (2003), que maiores investimentos na educação das meninas acarretam nítido aumento de seu bem-estar pessoal e social – a finalidade última de todas as atividades de desenvolvimento. Quando os pais são educados, seus filhos serão mais sadios, mais bem nutridos e terão maiores chances de frequentar a escola com sucesso. Portanto, investir na educação das meninas, é uma das melhores maneiras de assegurar a educação das gerações futuras.

Relações entre gênero e a mulher educanda da EJA

Soares (2003) destaca que percorrer as trilhas das histórias de vida das mulheres adultas nos leva a considerar que os alunos da EJA têm sexo, raça, religião, nacionalidade, assim como também estão inseridos em relação de gênero. Para ele, tais dados constituem mais uma especificidade a ser incluída na realidade do público que procura a educação quando adulto. Sendo assim, é importante trabalharmos o conceito de gênero.

Na visão de Carvalho (2009), gênero é uma estrutura de dominação simbólica, assim como classe e raça. As distinções masculino/feminino estruturam todos os aspectos da vida social e fazem parte de um complexo sistema de dominação masculina, fortemente institucionalizado e internalizado. Gênero é uma construção social feita sobre as diferenças sexuais. O que interessa não é propriamente a diferença sexual, mas a forma como essa diferença é representada ou valorizada, aquilo que se diz ou se pensa sobre a diferença.

Portanto, gênero se refere ao modo como as diferenças sexuais são compreendidas numa dada sociedade, num determinado grupo, em determinado contexto ou, então, como elas são trazidas para a prática social e tornadas parte do processo histórico. Em alguns momentos da história é necessário estabelecer demandas e reivindicações de igualdade; em outros momentos, o que pode ser estratégico e factível são demandas e reivindicações pela afirmação das diferenças (MATOS, 2008, p. 352).

Diante do exposto, não nos parece ser possível compreender a história de como as mulheres ocuparam a sala de aula sem notar que essa foi uma história que se deu também no terreno das relações de gênero, como aponta Louro (2000), já que as representações do masculino e do feminino são integrantes do processo histórico. O conceito de gênero, entendido como uma construção social e articulado à classe, etnia, religião, idade determinou algumas posições que as mulheres ocuparam e ocupam. Nesse sentido, discursos carregados de sentido sobre relações de gênero explicaram como mulheres e homens constituíram suas subjetividades. E é também no interior de tais discursos e em referência a eles que elas constroem suas práticas sociais, assumindo, transformando ou rejeitando as representações que lhes são propostas.

No que diz respeito ao acesso das mulheres à escola e seu desempenho, Nogueira (2003) desenvolveu um estudo sobre a influência da condição feminina na busca de escolarização na idade adulta. Essas mulheres, segundo ela, enfrentam toda a sorte de dificuldades para conseguir se matricular e permanecer em um curso de EJA. Esse estudo contribui para a produção de conhecimento sobre as limitações e as dificuldades enfrentadas pelas mulheres que querem exercer o seu direito à educação, oferece subsídios para a integração das áreas de estudo de gênero e de educação de jovens e adultos, além de acrescentar elementos para as discussões sobre uma política educacional de EJA com enfoque nas relações de gênero, isto é, uma política que reconheça a existência de relações de hierarquia e desigualdade entre homens e mulheres. Para ela, a precariedade de estudos sobre a alfabetização de mulheres adultas, na perspectiva de gênero, dificulta o conhecimento dos limites sociais impostos ao sexo feminino que inviabilizam a sua inserção e permanência escolar.

No contexto mais geral da área da Educação de Jovens e Adultos, de acordo com Nogueira (2002), deparamo-nos com a ausência de uma política nacional articuladora das mais variadas experiências, projetos, iniciativas e ações. Nogueira (2002) afirma quanto ao analfabetismo de mulheres adultas, por se tratar de um contingente com necessidades muito específicas e limites próprios, exigiria políticas muito bem planejadas para conseguir a atração e a manutenção desse público-alvo.

Concordando com Barreto, Álvares e Costa (2006), recordamos que a visão de mundo de uma pessoa que retorna aos estudos depois de adulta, após um tempo de afastamento da escola, ou mesmo daquela que inicia sua trajetória escolar nessa fase da vida, é bastante peculiar. Protagonistas de histórias reais e ricas em experiências vividas, as alunas da Educação de Jovens e Adultos configuram tipos humanos diversos. São mulheres que chegam à escola com crenças e valores já constituídos. A cada realidade corresponde um tipo de aluna, e não poderia ser de outra forma. Afinal, são pessoas que vivem no mundo adulto do trabalho, com responsabilidades sociais e familiares, com valores éticos e morais formados por meio da experiência, do ambiente e da realidade cultural em que estão inseridas.

Conforme justificaram as mulheres, esse retorno à escola responde a um desejo acalentado ao longo de anos, o desejo de concluir uma formação escolar abandonada por razões, sobretudo, de ordem familiar. Entre os fatores que concorrem para o afastamento da mulher da escola constam a interdição por parte família (pais ou marido); a entrada precoce no mercado de trabalho; a própria constituição social do casamento; o nascimento dos filhos, quando não a necessidade do cuidado dos pais, netos ou outros parentes, retendo-as no âmbito doméstico. Assim, concordamos com Coura (2007), quando afirma que, mais tarde, com os filhos, e mesmo, por vezes, os netos criados, viúvas, separadas, aposentadas, enfim, superada a etapa anterior totalmente ou em parte, de cuidar do outro, podem recuperar o sonho e, então, cuidar de si, retornando à escola.

A pesquisa de campo

Para desenvolvimento deste estudo nos atemos às narrativas de cinco interlocutoras, que apresentamos a seguir, conforme os dados fornecidos na data da entrevista:

a) Augusta, 64 anos, autoclassifica-se como branca. Casada há 42 anos, mãe de 03 filhos com idades de 28, 36 e 39 anos, respectivamente. Possui um padrão de vida considerado como classe média alta. Concluiu o Ensino Médio na EJA no ano de 2007;

b) Generosa, 45 anos de idade, considera-se negra. É mãe de 03 filhos, um rapaz de 23, uma moça de 20 e uma menina de apenas 08 anos. É moradora, desde a sua infância, de um aglomerado localizado em uma cidade da região metropolitana de Belo Horizonte, conhecido pelo alto índice de violência. Casada pela segunda vez há 10 anos e concluiu seus estudos básicos no ano de 2005;

c) Júlia é solteira, negra e a mais nova das interlocutoras, com apenas 25 anos de idade no momento da entrevista. Também reside, desde a sua infância, no mesmo aglomerado localizado em uma cidade da região metropolitana de Belo Horizonte, conhecido pelo alto índice de violência. É mãe de uma garota de 12 anos e formou-se no Ensino Médio, na EJA, em 2006;

d) Lúcia é uma senhora de 68 anos de idade, branca, casada há 40 anos. Desse matrimônio vieram duas filhas: Lourdes de 36 e Cássia de 34 anos. Pertencente à classe média alta, possui um padrão de vida privilegiado. Concluiu o último ano na EJA no ano de 2008;

e) Regina Helena se afirma como negra, tem 34 anos de idade, solteira e mãe de um garoto de 13 anos. Também é moradora, desde a sua infância, do mesmo aglomerado localizado em uma cidade da região metropolitana de Belo Horizonte, conhecido pelo alto índice de violência, onde também residem Generosa e Júlia. Concluiu seus estudos na EJA no ano de 2004.

É comum em suas trajetórias escolares e de vida o fato de, quando ainda crianças ou adolescentes, as *questões familiares* serem os principais motivos que as afastaram da escola. Na falta de um dos pais, na necessidade de cuidado com os familiares em caso de doenças, elas foram as primeiras a abdicar dos estudos em prol da harmonia familiar.

Nessa direção, Dona Augusta conta que seu pai preferiu priorizar o estudo dos filhos em relação às filhas, portanto ela não pôde dar sequência aos estudos como seus irmãos do sexo masculino. Como Augusta, Lúcia também teve pais que não valorizavam os estudos e, por isso, assim que os filhos, concluíam o primário, os tiravam da escola. Lúcia foi impedida de concluir essa etapa por ser mulher.

No caso de Generosa Carneiro, esta ficou órfã de mãe quando tinha por volta dos seus 12 anos e precisou ajudar o pai nas tarefas domésticas e cuidado com os irmãos mais novos. Isso fez com que ela se afastasse da escola por um longo período. Já Júlia Silva abandonou a escola quando foi vítima de um estupro e engravidou aos 13 anos. Diante do preconceito enfrentado na escola, abandonou os estudos.

Com referência a Regina Helena, verificamos que se afastou da escola quando seu pai faleceu. Por isso, necessitou parar de estudar para começar a trabalhar e ajudar nas despesas da casa, uma vez que a mãe, aposentada por invalidez, recebia muito pouco para sustentar os cinco filhos. E mesmo antes disso, conforme seu relato, nunca fora motivada a estudar pelos seus pais, o mesmo ocorrendo com seus irmãos. Foi essa falta de incentivo, segundo Regina, a causa de seus irmãos nunca terem retomado os estudos. Por outro lado, ela acreditava que, vendo seu exemplo, seu filho teria grandes chances de progredir na vida estudantil. Hoje, formada, percebe que alguns de seus familiares a respeitam e a valorizam muito por ter estudado, mas sua mãe continua não correspondendo às suas expectativas e não valorizando a sua conquista.

Essa mesma ausência de valorização dos estudos, por parte da família de Regina, também aparece em episódios da vida narrados por outras egressas. Parece-nos importante ressaltar que isso ocorreu independentemente da classe social a qual pertenciam os pais naquele período.

Vemos que o descaso da família para com a escola e os sonhos dessas mulheres se arrasta por toda a vida. Isso fez com que muitas adiassem o retorno à escola por muitos anos, esperando um momento certo, marcadamente, o momento de independência de seus filhos e filhas. Outras, ainda agora adiam o sonho de ingresso em uma universidade, priorizando as questões familiares. É o caso de Regina Helena, que afirma que sua tentativa de ingresso em uma faculdade se dará apenas quando isso não prejudicar a harmonia da família. A egressa afirma que sua prioridade não são os seus estudos e sim o trabalho, como tem sido desde sua adolescência, pois por meio dele garantia o sustento imediato de si e de sua família.

Coura (2007) já nos fez refletir que a escola para essas mulheres responde a um desejo acalentado ao longo de anos, desejo de concluir uma formação escolar abandonada por razões, sobretudo, de ordem familiar. Assim, por um lado, o que percebemos nos relatos das nossas colaboradoras é que os cuidados com a família e as questões familiares afastaram-nas da escola em plena juventude, e muitas vezes continuam a fazê-lo ao longo da vida adulta e mesmo quando idosas.

Por outro lado, as egressas entrevistadas têm ciência de que apoio e incentivo familiar são os principais fatores que motivam ou poderiam motivar o retorno delas à escola. Nesse caminho, dialogando com Rosa (2004), vemos que, como ela já havia evidenciado, é o apoio familiar que garante ou pelo menos facilita o acesso e a permanência na escola, a realização de tarefas escolares, o prosseguimento nos estudos, além de ser sinônimo de garantia de tranquilidade para dedicação ao processo educacional. O que verificamos neste estudo é que se o apoio não existe, haverá mais dificuldades a serem enfrentadas no dia a dia dessas mulheres, tornando o processo escolar ainda mais desafiador e, eventualmente, tumultuado.

As egressas entrevistadas, mesmo aquelas que não deram sequência aos estudos, por falta de oportunidade ou de motivação, valorizam a escola e creem na importância dela para o aumento da confiança em si mesmas, inserção e reinserção no mercado de trabalho, convivência social e afetiva, condição de sujeito portador de direitos e deveres. Sobre isso, afirma Lúcia, deveria até mesmo haver uma lei que obrigasse as pessoas a sempre se manterem estudando, tamanha a valorização da escola por sua parte.

Quanto às maiores dificuldades enfrentadas por muitas destas mulheres e por suas colegas de turma, na condição de alunas da EJA, verificamos que foram o cansaço advindo da *tripla jornada diária* (conjugam as atividades laborais, escola, tarefas domésticas e responsabilidades familiares) o causador de dois grandes problemas: a falta de condições financeiras para pagamento de passagem de ônibus até a escola e/ou o seu lanche no fim do dia, dificuldade para encontrar pessoas para cuidar de seus filhos no momento dedicado a escola. Para elas, destacamos ainda que, pesa o cansaço de conciliar o trabalho conjugado à escola e às tarefas domésticas, associado a outro cansaço, oriundo dos diversos deslocamentos necessários entre as longas distâncias percorridas para a triangulação de um local ao outro, pois moram em uma cidade e, no entanto, trabalhavam e estudavam em outra.

Nesse sentido, ressaltamos, como Valle (2010) apontou, que temos que ter em mente o educando da EJA e sua relação direta com o mundo do trabalho. Essa percepção contribui para a análise de condições em que estes sujeitos se inserem, pois estes jovens e adultos, quase em sua totalidade, trabalham durante o dia e dirigem-se para a escola na parte da noite. Porém, no caso das mulheres, essa situação é ainda agravada. Como vimos acima, e

Eiterer e Coura (2009) já afirmaram anteriormente, estudar representa uma jornada a mais dentre as várias jornadas em que se desdobravam as mulheres educandas da EJA. Esse dado foi, portanto, reforçado neste estudo: muitas delas necessitavam trabalhar, todas carregam a preocupação com o cuidado com os filhos e com as tarefas domésticas e, com a volta a escola, os estudos se configuravam como mais uma preocupação, mais um fator que demandava dedicação e tempo.

Suas trajetórias foram fortemente marcadas pela falta da escola e, assim, acreditam que ela seja capaz de mudar suas vidas agora. Essa crença moveu-as até a conclusão da escolarização. Lidamos com pessoas fortemente marcadas pela exclusão e pelo sentimento de inferioridade, como se vê na história de Generosa, mulher negra, pobre, moradora da periferia e com baixa escolaridade. Júlia relata que por várias vezes fora excluída e humilhada, até dentro de escolas que frequentou, por ser mãe solteira; jovem e com uma filha fruto de um estupro.

Verificamos que muitas se sentiam envergonhadas da situação de baixa escolaridade e isto afetava profundamente a sua autoconfiança e autoestima. Assim, a escolarização afeta fortemente a vida destas mulheres. Atitudes simples do dia a dia são muito valorizadas por elas, uma vez que foram privadas por muito tempo de praticá-las. Dona Augusta, por exemplo, afirma que antes de voltar a estudar sentia vergonha de falar em público e se sentia inferiorizada perante o marido, entretanto, a situação mudou após o retorno à escola. No mesmo sentido, Lúcia Maria afirma que mentia sobre a sua escolaridade para seus amigos e para seus clientes. No caso de Lúcia, ela relata o orgulho que sentiu ao preencher um boletim de ocorrência policial por ocasião de uma batida de automóvel ao afirmar sua escolaridade, no caso o Ensino Médio completo.

A escola simbolizava para elas a oportunidade de uma *mudança de vida*, como chance de crescimento pessoal e o aumento da autoestima, sentimento de igualdade perante seus maridos, filhos e amigos, mas, principalmente, como a porta para *inserção e reinserção no mercado de trabalho*, crescimento profissional, possibilidade de obtenção de renda própria e independência financeira. Coincidindo com Bortoni (2009), quando o autor ressalta que os não alfabetizados vivem em condições desiguais em relação a uma parcela da população, privados de acesso há bens materiais de conforto e acabam por acreditar que a escolarização é uma porta para uma mudança de vida. Assim, percebemos nos depoimentos das interlocutoras um sentido presente no seu discurso que credita à escola o poder de fazê-las alcançar a *mobilidade ou* o *acesso a uma profissão*.

Porém, concluímos que ao fim do percurso escolar nem todas essas promessas se cumprem e os sentimentos que se instalam têm matizes variadas. Estabelecem-se outros patamares de sonho e outras dificuldades se impõem. O *aumento da autoestima e da confiança em si mesmas* é constatado na fala de todas as entrevistadas, assim como o sentimento de igualdade diante seus familiares e amigos, como já demonstramos acima. Entretanto, a *promessa de inserção e reinserção no mercado de trabalho, crescimento profissional, possibilidade de obtenção de renda própria e independência financeira*, não se cumpre totalmente para algumas e, em outros casos, nem mesmo parcialmente, o que gera um sentimento de tristeza, melancolia e até mesmo de frustração, independente da classe social, da raça e da idade. O que procuramos mostrar abaixo é que, coincidindo com Rosa (2004), o sentido da escolarização que está, de alguma forma, presente em todos os outros depoimentos, é creditarem à escola o poder de acessar a uma profissão. Desse modo, garantiriam sua independência e autonomia.

Augusta Soares afirma que se sente frustrada após a conclusão dos estudos, que se deu no ano de 2007, pois pensava que sua vida sofreria grandes mudanças após esta etapa. Ela acreditava que a frequência à escola mudaria sua vida no âmbito social, familiar e profissional, mas isto não ocorreu, pois não conseguiu aprovação no vestibular para ingressar em uma faculdade e nem foi aprovada em concursos públicos. Não conseguiu um emprego, como pretendia, pois lhe foi afirmado várias vezes que a sua idade (64 anos) já estava avançada para o mercado de trabalho. Essa situação a deixou desapontada, pois acreditava que a escola seria a porta para um futuro diferente do presente e do passado.

Júlia Silva, de 25 anos, afirma que sua vida tenha mudado muito e positivamente, pois despertou seu talento para escrever poesias e a fez estabelecer uma meta de vida, que é a de ingressar em uma faculdade e cursar Pedagogia ou Letras. Ainda assim, em sua fala, percebe-se um tom de tristeza, pois a aprovação no vestibular de uma Universidade pública é muito importante para ela, e esta conquista ainda não havia ocorrido.

Lúcia Maria, de 68 anos, pertencente à classe média alta, conta que após a conclusão dos estudos está muito feliz com seu trabalho. Ela possui uma empresa de decoração de interiores e se dedica muito a esta atividade. Mas, assim como as outras, não se sente totalmente realizada e feliz pelo fato de ainda não estar dentro de uma Universidade.

Regina Helena, com seus 34 anos, afirma que a escola contribuiu muito para que adquirisse mais respeito por parte de seus patrões e de seus familiares. Vê como ponto positivo da conclusão de seus estudos o fato de que, com seu diploma de Ensino Médio em mãos, tem maiores chances de competir no mercado de trabalho por um emprego. Entretanto, assim com as demais entrevistadas citadas acima, menciona que ainda não está totalmente realizada, pois não está dentro de uma faculdade. Segundo ela, necessita esperar, primeiro se estabilizar financeiramente para conciliar tranquilamente o tempo para o trabalho e a faculdade, assim como as despesas com o curso superior e as domésticas.

As egressas valorizam os pontos positivos vivenciados na escola, o aumento da autoestima e o crescimento pessoal proporcionado. Mas elas acreditavam, como dissemos acima, que a escola seria uma forma de inserção ou reinserção no mercado de trabalho. A escola é vista, também, pelas interlocutoras como a possibilidade de exercer funções mais bem remuneradas. Mas, além disso, como possibilidade de ingresso em um curso superior, de preferência em uma Universidade pública. Com essa constatação, verificamos que, o sentido atribuído à escola como possibilidade de *ascensão social*, como mencionamos acima – com ROSA, 2004 –, permanece inalterado para a maioria das interlocutoras, apesar de a escola estar sendo cotidianamente ressignificada.

Entretanto, Generosa Carneiro, de 45 anos, funcionária pública e recém-graduada, afirma que se sente muito feliz e realizada, hoje, em sua vida profissional e estudantil. Sonhava em graduar-se em História e conseguiu realizar este sonho. Assim que concluiu o Ensino Médio, no ano de 2005, já prestou vestibular e obteve aprovação. Contudo, afirma que não quer se acomodar nos estudos e já tem como meta uma especialização ou até mesmo um mestrado.

Generosa considera que alcançou o seu sonho. Ela, assim como Júlia e Regina, também habita em um grande aglomerado na região metropolitana de Belo Horizonte. Como as duas colegas, também é mãe e negra. Desta forma, temos histórias aparentemente iguais, ou no mínimo assemelhadas, porém, com finais distintos. O que nos leva a indagar que fatores levam a que suas trajetórias se mostrem tão distintas umas das outras. Haveria uma possível resposta para essa pergunta em elementos oferecidos por ela? Afirma ela que desde muito nova já tinha uma meta de vida estabelecida e que foi direcionando todos os seus passos para que ela se cumprisse. Quando ainda criança já dizia a seu pai que cursaria uma faculdade e, em suas palavras, seria chefe de alguma coisa. Isso realmente aconteceu, ela obteve ascensão social, iniciando como pessoal de limpeza chegou à chefia em uma sessão de serviço público municipal, apesar da vida difícil que, assim como suas companheiras, vivenciou. Ela credita, mais uma vez, à sua própria força de vontade o seu sucesso. Assim, localiza individualmente as razões do sucesso ou fracasso na escola.

A egressa em questão afirma que nunca se mostrou ressentida ou revoltada pelas dificuldades enfrentadas. Segundo ela, usou tudo que vivenciou como forma de crescimento pessoal. Generosa também considera que sempre acreditou em si própria e nunca achou que seus sonhos estavam longe de sua realidade. Pensa que, ao contrário de suas colegas, já chegou à EJA com a autoestima elevada e acreditando em si própria, com uma meta fixada. Como já sabia que queria cursar História, ainda como faxineira num museu da cidade, conseguiu uma forma de estar perto do que sonhava e de aprender a cada dia.

Ademais, em seus discursos sobre seus processos educacionais, não só na EJA, mas também quando frequentavam a escola anteriormente, a *condição feminina* revelou-se um dificultador. Afirmam que quem retoma os estudos na EJA na condição de mulher enfrenta muito mais barreiras. Augusta, por exemplo, no decorrer de sua narrativa, deixa transparecer que sua condição feminina interferiu diretamente em seu processo educacional desde quando ainda era criança e seu pai a retirou da escola, alegando que iria priorizar somente o estudo de seus filhos do sexo masculino.

O que constatamos é que há um consenso entre elas sobre as dificuldades para a mulher estudante serem grandes. Entretanto, o que reparamos é que, de um lado, Generosa acredita que já houve avanços na condição feminina diante da escola e o mercado de trabalho, e mais do que isso, ela acredita que ainda há muito que se conquistar e que isto pode ocorrer por meio da luta, do enfrentamento dos desafios e da busca pela escolarização feminina. De outro lado, há Júlia e Lúcia, que demonstram em suas narrativas certa *naturalização do papel social da mulher*, atribuindo a maior carga de responsabilidade, dedicação e doação à família às questões de ordem biológica, não questionando essa situação e nem apontado formas de mudanças de papéis sociais, como fez Generosa.

Conclusões

Com este trabalho, procuramos mostrar que o retorno à escola trouxera à vida dessas egressas resultados comuns considerados positivos, como a realização de alguns sonhos adormecidos, o processo de socialização com os colegas de turma e o aumento da autoestima e da confiança em si mesmas.

Verificamos, ainda, que, embora haja características que as aproximam, não observamos tanta regularidade em suas trajetórias após a conclusão dos estudos. Como egressas, há aquelas que deram sequência aos estudos, ou em uma faculdade ou em cursinho preparatório. Outras, porém, afirmaram que não continuaram a aprender e não conquistaram outras possibilidades de trabalho e estudo.

Por outro lado, percebemos que mesmo as mulheres que não deram sequência aos estudos, por falta de oportunidade ou por falta de motivação, valorizam a escola e creditam a ela o aumento da confiança em si mesmas, inserção e reinserção no mercado de trabalho, convivência social e efetiva condição de sujeitos portadores de direitos e deveres.

Ficou claro para nós que o apoio e o incentivo familiar são os principais fatores para o retorno à escola, a permanência nela e prosseguimento dos estudos, além de ser sinônimo de garantia de tranquilidade para dedicação aos estudos. A falta de apoio se configura como mais um desafio a ser encarado, mais uma dificuldade a ser enfrentada. Percebemos que um número significativo das entrevistadas não teve, quando crianças e adolescentes, grande incentivo dos pais para permanência na escola, independentemente da classe social a qual pertenciam, o que ocasionou o adiamento do sonho de ser estudante.

Diante desse quadro, verificamos que, no passado dessas mulheres, foram suas famílias, somando ou não filhos e casamento, os principais motivos que as afastaram da escola quando crianças. Na falta de um dos pais ou na presença de doenças gerando a necessidade de cuidado com os familiares, são elas as primeiras a abdicar dos estudos em prol da harmonia familiar. Aliás, a prioridade da família sobre a escola e seus sonhos se arrasta por toda a vida, fazendo com que muitas adiem o retorno à escola por décadas, esperando um momento certo, notadamente a independência de seus filhos e filhas. Outras, ainda agora, adiam o sonho de ingresso em uma Universidade, priorizando as questões familiares.

Posto isso, buscávamos, ao término desta pesquisa, encontrar respostas que nos levassem a um melhor entendimento do universo da egressa da EJA e dos mecanismos pedagógicos que motivam as mulheres estudantes a sequenciarem seus estudos e atingir seus objetivos. Assim, verificamos que as maiores dificuldades enfrentadas por essas mulheres e por suas colegas de turma, na condição de alunas da EJA foram: cansaço da tripla jornada diária (trabalho, escola e tarefas domésticas); falta de condições financeiras para pagamento de passagem de ônibus até a escola; pouco recurso financeiro para lanche ao fim do dia e dificuldade para encontrar pessoas que cuidassem de seus filhos no momento dedicado às aulas. Foram apresentadas, por elas mesmas, sugestões que facilitariam a inserção, reinserção e permanência delas em cursos de EJA como: transporte social, que se caracterizaria pela oferta da passagem às alunas que comprovassem baixa renda; oferta de lanche ou redução do seu valor para as alunas e alunos da EJA; e local para deixarem seus filhos enquanto assistem às aulas.

Concluímos que a escola simboliza, para essas mulheres, a oportunidade de mudança de vida. Elas a veem como a porta para inserção e reinserção no mercado de trabalho; como chance de crescimento profissional, possibilitando-lhes obtenção de renda própria e independência financeira; crescimento pessoal e aumento da autoestima, além de sentimento de igualdade perante maridos, filhos e amigos. Percebemos, em suas falas, que são essas as promessas que as incentivam a enfrentar toda a sorte de dificuldades para retornarem à escola e prosseguirem os estudos.

No entanto, como verificamos nas entrevistas, nem todas essas promessas se cumprem. O aumento da autoestima e da confiança em si mesmas esteve presente na fala de todas as entrevistadas, assim como o sentimento de igualdade diante de seus familiares e amigos. Esses resultados confirmam aquilo que já vem sendo apresentado pela literatura neste campo. Entretanto, a pesquisa nos revelou uma faceta que não pudemos encontrar anteriormente na bibliografia.

Essas mulheres foram surpreendidas por novos desafios após a conclusão da escolarização básica, em função da idade, da estrutura familiar, de não terem exercido nenhuma atividade de trabalho remunerado anteriormente com carteira assinada, da pouca experiência profissional, da grande concorrência no mercado de trabalho, nos concursos públicos e nos vestibulares de Universidades públicas.

Nesse sentido, constatamos que a promessa de inserção e reinserção no mercado de trabalho, crescimento profissional, possibilidade de obtenção de renda própria e independência financeira tornaram-se sonhos para algumas, em alguns casos, parcialmente realizados. Isso gera sentimento de tristeza, melancolia e até mesmo de frustração em alguns casos, independentemente da classe social, da raça e da idade. Para elas há um sentimento de desilusão em relação às muitas promessas que as mantiveram na escola.

Também revelaram nas entrevistas elementos que evidenciam uma naturalização do papel social da mulher dentro da sociedade. Daí, não questionarem os desafios já enfrentados, as privações, as tarefas e as responsabilidades que lhes foram atribuídas ao longo de suas vidas. Parecem não tomar consciência da condição social e histórica imposta à mulher. Isso fez com que a maior parte tratasse suas histórias de vida em um plano individual, não percebendo que se tratava de situação comum às suas colegas e não contextualizando a sua situação a partir da história da mulher ao longo dos tempos. Ou seja, pensando a partir de uma perspectiva de relações de gênero, suas trajetórias estão carregadas de heranças sociais e históricas que determinam seus lugares na sociedade. Mas, essas mulheres, ao naturalizar tais desafios, sob suas perspectivas pessoais, não percebem que são desafios comuns postos coletivamente a elas, enquanto mulheres, em alguns casos pobres, negras ou pardas.

De toda forma, podemos dizer que a frequência a um projeto de EJA e sua conclusão contribuiu, de algum modo, para que suas egressas modificassem em parte seus valores e formas de pensar a sociedade, traçando novos objetivos e metas de vida. Afinal, sentiram-se mais valorizadas, confiantes e orgulhosas de suas condições de mulheres e de egressas da EJA.

Referências

ARROYO, González Miguel. Educação de jovens-adultos: um campo de direitos e de responsabilidade pública. *In*: SOARES, Leôncio; GIOVANETTI, Maria Amélia; GOMES, Nilma. *Diálogos na educação de jovens e adultos*. Belo Horizonte: Autêntica, 2006. p. 17-50.

BARRETO, Vera (Coord.); ÁLVARES, Sônia Carbonell; COSTA, Elisabete. *Trabalhando com a educação de jovens e adultos*: alunos e alunas da EJA. Brasília: SECAD, 2006.

BORGES, Wanda Rosa. *Profissionalização feminina*: uma experiência no ensino público. São Paulo: Loyola, 1980. 151 p.

BORTONI, Stella. Analfabetismo no Brasil: uma análise do macro ao micro. *In*: COLÓQUIO EDUCAÇÃO, CIDADANIA E EXCLUSÃO – GÊNERO E POBREZA: IMAGENS DA ESCOLA, 3. Rio de Janeiro: UERJ, 2009.

CARVALHO, Alexandra; BASTOS, Ludimila. *Um olhar sobre a educação de jovens e adultos*. Belo Horizonte: PEMJA, COLTEC, UFMG, 2004. 10 p.

CARVALHO, Maria Eulina Pessoa de. Inclusão da perspectiva de gênero na educação e na formação docente. *In*: TEIXEIRA, Adla Betsaida Martins; DUMONT, Adilson (Org.). *Discutindo relações de gênero na escola*: reflexões e propostas para a ação docente. Araraquara: Junqueira e Marins, 2009. p. 13-44.

COURA, Isamara Grazielle Martins. *A terceira idade na educação de jovens e adultos*: expectativas e motivações. 134f. Dissertação (Mestrado) – Programa de Pós-Graduação em Educação, FAE, UFMG, Belo Horizonte, 2007.

EITERER, Carmem Lucia; COURA, Isamara Grazielle Martins. A mulher na volta à escola: a questão de gênero na sala de aula de EJA. *In*: TEIXEIRA, Adla Betsaida Martins; DUMONT, Adilson (Org.). *Discutindo relações de gênero na escola*: reflexões e propostas para a ação docente. Araraquara: Junqueira e Marins, 2009. p. 109-130.

LOPES, Selva Paraguassu; SOUSA, Luzia Silva. *EJA*: uma educação possível ou mera utopia? São Paulo: Centro de Referência em Educação de Jovens e Adultos, 2003. Disponível em:< http://www.cereja.org.br>. Acesso em: 22 dez. 2009.

LOURO, Guacira Lopes. Gênero e magistério: identidade, história, representação. *In*: CATANI, Denice Bárbara *et al. Docência, memória e gênero*: Estudos sobre formação. São Paulo: Escrituras, 2000.

MATOS, Marlise. Teorias de gênero ou teorias e gênero? Se e como estudos feministas se transformaram em um campo novo para as ciências. *Estudos Feministas*, Florianópolis, p. 333-357, maio/ago. 2008.

NOGUEIRA, Vera Lúcia. Educação de jovens e adultos e gênero: um diálogo imprescindível à elaboração de políticas educacionais destinadas às mulheres das camadas populares. *In*: SOARES, Leôncio. *Aprendendo com a diferença*: Estudos e pesquisas em educação de jovens e adultos. Belo Horizonte: Autêntica, 2003. p. 65-90.

NOGUEIRA, Vera Lúcia. *Mulheres adultas das camadas populares*: a especificidade da condição feminina na busca de escolarização. Dissertação (Mestrado) – Programa de Pós-Graduação em Educação da FAE/UFMG, Belo Horizonte, 2002.

REZENDE, Maria Valéria Vasconcelos. Educação de jovens e adultos no Brasil – Visão histórica. *In*: GUIA DE ESTUDO: educação de jovens e adultos. Belo Horizonte: Secretaria de Estado de Educação de Minas Gerais, 2005. p. 13-49. (Coleção Veredas, Formação Superior de professores, módulo 7).

ROSA, Cristina Maria. *O elogio da escola*: de mulher para mulher, uma escola imaginada. 230f. Tese (Doutorado em Educação) – PPGE, UFRGS, Porto Alegre, 2004.

ROSEMBERG, Fúlvia; PINTO, Regina P.; NEGRÃO, Esmeralda V. *A educação da mulher no Brasil.* São Paulo: Global, 1982. 112 p.

SOARES, Leôncio. *Aprendendo com a diferença.* Estudos e pesquisas em educação de jovens e adultos. Belo Horizonte: Autêntica, 2003. 141p.

UNESCO (Organização das Nações Unidas para a Educação, Ciência e Cultura). Gênero e educação para todos: o salto rumo à igualdade. Relatório Conciso. Paris, 2003. 40 p.

VALLE, Mariana Cavaca Alves do. *A leitura literária de mulheres na EJA.* 110f. Dissertação (Mestrado) – Programa de Pós-Graduação em Educação, Faculdade de Educação, UFMG, 2010.

Associativismo negro e educação em Belo Horizonte entre 1950 e 1960

Andréia Rosalina Silva
Luiz Alberto Oliveira Gonçalves

Introdução

Este artigo é resultado de uma pesquisa realizada entre 2008 e 2009, na cidade de Belo Horizonte. Teve como fonte os arquivos da Associação José do Patrocínio, entidade que agregou entre 1950 e 1960 indivíduos negros, de ambos os sexos e diferentes idades, que atuaram em prol da inserção social da população de origem afro-brasileira e empreenderam iniciativas com vistas à educação de seus membros, promovendo cursos de alfabetização e de profissionalização, em uma época em que o acesso à escola ainda era muito limitado aos negros.

A pesquisa se pautou em documentos, gentilmente disponibilizados pelas Sras. Efigênia Pimenta e Aparecida Carlos, ex-associadas da Associação José do Patrocínio e filhas de um dos seus fundadores. Entre os documentos foram analisados registros de reuniões da entidade, cartas, artigos de jornais e de revistas da época que noticiavam as atividades culturais e educacionais da Associação. E ainda, foram coletados depoimentos de personalidades e inúmeras fotografias marcando os eventos realizados pela Associação. Agregaram-se, também, a essa documentação, publicações de jornais da época que denunciavam as diferentes formas de discriminação racial que afetavam a população negra na cidade de Belo Horizonte. Foram concedidas 16 "entrevistas do tipo narrativo" (FLICK, 2003). O objetivo era conhecer os ideais identitários que os ex-associados, ainda, porventura, preservavam na memória afetiva de um período em que as associações negras tinham o papel de dar suporte emocional a seus membros para suportar as situações de discriminação racial na vida cotidiana. Os resultados desses materiais foram submetidos à análise de conteúdo e articulados entre si para se produzir o relatório final. A seguir, serão apresentadas, brevemente, algumas reflexões que orientaram teoricamente a pesquisa de campo e o seu resultado final.

Os estudos acerca do associativismo negro no Brasil foram o nosso ponto de partida. Tratava-se de um tema sobre o qual historiadores e sociólogos já vêm se debruçando há alguns anos, mas que ainda permanecem lacunas sobre ele que precisam ser esclarecidas. O célebre trabalho de Florestan Fernandes, *A integração do negro na sociedade de classes*, publicado no início da década de 1960, dá um panorama bem completo do papel das associações de negros que surgiram em São Paulo no início do século XX e que contribuíram para inserir os afro-brasileiros na sociedade moderna em expansão. Posteriormente, no final da década de 1990 e na virada para o século XXI, inúmeros estudos foram aparecendo com essa mesma temática, mostrando que esse associativismo teria sido uma estratégia que setores da população negra fizeram uso em várias cidades brasileiras, de norte a sul do País, como forma de inserção social.

O mais importante a ressaltar nessa literatura é a sua convergência para a ideia de que o associativismo negro, nos anos de 1950 e 1960, teve um papel integrador, ele foi um modelo que vigorou no período em que o Brasil vivia em rápido processo de urbanização e passava também por uma mudança de perfil no que tange ao mercado de trabalho. Este, cada vez mais urbano industrializado em algumas regiões do País, passava a exigir trabalhadores com maiores níveis de escolaridade. A expansão e a diferenciação funcional nos serviços públicos impunham também uma escolarização diferenciada para o seu quadro de servidores.

A ideologia que impulsionava e incentivava a população juvenil naquele momento estava centrada na poderosa ideia das sociedades modernas que (hiper)valorizava a ascensão social por meio da educação. Vigorava no Brasil, na década de 1950, a ideia de que a ascensão social passava forçosamente pela escolarização. Isso de certa forma foi um dos motes usados pelas associações negras para mobilizar os seus membros, principalmente os jovens das camadas pobres urbanas. A história da Associação José do Patrocínio está marcada por essas orientações, assim como muitas outras associações que foram estudadas, por inúmeros pesquisadores, em outras cidades brasileiras e em outros estados, tinham a mesma inspiração. Isso é o que nos estimulou a estudar a José do Patrocínio, visto que nos registros das associações mineiras, ela foi a única associação que agregava afro-brasileiros(as) com objetivo de promover a integração desse grupo na sociedade como um todo.

Para analisar os depoimentos e os documentos encontrados recorreu-se, inicialmente, à produção sociológica da época que se dedicava ao estudo da mobilidade social dos negros em uma sociedade em transformação, ou mais precisamente, em uma sociedade que processava a mudança do escravismo para a sociedade de classes. Sendo assim, o conceito central que sustentou a investigação foi o da mobilidade social captada em dois registros diferentes, ou seja, em uma dupla hermenêutica: o das Ciências Sociais e o dos sujeitos que viveram de fato essa mobilização.

Por uma questão de sequência lógica começa-se a apresentação pelas pesquisas que alguns sociólogos fizeram sobre o tema, pois foi com base nela que a maior parte do material da pesquisa sobre a José do Patrocínio foi produzida. Em seguida, apresenta-se a posição dos seus ex-associados para mostrar como eles produziram seus entendimentos sobre a mobilidade social que experimentaram em suas vidas.

A produção sociológica contribuiu para refletir sobre a mobilidade social dos negros no Brasil. Esta, como destaca Osório (2004), foi sempre um tema polêmico e controverso nos estudos sobre relações raciais no Brasil (*ibidem*, p. 7). Foi esse tema que, segundo o autor, cristalizou a tese de que o preconceito no Brasil é de classe e não de raça. Isso provocou uma divisão na produção sociológica sobre o tema. Alguns sociólogos brasileiros, influenciados pelo estadunidense Donald Pierson (1942/1971), que estudando as relações raciais na Bahia nas primeiras décadas do século XX, diagnosticaram que, pelo menos na cidade de Salvador, o preconceito racial não era igual ao dos Estados Unidos porque, na cidade baiana, negros e brancos não se separavam por castas, mas por classes sociais, o que indicava, para o referido autor, uma abertura para a mobilidade social. Essa versão do preconceito pautado na classe social influenciou Arthur Ramos, que reitera a ideia e introduz, de acordo com Osório, uma segunda explicação para dizer que entre afrodescendentes, os pretos de pele mais escura, por terem permanecido mais tempo na escravidão estavam mais sujeitos ao preconceito de classe que os mestiços de branco com preto, porque estes já "contavam com representantes que haviam ascendido socialmente" (OSÓRIO, 2004, p. 7).

Na sequência do brasilianista Donald Pierson, outros sociólogos brasileiros vão se manifestar. Destacam-se os trabalhos de Thales de Azevedo (1955) que estudou as "Elites de cor na cidade de Salvador". Chegou a sugerir conclusões muito próximas às de Pierson, ressaltando a ideia da "multirracialidade de classe" da sociedade brasileira, chegando a afirmar que o que diferenciava os dois segmentos (brancos e pretos) eram os seus atributos pessoais e suas competências. De resto, competiam em pé de igualdade no mercado de trabalho, por isso tinham chances iguais no que tange à ascensão social.

Em outro estudo, entretanto, Azevedo (1975) inclui uma diferenciação: a ascensão social não significa necessariamente mudança de *status*. Ocupar, por exemplo, uma posição de destaque na sociedade não implicava obrigatoriamente uma ascensão a outras esferas. O fato de um negro ou de um mestiço conseguir ser advogado, escritor, médico ou engenheiro não lhe dava, em hipótese alguma, credencial para penetrar no universo dos brancos, não possuíam um salvo-conduto para frequentar os seus clubes, seus restaurantes, seus hotéis, suas piscinas, suas casas de campo, nem seus grupos políticos, menos ainda os seus círculos familiares.

Essa visão com base no preconceito de classe foi, no mesmo período, contestada por outro sociólogo. Luiz Costa Pinto, estudando "a relação de raças em uma sociedade em mudança" (1955/1998) desconstrói a ideia de que uma mentalidade de uma sociedade de castas desapareceria no contexto das sociedades de classe. Para esse autor, se o grau de mobilidade social inerente à sociedade de classe ameaçasse o poder das elites, estas não titubeavam. Reagiam veementemente contra as transformações que favoreciam a ascensão dos pretos e dos mestiços.

Além de Costa Pinto, outros autores, como Roger Bastide e Florestan Fernandes, vão também contestar essa posição de que não havia preconceito racial. Fernandes talvez, o mais polêmico, tenha trazido um dado que até hoje é contestado por um bom número de cientistas sociais. O autor indica a persistência de uma "mentalidade escravista", na prática da discriminação racial e do racismo, só que não mais em uma sociedade escravocrata, mas em uma sociedade em transformação que passava por um processo de industrialização e instauração de classes sociais. Com toda crítica que se possa fazer ao autor, continuamos perseguindo esse seu olhar de longa duração, pois ele já nos alerta para o grande desafio a ser enfrentado ao se buscar mudanças na forma de se pensar e tratar as questões de racismo no Brasil. Trata-se de um fenômeno de longa duração. O que manteve a sua persistência e ainda mantém são mecanismos invisíveis. Alguns têm sido desvendados pela ação política dos ativistas negros e também pelas pesquisas, sobretudo, nos últimos vinte anos.

Voltemos a Florestan, ao seu clássico *A integração do negro na Sociedade de classes*, no qual ele analisa a reação das associações negras de São Paulo, nas primeiras décadas do século XX e detecta claramente as estratégias que aquelas associações encontravam para se adequarem ao novo ecossistema, que impingia novas regras de relação e convivência. As associações negras não estavam fora do jogo como se imagina. Elas faziam parte desse jogo. Tinham de aprender as regras e em alguns momentos forjavam formas de atuação e angariavam adeptos brancos para as suas reivindicações. Tudo que a sociedade em transformação inventava para se fazer compreender no afã dos novos tempos, os negros participaram também, de seu jeito, é claro. Criavam as suas associações, os seus ídolos, suas produções independentes, enfrentavam as barreiras do mercado de trabalho e tentavam superá-las de alguma forma, buscavam educar-se à sua maneira, enfim, como todos os seres vivos em um ecossistema que busca o equilíbrio, tinham uma reação a esse mundo, seja para atender suas necessidades, seja para proteger a si próprio e à sua prole contras as ameaças de sobrevivência e assim por diante.

Esses foram, em breve, alguns elementos teóricos que orientaram a pesquisa sobre a Associação José o Patrocínio. Lembrando que ela nasce no contexto acima descrito, entre anos de 1950 e 1960, vale dizer que foi isso que nos levou a estudar o seu papel na sociedade belo-horizontina nesse período. Dito isso, passa-se a seguir a apresentar alguns elementos da história de sua fundação.

Criação da Associação

A José do Patrocínio pode ser considerada uma das mais importantes associações de negros que existiu em Belo Horizonte na década de 1950. Uma parte da história que conta como ela surgiu aparece no depoimento de Aparecida Carlos, que como dito anteriormente era filha de um dos fundadores da instituição, o Sr. Antonio Carlos.[1] Depoimento que revela em todos os

[1] Antonio Carlos era um oficial da Polícia Militar aposentado, com uma trajetória de ativismo no campo étnico racial. Sua atuação foi registrada por Florestan Fernandes na obra supracitada e posteriormente por um ex-militante paulista da Frente Negra brasileira que conta a passagem de Antonio Carlos naquela instituição e sua vinda para Minas Gerais, lugar onde ele inaugurava uma biblioteca para difundir ideias emancipadoras para a população negra.

sentidos que a ideia da fundação teve inicialmente inspiração na figura emblemática de um abolicionista, com título de doutor e com uma história de superação das condições de pobreza na qual vivia a maioria da população negra brasileira. Assim nos falou Aparecida:

> Meu irmão (Benedito Carlos) tinha vindo para Belo Horizonte para fazer o curso de Direito que ele estudou aqui. Em certa altura do curso, já bem avançado, quase no finalzinho ele ligou para o meu pai (e disse) que ele e mais alguns colegas estavam pensando em fundar uma associação em Belo Horizonte e perguntou a sugestão de um nome. E como meu pai continuava pesquisando, além desse contato prático com os negros, ele também pesquisava. Ele lia muito, estudava. E ele estava estudando justamente o "tigre da abolição". Ele estava estudando José do Patrocínio. Então ele falou com meu irmão que ele estava assim muito entusiasmado com a vida e com a ação do José do Patrocínio e que seria um nome excelente para ser adotado por eles, os fundadores. E acontece que o grupo aceitou a sugestão, então praticamente ele sugeriu o nome da Associação (Depoimento de Aparecida Carlos em 12.08.2009).

Foi criada em 31 de maio de 1952, na cidade de Belo Horizonte, como Associação Cultural, Beneficente e Recreativa José do Patrocínio, com personalidade jurídica, foro e sede nessa capital.[2] A razão do nome se deve à memória que os fundadores conservavam sobre a vida de José do Patrocínio, tal como se pode depreender do relato de outro ex-membro, Paulo Virgílio

> José do Patrocínio. [...] um dos precursores da liberdade do negro. Foi um "camarada" que se *formou em Direito, era escrito, um jornalista bastante famoso no Rio de Janeiro* [...] Então, aí, nós nos inspiramos nesse José do Patrocínio. Porque lutou muito para a integração do negro. E por isso pusemos na Associação o nome de José do Patrocínio. Pensamos: o negro tem que evoluir pra evitar também de ser barrado (Depoimento de Paulo Virgilio em 27.08.2009, grifos nossos).

Constituiu-se como entidade civil de âmbito municipal. Seguindo os preceitos que regiam esse tipo de associação, a José do Patrocínio em seu estatuto se define como apolítica, reiterando que seu quadro social seria formado

---

[2] Cartório Gero Oliva, Livro A-1, folha 8 do Livro A-2; Registro Civil de Pessoas Jurídicas, fls. 146v sob o nº 1.412, em 26.05.1958.

por elementos de todas as classes sociais, sem distinção de sexo, raça, cor ou religião, desde que preenchesse as exigências do seu estatuto. Este tinha por finalidade *ampliar e cultivar os conhecimentos da coletividade brasileira, proporcionando-lhe, gratuitamente, assistência social, cultural, beneficente e recreativa.*

Em sua sede, reuniam-se pessoas negras que, na sua maioria, eram escolarizadas e algumas com ensino superior. Embora algumas das famílias que ali frequentavam apresentassem condições que as distinguiam dos setores mais pobres da sociedade, elas não tinham acesso a diversos espaços socioculturais da cidade de Belo Horizonte, o que corrobora em parte com a tese de Thales de Azevedo de que a ascensão social não implicava mudança de *status* social, a desigualdade racial permanecia.

Inicialmente a José do Patrocínio tinha o caráter de um clube recreativo. Na ocasião ainda não se discutia a formação intelectual, como veio a ocorrer mais tarde, com o incentivo de Antonio Carlos que começou a levar para a sede da associação livros e a fazer palestras, a falar sobre o negro e a contar história da África e da importância dos africanos no Brasil. Surgiram sarais com apresentação de poesias e de livros. Dá-se, assim, início à criação de uma biblioteca, que ficou famosa por seu papel na formação de uma nova classe média negra em Minas Gerais. Assulino Balbino foi o primeiro presidente dessa Associação. Depois dele, a presidência foi assumida por Levi José de Souza, período em que se incrementaram as questões educacionais.

Aprofundando a base que fundamentou a Associação, pode-se dizer que no seu alicerce estava *a família*, ou mais precisamente, *uma concepção de família*, como se depreende do relato a seguir, mas que apareceu, de alguma forma, no depoimento de quase todos os dezesseis entrevistados, cujas exceções serão comentadas ao final do artigo. Tecendo considerações acerca dos princípios que regiam a José do Patrocínio nos diz uma das entrevistadas:

> Às vezes eu fico pensando que a nossa família tem uma característica diferente. Eu, uma vez, debati isso com um rapaz do Movimento Negro Unificado (MNU)[3] porque eu acho que *a influência da Casa Grande, mais a inteligência e a capacidade do negro* na minha família teve uma influência muito grande, porque apesar de [...] minha família ser sim-

[3] Refere-se ao um movimento político, articulado por organizações negras, que emerge no Brasil no final da década de 1970, e que vai dar uma nova configuração à luta contra o racismo em uma perspectiva que se articulava com a luta de classe combatendo as desigualdades, a ditadura militar.

> ples [...] meu pai e minha mãe davam *grande valorização a educação intelectual e também uma coisa muito marcante que eu tento transmitir que é a ética na família* [...] Eu percebo perfeitamente que isto deve ter vindo de onde eles passaram. Por onde a minha mãe trabalhou [...] É uma coisa até interessante [...] eu estava pensando, meu pai e minha mãe exigiam que *a gente comesse à mesa, que soubesse usar talheres, que pedisse licença* [...]. Aquela coisa antiga, sabe? Numa rigidez, que eu acho que isso nos ajudou demais. [...] Então são coisas que minha mãe depois conversava que ela aprendeu onde ela trabalhava (Depoimento de Efigênia Carlos em 28.07.2009, os grifos são nossos).

Esses depoimentos mostram que essas associações se construíam a partir de imagens que seus membros entendiam ter valor social ou pelo menos reconhecimento ao olhar das elites no poder. A figura do José do Patrocínio encarna um tipo ideal e de homem público: advogado, homem das letras e defensor dos negros. Um exemplo claro de um negro que ascendeu socialmente. Já a imagem que a ex-associada da citação acima faz da família pode chocar as percepções críticas hoje da questão racial. Mas é preciso se perguntar: qual o significado que essa percepção tinha na década de 1950?

Não se pode esquecer que vigorava no imaginário nacional, naquela época, a distinção astuta que Gilberto Freire fez dos dois espaços que constituíram a escravidão no Brasil. A Casa Grande e a Senzala não eram apenas dois espaços físicos que acomodavam relações raciais diferentes. Eles eram erigidos na literatura sociológica como espaços simbólicos, pois foi em torno deles que se criaram as imagens mais idílicas do racismo à brasileira (TELLES, 2003). A oposição entre negros da senzala e os da casa grande funcionou no imaginário brasileiro como uma forma de marcar uma divisão no conjunto da população afrodescendente escravizada no Brasil. Era uma forma de estabelecer a diferença entre esses grupos. Diferenças estas que se transformaram posteriormente em uma marca para distinguir atitudes, descrever comportamentos e justificar resultados e, em última instância, para encobrir a discriminação racial, atribuindo a desigualdade de oportunidades à aproximação ou não dos negros com a vida da Casa Grande.

Até aqui não se disse nada de original. Essa leitura crítica já foi amplamente discutida na literatura sobre as relações raciais no Brasil. O que aparece como algo que nem sempre se discute é a persistência do modelo "Casa Grande" na sociedade moderna e industrial, que vigorava nos anos de 1950 e 1960. A entrevistada reconhece que esses princípios, que ela considera como ética, mas que, no relato, ela os apresenta como etiqueta comportamental, foram apreendidos por seus pais, especificamente sua mãe no trabalho como doméstica nas casas de famílias brancas. Pode-se dizer que esse modelo vigorava porque se desconhecia a dinâmica da construção das famílias negras ainda no período da escravidão? Não temos resposta imediata para isso, mas vale ressaltar que só a partir da metade da década de 1990 a historiografia passou a dar conta desses modelos, desconstruindo essa ideia falaciosa de que os africanos escravizados no Brasil não tinham no seu arcabouço cultural princípios familiares próprios e que dependiam do modelo europeu para se regularem (FLORENTINO; GÓES, 1998). Mesmo fazendo parte de grupos étnicos diferentes, valores familiares se combinavam nas escolhas matrimoniais e daí alguns modelos com heranças africanas que ajudaram na criação de identidades e afinidades que lhes permitiram formar uma comunidade, pondo em risco o sistema escravista (SLENES, 1999).

Mas o que explica, a nosso ver, essa persistência foi a presença desse modelo de família difundido pela imprensa da época que exercia uma fascinação muito grande nos associados da José do Patrocínio. Estes eram apresentados à sociedade belo-horizontina como modelos adequados de conduta a serem seguidos pela população afrodescendente da cidade como um todo. Entretanto, como se verá nos próximos depoimentos, embora defendessem esse modelo como sendo o ideal da Associação e conseguissem avançar na direção da ascensão social, eles tinham que enfrentar o racismo da sociedade que não lhes dava trégua.

Contraponto ao racismo

O racismo foi a questão mais crucial enfrentada pelas associações negras na década de 1950. Considerou-se pertinente no presente artigo analisar a memória do racismo que ainda persistia em nossos entrevistados. O que, para eles, justificava na época uma associação só frequentada por negros? Seria uma forma de separatismo? Tinham eles consciência de que o Brasil, apesar da ideologia dominante, não vivia a tão decantada democracia racial?

No conjunto das entrevistas narrativas realizadas em nosso estudo pudemos detectar algo que chamamos de memória do racismo e o quanto este estava difundido em nossa sociedade. A seguir apresentam-se alguns relatos nos quais a referida memória aparece na fala dos entrevistados.

> Antigamente não era assim. Eu não tinha auto-estima [...] não sei se você sabe aqui em Belo Horizonte tinha cinema que negro não entrava. No Acaiaca, (nome de um cinema situado à Av Afonso Pena) não entravam negros. Aqui o único cinema que entrava negos era o Paissandu que, na época era área boêmia e hoje é a rodoviária (Depoimento de João Valadares em 12.08.2009).

Na década de 1950, foi promulgada a Lei Afonso Arinos, que impedia a discriminação racial em espaços públicos: bares, praças, clubes, escolas, repartições estatais, e assim por diante. Só que isso não impedia que se praticasse a discriminação racial sob outra roupagem. No relato de Laura isso fica claro.

> No Clube dos 50, não entravam negros. Eu me lembro que eu fui tentar entrar lá [...] os diretores *suspenderam a festa.* [...] Eu fui pra fazer sauna, eles falaram comigo na porta: *Aqui nós não deixamos entrar negros.* Mais como eu tinha uma orientação do meu pai, todas as vezes que alguém falasse isso comigo, que eu não levasse em conta porque se naquele lugar eu não podia ir, que eu fosse procurar outro lugar. [...] Nos lugares que eu vou hoje, na minha época de infância, eu jamais poderia passar nem na porta (Depoimento de Laura em 27.09.2009, os grifos são nossos).

A discriminação racial não era tão sutil como se costuma crer. Laura guardou em sua memória as formas de interdição espacial que não estavam explicitadas em lei, mas que faziam parte do cotidiano. E ainda, ela relembra uma das lições que era praticada naquela época para o enfrentamento ao racismo: *reconhecer o lugar do negro.* Se não pode entrar, paciência, ou procure seu espaço ou crie um, caso ele não exista. De certa forma, muitas associações negras nasceram dessa percepção e a José do Patrocínio não foge a essa regra (GONZALES & RASEMBALG, 1982)

No depoimento a seguir, encontramos mais claramente a lição da imposição do lugar do negro. Nele a situação foi mais dramática, pois revela que o medo à discriminação estava incorporado de tal forma que o indivíduo nem tentava entrar em um lugar que imaginariamente poderia. O reconhecimento de seu lugar funcionava nesse caso como uma forma de se proteger de situações de humilhação

> Tinha lugar que a gente não ia. Não era porque a gente era impedido, a gente nem tentava entrar [...] eu não ia nesses lugares. *Eu ia nos luga-*

> *res que era da cor*. Por exemplo, no clube o *Estrela Dalva*: ali era só de negros. E as moças que iam lá, trabalhavam em casa de família como empregadas domésticas. O presidente do clube era preto. Tudo negro, negro. Os negros chegavam muito bem vestidos lá. Nesses bailes iam mais as empregadas domésticas, que vinham do interior. Foi, num desses clubes, que eu conheci a minha primeira esposa. Foi no clube dos Feirantes [...] Havia uma luta de classes. E nós fazíamos parte dessa luta, e eu fazia parte também, de valorização do negro aqui na nossa sociedade. Só que nossa busca era separada. Veja que hoje há uma mistura maior. Naquela época era mais separado. Os negros ficavam mais entre eles. Hoje o negro anda muito misturado com o branco. Naquela época, nós ficávamos mais entre nós. Saiamos só entre nós. As amizades não eram tão misturadas [...] Nas avenidas, as posições eram mais ou menos determinadas [...] A gente ficava mais ali entre o grupo de pretos. E as meninas negras transitavam mais ao nosso lado. A gente tinha mais ou menos os pontos que a gente ficava (Depoimento de Wilson de Souza em 27.09.2009, os grifos são nossos).

O relato é poderoso. Ele traz uma série de situações que ajudam a compreender os conflitos velados na relação entre brancos e negros, e mesmo entre negros e negros na sociedade de Belo Horizonte na segunda metade do século XX. Ele nos dá exemplo de dois clubes negros que não eram exatamente associações no sentido proposto pela José do Patrocínio: Estrela Dalva e O Clube dos Feirantes. Mas também não eram espaços desclassificados por certa camada da população negra, como o eram, por exemplo, as "gafieiras". Mas o fato de serem lugares frequentados majoritariamente por negros não significava que ali se praticavam laços associativos. O depoente reconhecia também que a cidade tinha territórios raciais separados, embora nós brasileiros tenhamos nos gabado de nunca termos tido leis segregacionistas. Mais uma vez pode-se dizer de que não precisam existir explicitamente leis para que o fenômeno do racismo ocorra. O ponto da avenida ao qual ele se refere é onde se localiza um edifício famoso que era lugar de *footing* nos anos de 1950. No depoimento, fica claro que havia uma separação espaço-racial. Havia conflitos raciais em outros locais que não os clubes, mas a rua e o ônibus:

> Então você saía na rua e eles gritavam: Oh! Negrinha! Negra do cabelo duro. Era assim [...] Teve uma vez que a gente pegou o ônibus (ficou bastante emocionada ao lembrar) [...] começou a correr ônibus lá no bairro da Serra. E um rapaz falou para o meu pai: *não encosta em mim*

> *negro!* [...] Meu pai deu-lhe um murro. Ai ele chamou meu pai lá fora, puxou uma faca. Papai bateu nele com a faca e tudo. Tornou a voltar pro ônibus [...] (Depoimento de Clotilde em 23.09.2009, os grifos são nossos).

Nesses exemplos, aparecem situações comuns na relação brancos e negros no Brasil. Referem-se à cor ou às características fenotípicas dos negros como sendo um insulto. E isto não é visto como um problema. É naturalizado.

Na rua, na década de 1950, os homens negros já eram alvo do racismo policial, segundo outro entrevistado:

> A polícia prendia. Chamava a gente de vagabundo, desempregado. [...] Está preso! [...] Por que você está aqui a essa hora? [...] Você não podia ficar até muito tarde na rua porque a polícia mandava você pra casa (Depoimento de João Faustino em 12 de agosto de 2009).

Os relatos multiplicam os espaços de discriminação. Há vários outros que pudemos captar nas entrevistas, mas para o presente artigo estes parecem suficientes para mostrar como o racismo permaneceu na memória dos nossos entrevistados.

Teriam, de fato, existido essas cenas? Ou elas seriam construções fantasiosas de indivíduos mal sucedidos que não sabiam lidar com a democracia racial que se acreditava e ainda se acredita existir no Brasil?

A análise de uma parte do material jornalístico examinado no presente estudo teve papel importante na construção de dados relativos ao racismo em Belo Horizonte. Uma obra estudada foi o *Binômio* (jornal da época) – Edição Histórica, de autoria de José Maria Rabelo, na qual ele reúne reportagens e conta a história desse jornal irreverente que nasceu em 1952, em Belo Horizonte, e foi fechado com o golpe militar de 1964. Trata-se, portanto, de uma coletânea de artigos e reportagens selecionados para essa obra. Nela encontraram-se textos, nos quais seus jornalistas denunciavam, na década de 1950, "o ódio racial" em Belo Horizonte. Em uma cidade com 400.000 habitantes, na época, um *jornal chegar ao recorde de 60.000 exemplares semanais* (RABELO, 1997, p. 193) não era qualquer coisa.

Comentando as reportagens do Binômio, José Maria Rabelo: "revelava a forte discriminação racial em escolas e clubes. Um assunto delicado, quase proibido que *outros jornais da capital praticamente ignoravam*" (*op. cit.*, p. 73, os grifos são nossos). Rabelo se refere a um artigo escrito por Auréclides Ponce de León, intitulado "O Pecado da menina Sônia" (*apud* RABELO, 1997, p. 74-75). Conta a história que ele, Ponce de Léon, branco, se fez passar por pai de uma menina negra, alegando ser médico recém-chegado de uma cidade do interior de Minas Gerais com a família para morar em Belo Horizonte, e que gostaria de matriculá-la em uma escola católica bastante tradicional. Telefona para a escola fala com a madre diretora, conta sua história, mas não diz que a menina é negra. Ele já sabia que o colégio rejeitava crianças negras. Por isso, monta a cena, levando consigo dois deputados estaduais como testemunhas da ação racista. Chegam todos juntos ao encontro inclusive a menina negra. E ouviram a seguinte alegação da madre diretora:

> – O senhor compreende. Não temos, na escola, qualquer outra aluna negra. Ela será a única. Certamente Soninha vai sentir-se constrangida e até discriminada pelas coleguinhas. É pena. Procure entender, senhor (LEON *apud* RABELO,1997 , p. 75).

O que ele lhe respondeu:

> – Obrigado por nos receber, madre. Na próxima segunda feira dia 27, por favor, leia o Binômio a reportagem que, ainda hoje, vou escrever *denunciando seu colégio por racismo*. Com toda a certeza vai ser a manchete do jornal. Soninha, vamos embora daqui (*idem, os grifos são nossos*).

Outra reportagem, no mesmo *Binômio*, escrita por Malthus de Paula denuncia o racismo sofrido por um ex-pracinha em um hotel de Belo Horizonte, considerado, na década de 1950, um dos melhores da cidade. Apesar de estar vestido a rigor, com abotoaduras de luxo e chapéu gelot, e de ter reservado por telefone um quarto, ao chegar, ao Hotel, Osvaldo Catarino teve de carregar sua própria bagagem por que ninguém da recepção teria lhe dado atenção e, ainda, ao descobrirem que ele era o autor da reserva, teve de ouvir do recepcionista: "lamentavelmente houve um engano. Não temos quarto para o senhor aqui". Como no caso da menina na escola, o jornalista havia também armado a cena, pois o Binômio sabia que o hotel já tinha inúmeros casos de racismo (MALTHUS *apud* RABELO, 1997, p. 76).

Além dos casos acima, o Binômio denunciou casos bastante comuns que as pessoas, em Belo Horizonte, achavam normal como, por exemplo, o que se segue:

> Um engenheiro da Mannesmann, residente na Barroca, publicou há um mês um anúncio exigindo uma empregada branca. Um sociólogo

> constatou que, em todo quarteirão desse engenheiro não havia uma só empregada de cor. O estudo mostrou ainda que a Barroca e Nova Suíça são os pontos onde há mais preconceito, atribuindo isso a influência da população germânica que ali se fixou depois da guerra (MALTHUS; MACIEL *apud* RABELO, 2004, p. 76).

O racismo velado da sociedade brasileira dificilmente se desvelaria se não se criasse uma situação para que isso ocorresse. Não eram só os negros objeto da discriminação racial, o eram também os judeus. Em Belo Horizonte, no período em questão, recusou-se um engenheiro judeu como sócio no Automóvel Clube e a hospedagem de estudantes africanos no Brasil Palace Hotel (RABELO, 1997, p. 75). Basta no momento mostrar que a memória perceptiva dos associados da José do Patrocínio era corroborada por outros atores, no caso, jornalistas com uma visão mais crítica da realidade, embora tenha ficado claro na pesquisa que esses jornalistas e membros da José do Patrocínio nunca se conheceram na realidade.

Essa era, em linhas gerais, a Belo Horizonte lembrada por nossos entrevistados que se construía no período em que a Associação José do Patrocínio se erguia. Grande parte de sua missão estava vinculada a esse contexto. A discriminação nas relações raciais, os conflitos velados ou não, a interdição dos negros em alguns espaços públicos, o fechamento da comunidade negra em si mesma como forma de se proteger das humilhações, o apelo à autoestima, à construção de uma nova imagem do negro, tudo isso e muito mais faziam parte dos ingredientes que orientaram a José do Patrocínio nos anos em que duraram suas atividades.

Passemos assim a uma das atividades que marcaram sua trajetória.

Educação e etiqueta

Ainda que sejam numerosas as suas atividades, o presente artigo destacará apenas a educação. A maioria dos entrevistados teve pais e avós que foram escravos, analfabetos ou muito pouco escolarizados. Mas apesar desse estado precário eles valorizavam a educação como instrumento de ascensão social.

> Eu me lembro que, até na época de eu tirar diploma do curso primário, eu fui descalço para a escola porque eu não tinha condições [...] mas as pessoas sempre faziam aquela divisão [...] havia uma professora uma criatura até bacana. Ela se gabava de ser parente de alemães [...] Mas

> quando as pessoas querem te xingar ou chamar sua atenção, como era o caso dela, a primeira coisa que vem na língua deles é *negro*! (Depoimento de Hilton em 23.09.2009, os grifos são nossos)

O relato a seguir já trouxe outro elemento fundamental para a presente pesquisa. Ele corrobora com análises feitas por Florestan Fernandes (Integração do Negro na Sociedade de Classe, op. cit.) quando este descreve o apoio que os pais davam aos filhos para enfrentar o preconceito racial dentro das escolas. Segundo o autor, mesmo sabendo que os filhos passavam humilhação, os pais os encorajavam a não desistirem. Clotilde, ao relatar as lembranças de sua experiência, o pai aparece em primeira linha:

> Eu lembro no ginásio papai me ensinando a fazer as coisas [...] eu na minha época de grupo eu sofri muita discriminação. Do tipo assim, de você ser a negrinha da sala [...] a bonequinha preta da sala. Você é chamada de negra, porque a criança negra não podia ser feliz nem ter alegria [...] outras alunas eram mais discriminadas do que eu, porque os pais não eram conscientes. Meu pai era consciente. Então ele sempre vinha com uma colocação pra gente. Ele falava que a gente com um branco tinha sempre que ter um pé atrás. Eu aprendi isso [...] Trate-os como eles te tratam! [...] papai ensinava a gente, eu e meu irmão a declamar poesia [...] punha a gente pra cantar [...] desde pequenos fomos incentivados a ler [...] *a vencer pela educação* [...] papai tinha uma visão culta, lia muitos romances. Tanto ele como minha *mãe que freqüentou até o terceiro ano de grupo. Mas ela era uma pessoa que não falava errado. Ela lia demais* [...] Eu tive uma professora que *era uma mulata chamava dona Dulce*. Ela falava assim: Oh! Bonequinha preta da sala. E eu chorava. Ela pegava a minha mão e cortava a minha unha. Cortou a minha unha no sabugo [...] Cheguei em casa com os dedinhos tudo inchado. Papai foi lá falar com ela que não era pra ela fazer mais aquilo (Depoimento de Clotilde Assulino em 23.09.2009, os grifos são nossos).

As estratégias das famílias negras para a escolarização dos seus filhos eram variadas, apesar das dificuldades e da precariedade da educação pública à época. Mas mesmo assim as famílias lançavam mão daquilo que dispunham:

> meus dois irmãos estudaram num colégio interno no interior [...] depois do quarto ano primário, com mais ou menos 16 anos, os meninos iam para a *escola de aprendizes e artífices e as meninas, aquelas que tinham condições tornavam-se professoras na comunidade* [...] Na época, só existia

o Instituto de Educação para elas ou os cursos de corte costura, bordado e as camisarias [...] Estudar era muito importante [...] (Depoimento de Inocêncio Maçal em 23.09.2009)

Mas nem todos seguiram esse rumo. Alguns romperam o lugar imposto aos pretos e aos pobres. Furaram o círculo e foram para o ensino superior, como foi o caso de um dos depoentes que chegou à carreira de médico:

> O meu pai chegou no exército aos 17 anos. Era analfabeto ainda. Mas era completamente aculturado [...] Entrou para o exército e estudou. Foi a cabo. Subiu para sargento. Estudou. Foi a primeiro-Tenente. Mamãe estudou até o quarto ano. Mas ela obrigou todo mundo lá em casa a estudar. Meu pai dizia: os homens todos têm que tirar científico e as mulheres todas no mínimo curso normal. Ai a gente nem argumentava. Mas não era fácil de achar escola pra nós. Porque naquela época não tinha o colégio estadual e nem tinha colégio municipal em São João Del Rey [...]. Eu comecei a estudar em escolas particulares. Meu pai me pôs primeiro, depois pôs os meus dez irmãos [...] As anotações todas que meu pai fazia das lições do exército eram feitas em uma brochura. As páginas que ele não usava, ele pegava, arrancava a parte de cima. Era tudo de capa dura, parecia um livro de capa dura [...] Meu pai cortava esses cadernos no meio com uma faca afiada [...] e aquilo ali que era o caderno da gente [...]. Todo mundo estudou. Meu pai me colocou em um colégio particular, no Santo Antônio. O colégio era dirigido pelos freis. Eu tinha três colegas racistas que infernizaram a minha vida. Saiam atrás de mim me batendo. Nós éramos dois negros no meio de mil e tantos alunos brancos [...] o outro era o filho da lavadeira do colégio, por isso eles (os freis) abriram mão para ele estudar. Já eu não, meu pai pagava o colégio com dificuldade [...] Quando eu mudei para Belo Horizonte eu entrei para o colégio Estadual [...] Então eu fiz o concurso lá. Tinham os pistolões. A gente usava muito isso na época. Meu pai pediu daqui, pediu dali, o fato é que eu entrei pra lá. Terminei o científico e fiz vestibular nas Ciências Médicas e passei. A faculdade era particular, mais eu ganhei uma bolsa de estudos integral (Depoimento de Inocêncio Maçal em 23.09.2009).

O entrevistado dá, em seu relato, exemplos do que se pode entender por ascensão social. Não há dúvida de que se trata apenas de uma de suas versões, pois nem todo processo dessa natureza passa pelos mesmos caminhos. O pai e mãe são exemplos sobre os quais se inspirou para mergulhar nos estudos. Outro aspecto a ser destacado: "esforço dos pais para afastar o maior tempo possível os filhos do mundo do trabalho". Isso já revela a incorporação de valores que marcam as classes médias nas sociedades em transição, e que conta com a entrada das mulheres no mundo de trabalho urbano. Ressalta, também, que para se atingir alguns patamares eram necessários "pistolões". O relato acima não esconde isso. Em um contexto em transição no qual Belo Horizonte se consolida como um centro moderno, capitalista e fundado em uma economia de mercado, esse tipo de observação merece algumas reflexões. A amizade com personalidades políticas e a troca de interesse fizeram diferença para a José do Patrocínio, no que se refere ao sucesso de alguns de seus empreendimentos. Entretanto, é preciso entender que esse tipo de relação não foi específico aos negros. Ele se estendeu à sociedade como um todo. Estudiosos da cultura brasileira assinalaram o quanto esse modelo tipificou uma dada imagem das relações sociais no Brasil (DA MATTA, 1981).

Segundo Da Matta (1981), a imagem de sermos um país democrático que visa garantir a igualdade de oportunidades para todos os indivíduos é uma ficção política que insiste na imagem de uma sociedade composta por indivíduos autônomos, anônimos e independentes. Para Da Matta, esse modelo funcionava nos Estados Unidos da América do Norte. No Brasil, estava longe de se concretizar. A "gramática profunda da sociedade brasileira", na concepção desse autor, é dual. Ou seja, é formada por dois princípios. De um lado, se têm os princípios que regem o *indivíduo* das relações impessoais e do outro, os que orientam a *pessoa* das relações do compadrio e da amizade (DA MATTA, 1981).

A realidade de se ter a escolarização compartilhada com o trabalho não era novidade. Com os negros não foi diferente. Para estes, colocar a ocupação em primeiro plano, acima da educação, tinha também o papel de busca de reconhecimento (CORREIA LEITE; CUTI, 1992). O relato abaixo deixa isso claro:

> *tive oportunidade de estudar, mas comecei a trabalhar muito cedo, mexendo em sapataria* [...] *eu era gráfico, mas eu não estava mais agüentando esse serviço gráfico, por ser muito franzino, eu não estava agüentando.* Ai eu comecei a estudar [...] *No clube que eu dançava, que era o Clube dos Feirantes e eu era sócio, eles tinham uma bolsa de estudo para as pessoas que trabalhavam e estudavam.* Então ai eu diminui a dança e fui estudar. Estudei [...] No colégio eu completei o ensino técnico. [...] Eu acho que

para o negro o caminho é o estudo. Não tem outro caminho. Porque ninguém pela aparência não consegue nada. *Nós não temos quem nos indique* (Depoimento de José Geraldo em 23.09.2009).

O relato acima traz um pequeno detalhe nas relações de compadrio, referidas acima, que às vezes em muitas pesquisas se deixa de analisar. As indicações que os "pistolões" fazem na maioria das vezes reforçam o estigma do lugar do negro no mundo urbano: lixeiro, faxineiros etc. O relato ressalta que já naquela época existiam modelos de suporte educacional mantidos por associações de trabalhadores que visavam à educação de seus membros, oferecendo-lhes bolsas.

Desses relatos passemos ao investimento que a Associação José do Patrocínio fez na educação de seus membros. Ela oferecia cursos de alfabetização para crianças e adultos – corte costura, economia doméstica, datilografia, admissão,[4] matemática – dados pelos próprios sócios que já haviam atingido um grau mais elevado de instrução.

Essas atividades tiveram uma ampla cobertura da chamada imprensa tradicional da época, como se pode ver na foto exibida em uma reportagens do jornal *Diário da Tarde*, na edição de 23.08.1958, referente à quarta turma de alunas de corte e costura.

15 MODISTAS — Jovens aprendem corte e costura. Esta será a quarta turma a receber certificado de habilitação para o exercício da rendosa profissão.

FIGURA 1: modistas e curso

Como se pode observar, havia um padrão no vestir-se e no pentear-se. Não há penteados étnicos, afro. Ao contrário, o visual aproxima-se dos modelos eurocidentais. Isto talvez se explique pela força das imagens difundidas na

[4] Curso de alfabetização oferecido no Grupo Escolar.

época, ou mesmo, pela pressão dos modelos estéticos distantes das raízes africanas. Chama a atenção a elegância dos corpos, com as cinturas muito bem afiveladas, cabelos curtos ou presos para cima deixando o rosto em evidência o que aumenta ainda mais a leveza do cenário que o foto-jornalista pretendia captar.

Foram encontrados, também, registros que falavam dos cursos promovidos pela José do Patrocínio. Estes ressaltam a presença de quarenta jovens em curso de preparação para admissão aos cursos ginasiais. Na época de 1950, a passagem do primário para o ginásio exigia uma prova de admissão, os alunos não entravam automaticamente. Dada a escassez da oferta e o aumento da demanda com a presença cada vez maior de crianças e jovens migrantes, o ingresso no chamado curso ginasial era altamente competitiva. A Associação José do Patrocínio entrou nesse embate, atuando claramente como uma agência preparadora das crianças e jovens, filhos dos associados.

A reportagem está ancorada em uma visita de um padre estadunidense, professor da Universidade de Pittsburgh que estaria fazendo, segundo o jornalista, uma pesquisa sobre a questão racial no Brasil.

> A visita do padre Austin J Stanlley, professor da Universidade de Pittsburgh à Associação Cultural, Beneficente e Recreativa José do Patrocínio deu margem a que fosse demoradamente debatida a questão racial, tema que levou o ilustre sacerdote americano empreender viagem ao Brasil a fim de coligir elementos para escrever um livro. Entusiasmado com que tem observado entre nós, o sacerdote em um arroubo exclamou: –"*No Brasil, sim se pratica democracia racial!*" (*Diário da Tarde*, 23 ago. 1958)

A reportagem reforça o mito da democracia racial, por meio do olhar de um estrangeiro. Sustentar o referido mito associando às atividades desenvolvidas por uma associação negra, no caso a José do Patrocínio, parecia ser uma estratégia que a mídia convencional utilizou para dar a ele autenticidade. Na sequência da reportagem, o jornalista explicita mais intensamente essa perspectiva supostamente "democratizante" da sociedade brasileira, da seguinte maneira:

> É nesse clima de fraternidade racial que todos trabalham, *sem problemas de cor e outros quaisquer*, mas todos – *brancos, pretos e amarelos – com a mesma oportunidade para lutar e viver num clima de maior compreensão e amizade*. E é para abrir horizontes para homens de cor (mais com

> objetivo de incentivá-los e sem o intuito de separá-los) que são fundadas entidades como a Associação Cultural, Beneficente e Recreativa José do Patrocínio, cujo programa de atividade já lhe assegurou lugar de *destaque na vida das associações da capital* (*Diário da Tarde*, 23 ago. 1958, grifos nossos).

O que é importante ressaltar nesse momento é o papel da mídia na construção do imaginário sobre as relações raciais no Brasil. No texto acima, o jornalista combina a ideia de relações cordiais entre pretos, brancos e amarelos com o trabalho de uma associação negra agindo em conformidade com essa visão. Desaparece, nesse imaginário, o racismo da sociedade brasileira. Ou seja, cria-se uma tensão no imaginário entre aquilo que os indivíduos experimentam nas suas relações concretas cotidianas (discriminação racial, proibição de entrar em lugares públicos por causa da cor da pele) e aquilo que o corpo social cria como sociedade ideal. Pode-se dizer que conviviam, no mesmo tempo histórico, visões antagônicas sobre as relações raciais no Brasil.

A imprensa branca estava dividida. Mas não foi com o seu lado contestador que a Associação José do Patrocínio se identificou. Mas sim com aquele que fazia do Brasil um paraíso racial, colocando-a no centro dessa construção idealizada.

Nessa linha de argumento, o discurso da imprensa conciliadora ressaltava a educação promovida pela entidade como algo que precisava ser reconhecido pelas elites brancas. Funcionava como uma espécie de tranquilizadora dos espíritos inquietos. Tentava esclarecer seus leitores de que o fato de os negros estarem organizados em uma entidade só deles, não significava que nela se processava uma rebelião silenciosa que poderia desestabilizar o poder branco constituído. A imprensa mais tradicional mineira da década de 1950 buscava destacar o espírito iluminista da Associação José do Patrocínio.

> Foi precisamente a 31 de maio de 1952, numa reunião realizada no edifício Dantês que se fundou a Associação Cultural, Beneficente e Recreativa José do Patrocínio *com a finalidade de congregar os homens de boa vontade para soerguimento geral do homem de cor*. O primeiro presidente foi o senhor Assulino Balbino, estando atualmente à frente da entidade o *Sr. Levi José de Souza, chefe de seção no serviço de radiotelegrafia do Palácio da Liberdade e nosso companheiro dos Diários Associados. Todos têm trabalhado com dedicação, presidentes e demais membros da diretoria realmente desejosos de realizar algo de mais concreto e proveitoso* (*Diário da Tarde*, 23 ago. 1958, grifos nossos).

Para ilustrar o que se chamava realização de algo concreto e proveitoso na ação da José do Patrocínio, o jornalista incluiu na reportagem a ideia de que ele falava sobre algo que viu com seus próprios olhos.

> Lá encontramos uma sala repleta de jovens de um e outro sexo recebendo aula do professor [...] que preparava os alunos para o curso de admissão, em outra, cerca de 15 jovens recebiam aulas de corte e costura [...], enquanto no salão de reuniões a diretoria debatia planos de novas realizações. Acham-se matriculados no curso de admissão recém instalado, nada menos do que 40 alunos e a turma de corte e costura que está sendo agora preparada é a quarta [...] Os diplomados serão encaminhados a cursos de aprendizagem profissional e ginásios etc para o que a diretoria mantém contatos com o SENAI, Escola Técnica etc. Exatamente naquele instante de nossa visita a diretora debatia a necessidade de ampliação dos cursos para atender ao grande numero de interessados nas matrículas vindo à baila a situação financeira para essas realizações que *devem merecer integral apoio dos poderes constituídos que aqui estão sendo chamados a cooperar com a iniciativa tão meritória da associação Jose do Patrocínio* que figuras de projeção, como o padre Austin tem visitado, [...] e diante do que presenciam, não regateiam elogios à obra (*Diário da Tarde*, 23 ago. 1958, os grifos são nossos).

A Associação José do Patrocínio, no texto acima, é desenhada como uma organização da sociedade civil que atuava nas lacunas do poder público. Elogia-se o fato de que tudo o que a José do Patrocínio fazia era fruto da iniciativa de seus próprios membros. Bem ou mal, o que conseguiam fazer contava com as mensalidades que pagavam para manter a sede, com as festas que promoviam para angariar dinheiro, com o trabalho voluntário de seus membros. Essa imagem de voluntarismo, de indivíduos que buscam superar as dificuldades com seu próprio esforço, apesar da diversidade, ganha visibilidade, pouco importando se ela é falsa ou verdadeira. Na realidade, no jogo do imaginário o que importa é se a imagem criada funciona como um dispositivo psicossocial de construção humana ou como diz o próprio texto de soerguimento do homem de cor.

Não encontramos registro em Belo Horizonte na época estudada de nenhuma outra organização negra que desempenhasse esse papel. Em suma, era essa imagem e só ela que conseguia dar ao negro uma visibilidade na imprensa que não fosse a da miséria ou criminalidade. Uma imagem que não coloca em questão os modelos hegemônicos do poder branco, mas busca mostrar que os negros podiam acompanhar esses modelos por sua própria iniciativa. Essa imagem aparecia como uma espécie de *marketing* para conquistar a confiança de investidores brancos e, quem sabe, de apoio financeiro do poder público. Mostrava-se que os negros eram capazes de atingir os patamares do processo civilizatório em vigor, que podia se confiar em sua organização, no caso na José do Patrocínio. É assim que o articulista sequencia a sua reportagem:

> é preciso que aquela a José do Patrocínio receba cooperação para continuar a execução e ampliação de seu programa de elevado alcance social sobretudo que está preparando jovens para vencerem na vida nas atividades sadias dentro do esquema de elevação do homem no meio social (*Diário da Tarde*, 23 ago. 1958).

Logo no final, ele reitera o apoio à Associação do José do Patrocínio nos seguintes termos:

> Além de minguadas subvenções no orçamento municipal [...] e estadual e outras ajudas esparsas, obteve a Associação do poder público municipal um terreno para a construção que ela pretende empreender [...]. *Outras colaborações, no entanto, quer sejam dos poderes públicos, das classes conservadoras ou de particulares tornaram-se imprescindíveis para que a Associação se desenvolva e amplie a sua obra*, todos cooperando nessa campanha que representa reconhecimento pela contribuição do homem de cor, na formação social do Brasil (*Diário da Tarde*, 23 ago. 1958, grifos nossos).

A estratégia é clara: vincula a Associação a ações concretas e que teriam aprovação das elites. Usa metáforas grandiloquentes do tipo soerguimento do homem de cor. Sutilmente usa a visita do sacerdote para mostrar o erro das elites das classes conservadoras que não vê algo que até um estrangeiro, estadunidense branco, cristão e intelectual reconheceu, estando tão longe. Com esta estratégia, o *Diário da Tarde* aproveita para veicular uma reivindicação dos dirigentes da José do Patrocínio, sem precisar dizer claramente que estava fazendo.

Em 1957, houve uma doação do poder público municipal para a construção da sede da José do Patrocínio. Essa doação, entretanto, tinha condicionantes que, se não cumpridos, a Associação perderia o direito de uso do terreno. Não poderia mudar suas funções e teria que construir a sede no espaço de 2 a 4 anos. Esse prazo representou o maior desafio para os seus dirigentes. Considerando que o decreto de doação é de 1957 e de que a reportagem reclamando recurso para essa construção é de agosto de 1958, pode-se deduzir que sua diretoria um ano depois não conseguiu recursos que viabilizasse o projeto.

Apesar de as elites brancas em geral não quererem perceber a marcha dessa classe média negra que se forjava na franja do sistema competitivo belo-horizontino, alguns políticos profissionais percebiam e aproveitavam momentos bem específicos, como, por exemplo, apoio aos eventos da Associação, principalmente quando estes tinham repercussão na imprensa como era o caso dos bailes promovidos pela entidade. Era uma forma de se criar a imagem de que personalidades políticas brancas participavam das atividades da Associação. Isso reforçava ainda mais o mito do não conflito e do pacifismo da entidade negra. O contato com o poder, ainda que de forma sublimada, dava a sensação de encantamento que os anos de 1950 trouxeram para os grupos sociais em ascensão.

O apoio de jornalistas foi incontestável. Os mais destacados eram os colunistas sociais que alavancavam patrocínios e os recursos para algumas festas. Muito provavelmente a aproximação da José do Patrocínio com a classe política se fez por intermédio desses colunistas.

Conclusão

Considerando as características que o associativismo negro teve no Brasil na década de 1950, pode-se dizer que a José do Patrocínio aproximou-se muito do modelo integracionista já assinalado na literatura sobre o tema. Talvez a diferença esteja nas alianças que se conseguiu estabelecer, no caso, com as elites brancas de Minas Gerais.

A articulação de alguns presidentes com alguns setores da sociedade, políticos e imprensa, pode ter sido o fator que mais ajude a explicar a visibilidade que a Associação conseguiu no período em consideração.

Ficou claro nos depoimentos que parte significativa da Associação se ajustava à segunda imagem. Viam essa visibilidade em padrões estéticos brancos como a única saída para se ter uma nova imagem do negro na sociedade brasileira

O projeto educacional da Associação era voltado para a inserção do negro no mercado de trabalho. Mas havia também um olhar voltado para a educação em nível superior. Filhos dos dirigentes chegaram nesse patamar e eram eles que passavam a orientar os mais jovens.

Chama a atenção também, nos dados analisados, elementos que poderiam ser classificados como iniciativas voltadas para a constituição de uma Associação com fins filantrópicos. Houve um movimento em direção das elites, ou seja, da busca de financiadores das ações que não se limitava exclusivamente aos recursos do Estado. A estratégia utilizada foi a de se construir uma imagem do negro como agente integrado e com capacidade de integrar seus descendentes, sem produzir movimentos separatistas.

Houve um elemento que a nosso ver marca todos os relatos, que é o sentimento de dignidade humana. O negro é capaz, talvez esse tenha sido o grande mote da Associação José do Patrocínio. Colocar na cabeça dos afrodescendentes que não precisavam temer ousar em lugares que até então lhes eram negados nem ter vergonha de sua cor, pode parecer pouco, ou até ainda não muito revolucionário. Mas para aqueles sujeitos ainda com proximidade muito grande com as experiências da escravidão, há de se reconhecer que a José do Patrocínio ajudava dar um passo gigante na direção de outro movimento mais contestador do *status quo*. Foi a nosso ver um estágio importante para o que aconteceu com o movimento negro dos anos 1970. Este, muito provavelmente, estava agregando filhos e netos daqueles que viveram os tempos áureos da José do Patrocínio.

Referências

AZEVEDO, Thales. *As Elites de Cor*: um estudo de ascensão social, Rio de Janeiro: Cia da Editora Nacional, 1955

AZEVEDO, Thales. *Democracia Racial*, Petrópolis: Vozes, 1975

CORREIA LEITE; CUTI. *E disse o velho militante José Correia Leite*. São Paulo: Secretaria Municipal de Cultura, 1992.

COSTA PINTO. L. Aguiar. *O negro no Rio de Janeiro*: Relações de raça em uma sociedade em mudança, 2ª ed., Rio de Janeiro, UFRJ, [1955]1998

DA MATTA, R. *Carnavais, malandros e heróis*. Rio de Janeiro: Zahar, 1981.

DAVIES, Frank Andrew. A vida associativa do negro no Rio de Janeiro (1940-1950): uma interpretação a partir das obras de Costa Pinto e Sonia Giaconimi. *Revista Habitus*, Rio de Janeiro, v. 5, n. 1, p. 69-80, 2007.

DOMINGES, Petrônio J. "Constantemente derrubo lágrimas": o drama de uma liderança negra no cárcere do governo Getúlio Vargas. *Topói*, v. 8, n. 14, p. 146-171, jan./jun.2007.

FERNANDES, F. *A integração do negro na sociedade de classe*. São Paulo: Hucitec, 1976.

FLICK, U. *Introdução à Pesquisa Qualitativa* 2ª. ed, Porto Alegre: Artmed, 2003

FLORENTINO, M.; GÓES, J. R. Tráfico atlântico e socialização parental entre os escravos do agro fluminense, séculos 18 e 19. *População e Família*, São Paulo, v. 1, p. 83-118, 1998.

GIACONIMI, Sonia Maria. *A alma da festa*: família, etnicidade e projetos num clube social da zona norte do Rio de Janeiro – Renascença Clube. Belo Horizonte: Ed. UFMG; Rio de Janeiro: IUPERJ, 2006.

GILL, Lorena Almeida. *Clubes carnavalescos em Pelotas*. Pelotas: UFPEL; CNPq, 2003.

GOMES, Fabrício Romani. Associativismo negro em Caxias do Sul. Disponível em: <http://www.labhstc.ufsc.br/pdf2007/23.23.pdf>. Acesso em: 07 maio 2010.

GONZALES, Lea & HASEMBALG, Carlos. *O lugar do Negro*, São Paulo, Ed Marco Zero, 1982

LONER, Beatriz Ana. *Classe, etnia e moralidade*: estudos de clubes negros. Relatório de pesquisa, Pelotas: UFPEL; CNPq, 2003. Disponível em: <www.ifch.unicamp.br/mundosdotrabalho/tex/beatrizloner>. Acesso em: 03 abr. 2010.

MOREIRA, P. R. S. Etnicidade e liberdade: as nações africanas e suas práticas de alforria. *Ciên. Let.*, Porto Alegre, n. 44, p. 167-186, jul./dez. 2008. Disponível em: <http://www.fapa.com.br/ciênciasletras>. Acesso em: 13 jun. 2010.

MOURÃO, Paulo Kruger C. *História de Belo Horizonte 1897 a 1930*. Belo Horizonte: Imprensa Oficial, 1970.

PIERSON, Donald. *Brancos e Pretos na Bahia*, 4ª. Ed., São Paulo: Companhia Nacional, [1942], 1971

OSORIO, Rafael G. *O Sistema Classificatório de "Cor ou Raça" do IBGE*, Brasília, IPEA, 2003

TELLES, Edward. *Racismo à Brasileira*: uma nova perspectiva sociológica, Rio de Janeiro: Relume-Dumará, Fundação Ford, 2003

RABELO, José Maria. *Binômio Edição Histórica*, Belo Horizonte: Imprensa, 1997

RIOS, Flavia Martins. Movimentos negros brasileiros nas ciências sociais (1950-2000). *Sociedade e Cultura*, Goiânia, v. 12, n. 2, p. 263-274, jul./dez. 2009.

SILVA, A. R. *Associação José do Patrocínio*: dimensões educativas do associativismo negro entre 1950 e 1960, em Belo Horizonte. Dissertação (Mestrado) – Faculdade de Educação, UFMG, Belo Horizonte, 2010.

SLENES, R. *Na senzala, uma flor*: esperanças e recordações na formação da família escrava – Brasil Sudeste, século XIX. Rio de Janeiro: Nova Fronteira, 1999.

Relações raciais e (in)visibilidade nas trajetórias de trabalhadores(as) técnico-administrativos em educação negros(as) na UFMG

Yone Maria Gonzaga
Nilma Lino Gomes

Introdução

Na atualidade, registramos o crescimento do número de pesquisas empíricas que têm como objeto de estudo o campo do trabalho e as relações raciais, desenvolvidas pelos centros acadêmicos, institutos de pesquisas e órgãos estatísticos. Os resultados de alguns desses estudos interferem, inclusive, na agenda das políticas públicas (BENTO, 2000, HENRIQUES, 2000; DIEESE, 2005; PAIXÃO, 2006, ARANHA, 2008).

Além disso, tais investigações apontam a persistência das desigualdades raciais na estrutura ocupacional e no acesso de trabalhadores(as) negros(as) às ocupações privilegiadas social e economicamente, o que vem sendo denunciado pela militância do movimento social negro, sobretudo, a partir dos anos de 1970, do século passado.

Porém, em que pese a abrangência das pesquisas, observa-se que a dinâmica do trabalho e as trajetórias dos(as) trabalhadores(as) no âmbito da Administração Pública, principalmente, nas Universidades, ainda carece de maiores investigações. Visando contribuir com a produção teórica sobre o trabalho e os(as) trabalhadores(as) no setor público apresentamos o presente artigo, fruto de pesquisa de Mestrado concluída junto ao Programa de Pós-Graduação Conhecimento e Inclusão Social da Faculdade de Educação da UFMG.

A investigação teve como objetivo compreender os sentidos e significados de ser trabalhador(a) negro(a) e branco(a) na UFMG, construídos por um grupo de Técnico-Administrativos em educação desta Universidade durante as suas trajetórias profissionais e de vida. Além disso, durante a pesquisa, buscou-se analisar a trajetória desse(a) trabalhador(a) antes e após o ingresso na UFMG a fim de verificar se a questão étnico-racial produziu algum impacto sobre a sua vida, bem como indagar da existência ou não de mecanismos de racismo institucional que impedem a superação das desigualdades.

Ressaltamos que este conjunto de trabalhadores(as) negros(as) e brancos(as) integra uma das categorias profissionais que atuam na Universidade: a dos Técnico-Administrativos em Educação (TAEs), a qual contribui, cotidianamente, para a construção do conhecimento, mas, de modo geral, goza de "invisibilidade ativamente produzida" no espaço acadêmico.

A pesquisa revela que essa "invisibilidade" se apresenta, em vários aspectos, mais aguda para os(as) trabalhadores(as) autodeclarados(as) negros(as), o que pode ser interpretado como resultado de processos de discriminação sofridos por esse segmento étnico-racial em geral, que, a despeito de todo o esforço para a construção da riqueza material e imaterial deste País, ainda enfrenta barreiras para a mobilidade ascendente no mercado de trabalho; bem como à discriminação vivida pela própria categoria dos Técnico-Administrativos em Educação verificada desde o início de sua configuração profissional nas Universidades públicas.

Neste artigo, a categoria *negro* pode ser compreendida como o conjunto de pessoas que nos Censos Demográficos realizados pelo Instituto Brasileiro de Geografia e Estatística (IBGE), se autodeclaram como pretos e pardos. Vários estudos têm revelado a possibilidade de agregar essas duas categorias de cor e compreendê-las como pertencentes a um grupo populacional e étnico-racial mais amplo, a saber, a população negra brasileira, por suas semelhanças socioeconômicas, trajetórias escolares, oportunidades ocupacionais, entre outras.

Para falar da realidade étnico-racial presente no contexto desta pesquisa, o trabalho adota a categoria raça, entendida como construção social, "no sentido de que se refere a algo que orienta e ordena o discurso sobre a vida social" (GUIMARÃES, 2003, p. 15). A compreensão da dimensão histórica, social, política e cultural da raça possibilita um maior entendimento da situação complexa vivida pelos negros e negras no Brasil, bem como contribui para deslindar aspectos do racismo "à brasileira", desvelando o quadro de desigualdades persistentes entre brancos e negros que vai além da questão econômica.

Esta investigação contou com um problema inicial: a inexistência de dados sobre o pertencimento étnico-racial dos Técnico-Administrativos em

Educação da UFMG. Portanto, num primeiro momento, foi necessário aplicar um questionário, com apoio da listagem ofertada pela sua categoria sindical, cuja finalidade era levantar o perfil geral desses sujeitos e sua autodeclaração de cor. A partir dos resultados desse questionário, foram selecionados 15 sujeitos autoclassificados como pretos, pardos e brancos para a realização das entrevistas, as quais configuraram no segundo momento do trabalho. O terceiro e último momento correspondeu à análise das entrevistas e a produção do texto da dissertação propriamente dito.

Diante do grande número de dados colhidos e da extensão desta pesquisa, optamos, neste artigo, por realizar a discussão específica das entrevistas realizadas com os dez (10) trabalhadores(as) Técnico-Administrativos em Educação autodeclarados(as) negros(as) – pretos e pardos.

Trabalhadores(as) negros(as) no mercado de trabalho – Discriminação e desigualdades

Ao longo da história republicana brasileira, sobretudo a partir dos anos de 1970, os coletivos negros vêm denunciando o legado de quase quatro séculos de escravidão, a forma como se deu a abolição e a repercussão na vida da população negra. Esses efeitos têm sido escamoteados pelo mito da democracia racial, que disseminou a ideia de que, no Brasil, as raças convivem em perfeita harmonia, o que pode levar ao entendimento de que as condições de vida são equânimes. Todavia, apesar da tentativa de escamotear ou negar a existência do racismo, ele existe e se expressa por meio dos indicadores sociais que revelam uma discrepância de oportunidades entre a população branca em relação à negra e, no campo do trabalho, assim como na educação, as desigualdades são fortemente sentidas.

Em estudos sobre as oportunidades ocupacionais, o pesquisador Hasenbalg (1979) considerou a raça como um dos critérios mais relevantes a operar no recrutamento e seleção de pessoas para ocupar posições no mercado de trabalho. Utilizando dados dos censos de 1940 e 1950, o autor demonstrou a ocorrência de maior exclusão de não brancos nas posições ocupacionais mais elevadas. Para ele "a cor de uma pessoa opera mais fortemente como critério negativo de seleção quanto mais próximo ele chega ao topo da hierarquia ocupacional" (HASENBALG, 1979, p. 176).

Essa afirmação é corroborada por Bento (2000):

> o cotidiano do trabalho nas empresas é um dos lugares em que essa ideologia (democracia racial) pode mostrar sua face mais eficaz, garantindo uma forte segmentação racial. Nenhuma empresa declara por escrito: "não aceitamos negros para o cargo de chefia", no entanto, gerentes, chefes, encarregados e selecionadores de pessoal utilizam no dia-a-dia, regras informais, muitas vezes sem refletir e nem sempre com a intenção de discriminar, mas acabam por reforçar a situação de desigualdade no Brasil. O fato é que, conscientemente ou não, o resultado dessas ações é o mesmo: reproduzir as desigualdades raciais (BENTO, 2000, p. 21).

Nesse *apartheid* racial e profissional, pesa sobre as mulheres negras uma dupla discriminação: de gênero e raça. De acordo com pesquisas do DIEESE, realizadas em 2005, em seis regiões brasileiras, a saber: Belo Horizonte, Recife, Salvador, São Paulo, Porto Alegre e Distrito Federal,

> os maiores percentuais de vulnerabilidade da mulher negra no universo dos trabalhadores ocupados se explicam, sobretudo, pela intensidade de sua presença no emprego doméstico. Esta atividade, tipicamente feminina, é desvalorizada aos olhos de grande parte da sociedade, caracterizando-se pelos baixos salários e elevadas jornadas, além de altos índices de contratação à margem da legalidade e ausência de contribuição à previdência (DIEESE, 2005, p. 5).

Essa constatação nos reportou ao comentário feito por uma trabalhadora Técnico-Administrativa durante a primeira fase da pesquisa:

> é claro que existe racismo, olhe a universidade! Quantas mulheres negras, como nós, você vê nos cargos de pró-reitora? Até agora, eu só vi uma! (Auxiliar de Cozinha – parda)

Segundo Bento (2000, p. 41), as lutas e mobilizações desencadeadas pelo Movimento Negro, visando chamar a atenção da sociedade para a permanente discriminação no mercado de trabalho começaram a obter retornos significativos, quando, no ano de 1995, as Centrais Sindicais denunciaram o Brasil, na Conferência do Trabalho da Organização Internacional do Trabalho pelo descumprimento da Convenção 111, na qual o País se comprometia a desenvolver estratégias visando à igualdade de oportunidades e de tratamento em matéria de emprego e profissão, com o objetivo de eliminar toda a discriminação.

A denúncia fundamentada pelo Centro de Estudos das Relações de Trabalho e Desigualdades (CEERT) explicitava as desigualdades raciais no mundo do trabalho e a ausência de mecanismos do governo para referida Convenção. Na avaliação da autora, esse foi um passo importante também para os dirigentes sindicais, pois os incitou a pensar na repercussão da questão racial sobre o campo do trabalho e seus impactos na *performance* dos(as) trabalhadores(as).

Como faltavam organismos de fiscalização com efetiva capacidade para monitorar e aplicar as sanções legais em casos de discriminação, após a denúncia o Governo Federal tomou algumas iniciativas para aplicar a C111, como a criação dos Núcleos de Promoção da Igualdade de Oportunidades e de Combate à Discriminação no Emprego e Profissão, vinculados às Delegacias Regionais do Trabalho (DRT).

No ano de 1999, atendendo a uma demanda do Instituto Interamericano Sindical pela Igualdade Racial (INSPIR), o Departamento Intersindical de Estatística e Estudos Socioeconômicos (DIEESE) e a Fundação Sistema Estadual de Análise de Dados (SEADE) publicaram o Mapa do Negro no Mercado de Trabalho Brasileiro, o que veio a ser um marco nos estudos sobre relações raciais e trabalho, subsidiando, inclusive, outras investigações.

Em que pese os investimentos nos setores econômicos realizados pelos últimos governos, o quadro das desigualdades vem sendo reafirmado em pesquisas recentes. De acordo com o Censo 2010,[1] das 438 profissões listadas no mercado brasileiro, somente em 16 (3,6% do total) a renda média dos trabalhadores pretos ou pardos supera a dos brancos.

A baixa escolaridade, somada à discriminação racial faz perpetuar o grande círculo vicioso a que estão sistematicamente submetidos os segmentos negros: baixa escolaridade, pouca possibilidade de inserção no mercado formal e ausência de direitos previdenciários, o que resulta em baixa remuneração. Esta, por sua vez, implica poucas possibilidades educacionais e termina por impactar toda a vida do sujeito e de seus descendentes.

Negros e negras na Administração Pública – Alguns estudos

Os estudos que enfocam a presença de homens e mulheres negros no serviço público ainda são incipientes. Entretanto, em pesquisa de 1972, Florestan Fernandes já destacava a importância do serviço público para a forma-

[1] Disponível em: <guebala.blogspot.com/2012/05/estudo-do-censo-2010-aponta.html>.

ção da elite negra de São Paulo. Para o autor, a partir de 1920, o acesso a essa modalidade de emprego estável garantiu a alguns negros a possibilidade de exercer funções não manuais e em cargos não contaminados pela instituição da escravidão. Essa premissa de que o concurso público apresenta um caráter democrático nos ajuda a entender o interesse demonstrado por alguns negros em disputar as vagas, como nos relata uma das entrevistadas.

> O serviço público federal me dava garantias, ainda que fosse um cargo de nível médio. Eu tinha um salário fixo e ajudava financeiramente a minha família (Nina Abreu, 47 anos, Auxiliar de Nutrição, preta).

A possibilidade de disputar uma vaga com critérios definidos em editais e a realização de provas que requerem conhecimentos específicos em lugar das longas entrevistas, nas quais os critérios de seleção podem ser pessoais e, muitas vezes, carregados de valores preconceituosos, racistas e sexistas, parece ser mais interessante para parcela do segmento negro que busca no serviço público a estabilidade.

Em 2005, a Escola Nacional do Serviço público (ENAP) desenvolveu a pesquisa "Gênero, Raça e Competência na Administração Pública", com o objetivo de analisar a percepção sobre práticas discriminatórias contra mulheres e negros na Administração Pública federal brasileira, além de investigar a relação dessa percepção com outros aspectos que envolvem o exercício de cargos de direção nas organizações públicas, como atributos ou competências exigidas para o exercício dos referidos cargos e suas inter-relações com a questão da discriminação e do acesso de mulheres e negros às organizações públicas.

Das 26 entrevistas realizadas com ocupantes de cargos Direção e Assessoramento Superiores (DAS) 5 e 6, apenas três eram ocupados por dirigentes negros, o que demonstra a baixa representação destes na hierarquia superior do Governo Federal. Entre os entraves apontados pelos entrevistados que impediam os negros ocuparem tais postos destacaram-se: resquícios do racismo e discriminação presentes na sociedade; falta de programas que estimulem o acesso de negros a cargos superiores; minoria com formação em nível superior; falta de metas de paridade para o preenchimento dos cargos superiores, além do fato de que os brancos não aceitam chefes negros.

A sub-representação de negros e negras em espaços de poder na Administração Pública foi também verificada na pesquisa *Memórias e percursos de professores negros e negras na UFMG*, desenvolvida por Praxedes *et al.* (2009). Durante as entrevistas, os depoentes mencionaram a ausência de referências negras de destaque no alto comando federal e na coordenação de órgãos de fomento à pesquisa. No caso específico da UFMG, lembravam ainda que, nos primeiros 80 anos da instituição, apenas um negro havia assumido o cargo de Reitor.

Outro estudo importante foi desenvolvido por Rafael Osório, em 2006, junto às instituições da Administração Pública. Trata-se da pesquisa *Desigualdades raciais e de gênero no serviço público civil*, em que o autor buscava realizar um diagnóstico de desigualdades a partir de uma análise exploratória dos dados do Sistema Integrado de Administração de Pessoal (SIAPE). Pretendia verificar de que maneira o Plano Nacional de Ações Afirmativas instituído em 2002, no final do governo de Fernando Henrique Cardoso, estava sendo implementado pelos diversos órgãos da Administração direta. Para isso, realizou um levantamento junto aos responsáveis pelos departamentos de Recursos Humanos da maior parte dos órgãos, com a finalidade de averiguar o conhecimento dos gestores em relação do Plano Nacional de Ações Afirmativas e se os órgãos estariam, por iniciativa própria, promovendo algum tipo de ação voltada aos servidores. Após o estudo, o autor verificou que "existe uma estreita associação entre o sexo, a raça das pessoas e a ocupação de cargos públicos", o que em sua opinião "indica a existência de certo grau de discriminação institucional, o que reduz a probabilidade de homens e mulheres negros atingirem os altos escalões e ocuparem postos de comando, mesmo quando possuem o mesmo nível de escolaridade que os brancos" (OSÓRIO, 2006, p. 37).

Os estudos citados revelam que também no setor público os espaços de decisão política e de maior retorno financeiro ainda são ocupados pelos brancos, a exemplo do que ocorre no setor privado. E, no momento em que a política de gestão de pessoas, adotada pelo Governo Federal desde janeiro de 2003, prioriza a profissionalização do Estado e exige níveis elevados de escolaridade aos postulantes aos cargos públicos, conforme Boletim da CIS/UFMG[2] e matéria publicada no sítio do servidor em 03.10.2009,[3] podemos inferir que os negros serão preteridos de tais cargos por longo tempo.

---

[2] CIS-UFMG – Comissão Interna de Supervisão do Plano de Carreira dos Cargos Técnico-Administrativos em Educação da UFMG.

[3] Comunicado Seges nº 02/11. Disponível em: <www.planejamento.gov.br/secretarias/seges>. Acesso em: 07 jul. 2011.

Trabalhadores(as) Técnico-Administrativos em Educação nas Universidades – Categoria invisível ou invisibilizada?

Dada a constituição histórica, social e política do nosso País, marcada pelos processos de colonização, escravidão e pelas relações sociais capitalistas de produção, é possível afirmar que, mesmo com o desenvolvimento de práticas emancipatórias, as relações de trabalho, bem como o campo da educação, são marcados por tensões, disputas e relações de poder que ainda estão alicerçadas em um pensamento abissal, nos dizeres do sociólogo Boaventura de Sousa Santos.[4]

Nessa concepção, o "Outro", o negro, a mulher, o indígena, os coletivos considerados diversos ainda são vistos como não humanos, exóticos, selvagens, não são credíveis e, portanto, são invisibilizados.

No contexto das Universidades, os trabalhadores Técnico-Administrativos, de modo geral, podem ser compreendidos como esse "outro", e, por este motivo, gozam de invisibilidade, que vem sendo ativamente alimentada no espaço acadêmico, no qual a carência de estudos sobre os eles é apenas um dos indicadores a ser considerado.

De acordo com Fávero (2000, p. 20):

> Partindo do aspecto histórico-social da formação de nossas primeiras universidades, observamos que, desde as primeiras até as atuais, uma dependência estrutural que expressa uma rígida estrutura de classes e dá lugar a uma política cultural, em que o papel que exercem tem sido,

[4] O conceito de pensamento abissal utilizado pelo sociólogo Boaventura de Sousa Santos (2009) pode ser traduzido por: linhas radicais que dividem a realidade social em dois universos distintos: o universo "deste lado da linha" e o universo "do outro lado da linha". A divisão é tal que "o outro lado da linha" desaparece enquanto realidade, torna-se inexistente, e é mesmo produzido como inexistente. Tudo aquilo que é produzido como inexistente é excluído de forma radical porque permanece exterior ao universo que a própria concepção aceite de inclusão considera como sendo o Outro. Desse modo, a característica fundamental do pensamento abissal é a impossibilidade de uma copresença dos dois lados da linha. O "outro" lado da linha abissal é um universo que se estende para além da legalidade e ilegalidade, para além da verdade e da falsidade (crenças ininteligíveis, idolatria, magia). Juntas, estas formas de negação radical produzem uma ausência radical, a ausência de humanidade, a sub-humanidade moderna. Assim, a exclusão torna-se simultaneamente radical e inexistente, uma vez que seres sub-humanos não são considerados sequer candidatos à inclusão social.

em geral, o de reforçar os laços de dependência, através da manutenção das classes hegemônicas.

O historiador Fonseca (1996, p. 24) revela que desde a origem a Universidade foi marcada por um modelo autoritário e excludente que tinha na cátedra "um núcleo de poder pleno que se irradiava por toda a organização universitária" e este modelo prevaleceu na organização do ensino superior no País. Os professores catedráticos comandavam todos os aspectos da vida acadêmica e, devido à ausência de parâmetros de administração e gerenciamento de pessoas, eram também os responsáveis pelo recrutamento dos funcionários para desempenharem funções públicas e outras, muitas vezes, de ordem pessoal.

Essa realidade só começou a ser alterada em 1960, com a promulgação da Lei nº 3.780, que estabeleceu a primeira Classificação de Cargos do Serviço Civil do Poder Executivo, organizando, então, as atividades laborais exercidas pelos funcionários Técnico-Administrativos.

À medida que as Universidades foram crescendo, o trabalho tornou-se mais complexo, exigindo do Estado a elaboração de normas reguladoras para as atividades administrativas e de ensino, além do recrutamento e a formação de profissionais com competências, até então, não requeridas ao corpo Técnico-Administrativo. Como nem sempre eram recrutados candidatos com perfis adequados à demanda funcional, muitos servidores públicos passaram a trabalhar em desvio de função, ou seja, executando atividades diferentes daquelas para as quais tinham sido selecionados.

A partir de meados da década de 1980, com a mobilização social em prol da redemocratização do País, os(as) trabalhadores(as) Técnico-Administrativos das Universidades se juntaram a outros setores da sociedade para reivindicar das autoridades públicas a democratização das relações de trabalho e a implementação de um Plano de Carreira que contemplasse a diversidade de "fazeres" dos Técnico-Administrativos e agregasse uma remuneração equitativa.

Essa luta foi sendo atualizada ao longo dos anos e, na década de 1990, teve o seu período mais agudo com o governo do presidente Fernando Henrique Cardoso que impôs uma política de contingenciamento de gastos que incluía o congelamento salarial e promoveu um amplo sucateamento das instituições públicas.

Nas Universidades, esta política significou a extinção de cargos, sobretudo das áreas de *saúde* (atendente de enfermagem, copeiro, cozinheira, auxiliar de lavanderia); *infraestrutura* (servente, pedreiro, pintor, marceneiro) e *segurança*, ocupados, majoritariamente, por homens e mulheres negros, com pouca ou nenhuma escolaridade e que percebiam baixos salários. Essa política possibilitou o crescimento da terceirização de serviços nas instituições públicas e elevou as dificuldades internas de gestão.

Em 2005, após duas décadas de reivindicações e greves, os Técnico-Administrativos tiveram a aprovação do Plano de Carreira dos Cargos Técnico-Administrativos em Educação (PCCTAE), o qual alterou a denominação da categoria para *Técnico-Administrativo em Educação* (*TAE*), vinculando o fazer profissional à atividade finalística da instituição e estabeleceu incentivos financeiros para os(as) trabalhadores(as) envolvidos(as) em processos de capacitação e qualificação formal.

Como afirma a pesquisadora Gonzaga (2011), "o desejo de emancipação fez com que se desenvolvesse uma práxis objetivando o rompimento com a colonialidade do saber existente nas universidades", e, "hoje, os técnico-administrativos vêm se tornando agentes importantes do debate educacional" (GONZAGA, 2011, p. 93-94).

A categoria na UFMG – Discriminação de classe e raça

Quando da implantação da nova carreira, verificou-se que aproximadamente 30% dos(as) trabalhadores(as),[5] apresentavam cursos de qualificação e capacitação que lhes habilitavam a receber os incentivos. Destes, a maioria estava lotada nas áreas técnica ocupando cargos que exigiam a formação em nível superior ou administrativa, cuja exigência era a educação básica.

Tal constatação nos levou a refletir sobre a ausência de investimento institucional na formação dos trabalhadores, bem como a incapacidade política dos militantes sindicais em sensibilizar a classe para lutar pela efetivação do direito à educação. Estes fatos reforçaram a hipótese da invisibilidade destes trabalhadores que, ao longo da vida funcional, foram vistos apenas como executores de tarefas que não precisavam ter conhecimentos formais, apesar de atuarem em uma instituição de ensino renomada como a UFMG.

Não creditamos apenas à instituição a responsabilidade pela formação/qualificação dos(as) trabalhadores(as), faz-se necessária a manifestação e o in-

[5] Segundo Boletim nº 01/10, da Comissão Interna de Supervisão da Carreira/UFMG.

teresse pessoal, porém, avaliamos que enquanto instituição responsável pela qualificação de recursos humanos nos mais diversos campos do conhecimento, a UFMG precisa voltar o olhar para dentro e compreender que investir também em processos de capacitação do corpo Técnico-Administrativo é uma forma de garantir o cumprimento de seu objetivo principal que é promover educação de qualidade.

No cotidiano, foram percebidas outras formas de manutenção das invisibilidades, tão perversas quanto a discriminação racial. Dentre elas, se destacam o impedimento colocado por algumas chefias para a participação de trabalhadores(as) em atividades acadêmicos e/ou culturais, até mesmo dentro da própria instituição e a tentativa de anulação da categoria como partícipe da produção do conhecimento no contexto acadêmico. Foi-nos relatado que alguns TAEs ocupantes de cargos de chefia também colocam obstáculos à participação de colegas em atividades de formação/qualificação, o que nos mostra que a categoria não é tão homogênea. Ainda vigora na instituição o dito popular "manda quem pode, obedece quem tem juízo", reafirmado pelo pensamento hegemônico que distingue os que pensam dos que executam.

> Eu acho que ser Técnico-Administrativo aqui dentro é uma coisa meio trabalhosa, porque a gente está numa cultura em que o professor é que é o bom, vamos dizer assim. Nós estamos aqui apenas para ser o operacional, como se a gente não tivesse capacidade de pensar, de propor alternativas, de gerar conhecimento também (Orquídea, 54 anos, Enfermeira, parda).

Outro aspecto mencionado pelos entrevistados é que, em geral, na Universidade, não se observa que docentes e Técnico-Administrativos são regidos pelo mesmo Regime Jurídico Único (RJU). Tal legislação estabelece que tanto docentes quanto trabalhadores Técnico-Administrativos são Servidores Públicos Civis da União. Todavia, em diversas situações e mesmo em documentos oficiais é possível verificar a utilização dos termos *funcionário* ou *servidor*, referindo-se apenas aos Técnico-Administrativos, numa clara demarcação de lugares institucionais e de classes.

Além disso, a utilização dos pronomes possessivos "meu/minha", por alguns docentes antes dos termos "funcionário(a)" foi considerada pejorativa por alguns depoentes. Como os discursos instituem realidades, podemos interpretar esse fato como uma atitude intencional de manutenção da hierarquia docente/Técnico-Administrativo, distinguindo sujeitos e lugares ocupacionais. E essa atitude revela o que há de mais perverso nas relações interpessoais que é a tentativa de "coisificar" o Outro, negando-lhe o direito ao nome e à identidade. A ocorrência dessa distinção pouco contribui para a constituição de uma imagem positiva dos(as) trabalhadores(as), pois segundo o pesquisador Jacques Adesky,

> a identidade, para se constituir como realidade, pressupõe uma interação. A idéia que um indivíduo faz de si mesmo, de seu "eu", é intermediada pelo reconhecimento obtido dos outros em decorrência de sua ação. Nenhuma identidade é construída no isolamento. Ao contrário, é negociada durante a vida toda por meio do diálogo, parcialmente exterior, parcialmente interior, com os outros. Tanto a identidade pessoal quanto a identidade socialmente derivada são formadas em diálogo aberto. Estas dependem de maneira vital das relações dialógicas com os outros (2001, p. 76).

Considerando que os TAEs, de maneira em geral, têm pouca possibilidade de acesso aos bens socialmente produzidos e que estão dispostos na Universidade pública em forma de educação formal de qualidade, cultura, convivência com a diversidade, urge pensar: de que forma essas questões têm marcado as trajetórias do(as) Técnicos(as) negros(as), em particular?

Trabalhadores(as) negros(as) na UFMG – Marcas de exclusão

Se o negro ainda ocupa o lugar de exclusão na sociedade brasileira, será diferente na Universidade? Em que pese a ausência de dados formais de Técnico-Administrativo(as) autodeclarados(as) negros(as) nas Universidades, basta olharmos os espaços dos *campi* e indagarmos se eles estão devidamente representados nos postos reconhecidos socialmente, embora façam parte de uma categoria composta por 4.382[6] trabalhadores(as). Perceberemos, então, o que significa a produção da invisibilidade apontada nesta investigação.

A pesquisa nos colocou em contato com uma instituição complexa. As narrativas dos(as) entrevistados(as) apontam a existência de práticas de teor discriminatório no cotidiano do trabalho, causando diferencial de tratamento entre funcionários, ou interferindo na prestação de serviços ao cidadão, em

[6] De acordo com dados fornecidos pelo Departamento de Administração de Pessoal/UFMG em agosto de 2010.

função de suas características étnico-raciais. Nem sempre a seriedade dessa situação é levada a sério por aqueles que estão à frente da gestão e, em várias situações, não são denunciadas por aqueles que as sofrem. A essas ocorrências os estudos mais recentes têm denominado de racismo institucional, que pode ser entendido como "o fracasso coletivo de uma organização ou instituição em prover um serviço profissional e adequado a pessoas devido à sua cor, cultura, origem racial ou étnica" (PNUD, 2005, p. 6).

A pesquisadora Luciana Jaccoud analisa que essa forma de racismo não se expressa por atos manifestos, explícitos ou declarados de discriminação, orientados por motivos raciais, mas atuam nas instituições levando-as a disponibilizar de forma diferenciada os serviços, benefícios e oportunidades aos diferentes grupos raciais. Segundo a autora "o racismo institucional se instaura no cotidiano organizacional, inclusive na implementação efetiva de políticas públicas, gerando de forma ampla, mesmo que difusa, desigualdades e iniqüidades" (JACCOUD, 2008, p. 140).

As situações de exclusão e as marcas do racismo institucional ficaram mais evidentes quando, durante o trabalho de campo, ampliamos o escopo da pesquisa e inserimos sujeitos autodeclarados brancos. As experiências de homens e mulheres brancos, integrantes de uma categoria que é subalternizada no contexto universitário, em muitos momentos, se mostraram distintas das relatadas pelos(as) negros(as) e nos possibilitaram ter outro olhar para as relações raciais na sociedade e que se refletem também na Universidade, como uma instituição social que é perpassada por valores, normas e hábitos.

É interessante ressaltar que alguns sujeitos autodeclarados brancos perceberam que gozam de algumas "vantagens" entre o segmento profissional e, embora não façam uso delas, elas são inegáveis no contexto da UFMG. Essas "vantagens da branquidade" têm sido apontadas nos estudos recentes sobre Branquitude, como os realizados por Bento (2000) e Piza (2000).

Como já mencionamos anteriormente, ficaremos atentas às vozes de trabalhadores(as) negros(as) e aos impactos causados pelo pertencimento racial às suas trajetórias.

Vozes negras na UFMG – Os(as) sujeitos entrevistados(as)

Utilizando-se de pressupostos teóricos e metodológicos da História Oral, foram realizadas, nesta pesquisa, entrevistas semiestruturadas com 10 trabalhadores, sendo 06 mulheres e 04 homens. Os dados revelam que a maioria dos(as) entrevistados(as) é oriunda de família de baixo estrato social e a presença de uma "rede familiar ampliada" formada por avós, tios e primos vivendo próxima a casa ou "no mesmo quintal" contribuiu significativamente na estruturação da vida afetiva, financeira e educacional destes(as) trabalhadores(as).

Chamaram-nos a atenção os investimentos destes para atingirem níveis mais avançados de qualificação. Todos estudaram em escola pública e dentre os dez, 01, já havia concluído o Mestrado, 02, especialização, 03, graduação, outros 03, o ensino médio e apenas 01 fazia o supletivo em nível fundamental. Esse fato é interessante porque apresenta uma inversão na expectativa educacional desse segmento profissional. Como nos diz Pelé, autoclassificado preto, "as pessoas se surpreendem com o fato de você ter uma graduação".

Todos têm mais de 15 anos de atividade profissional na Universidade e a maioria está lotada na mesma unidade/órgão desde a admissão.

Corporeidade negra – Entraves sociais e profissionais

Ao falarmos sobre raça percebemos que os depoentes manifestavam certa preocupação com aspectos relacionados aos padrões estético-corpóreos. Também eles(as) reconhecem que, mesmo que não se exija formalmente a "boa aparência" para admissão no emprego público, no cotidiano, a competência dos profissionais negros é interrogada em função de seu pertencimento étnico-racial, o qual se expressa na sua corporeidade. Os traços fenotípicos atribuídos como aqueles pertencentes às pessoas classificadas ou autoclassificadas socialmente como negras, no Brasil, em muitas situações, são interpretados como definidores de constrangimentos quando da assunção aos cargos de chefia, como nos revelou uma enfermeira:

> Sofri todo tipo de discriminação quando era chefe. Por parte dos médicos, que não acreditavam que eu fosse graduada ou tivesse competência; por parte dos Técnicos e auxiliares brancos, que achavam ruim acatar ordens de uma negra; por parte dos negros, porque sentiam inveja, sei lá; das colegas enfermeiras brancas, porque se sentiam preteridas. E eu não tinha a quem recorrer! (Enfermeira, preta)

Como nos diz Gonzaga (2011, p. 200), "no contexto do racismo brasileiro, quando assumem funções que são mais valorizadas socialmente, o(a) negro(a) tem a necessidade de provar exaustivamente que está apto a desempenhá-las", é o preço que paga pela ascensão.

A cor da pele e o cabelo crespo podem representar, principalmente para as mulheres negras, preterimento no campo afetivo-amoroso e oportunidades desiguais no campo profissional. Segundo GOMES (2008, p. 182)

> Além da cor da pele, os demais sinais diacríticos atribuídos aos negros ajudam a compor a lógica de classificação racial presente no mundo do trabalho. Se, atualmente, após as denúncias do movimento negro e, sobretudo, do movimento das mulheres negras, dos intelectuais negros e também brancos solidários à causa racial, a exigência da "boa-aparência" deixou de constar nos anúncios de emprego, o mercado de trabalho encontrou formas mais sutis para discriminar.

Corroborando a análise da pesquisadora, temos o depoimento de Maria,

> A família do meu pai era branca e tinha os cabelos lisos. E me lembro da minha tia pegando o cabelo da gente dizendo: – Oh, o cabelinho torcido!
>
> Eu não queria ter aquele cabelo torcido! Queria ter o cabelo liso, como o dela, que rapidamente desembaraçava. Passar o pente no cabelo da gente era a maior dificuldade. Minha mãe ficava hoooooooooras desembaraçando o cabelo da gente, [...] a coisa era sofrida, mas passava. Na adolescência, onde o padrão era o cabelo liso, era aquela tortura, principalmente quando chovia. Eu falava com a minha mãe: – por que eu tive que puxar o seu cabelo, mãe? Por que eu não puxei o cabelo do meu pai? E minha mãe sofria calada, porque ela tinha o cabelo mais crespo. (Maria, 44 anos, Auxiliar de Administração, parda).

Visibilidade e invisibilidade dos negros – A percepção dos trabalhadores

Apesar da propagada democracia racial brasileira, a nossa sociedade ainda não garante condições efetivas de igualdade de oportunidades educacionais e ocupacionais entre brancos e negros, como demonstram Santana (2009) e Osório (2006). No contexto da UFMG essa constatação foi evidenciada a partir do trabalho de campo e, posteriormente, das entrevistas. Fomos percebendo como o tecido da (in)visibilidade negra vai sendo construído e alimentado na Universidade, de forma similar ao que acontece no restante da sociedade brasileira, na qual não é comum encontrar um trabalhador negro ou uma trabalhadora negra ocupando uma função estratégica ou definindo as políticas que serão implantadas.

Em geral, os lugares sociais não são definidos apenas pelos efeitos das relações de trabalho capitalistas; eles revelam a persistência de uma subalternidade ocupacional da população negra, reforçada pela naturalidade com que se convive socialmente com a situação. Aqueles(as) que rompem as barreiras da cor e assumem lugares de destaque revertem duplamente o imaginário social, porque conseguem ultrapassar as barreiras que impedem a ascensão e, ainda, ocupam tal lugar.

Assim, os depoentes observaram a sub-representação de professores(as) negros(as) durante as suas trajetórias escolares, principalmente no nível superior, o que vem ao encontro das pesquisas empíricas realizadas por Praxedes (2009) e Oliveira (2006). Quando tiveram contato com docentes que apresentavam o mesmo pertencimento racial, ficavam muito satisfeitos.

> No CEFET, eu tive professores negros, ótimos professores! Na federal (UFMG), só no finalzinho do curso, também muito boa professora! (Simone, 39 anos, Auxiliar de Enfermagem, parda)

Também as trajetórias de vida e profissionais dos(as) trabalhadores(as) Técnico-Administrativos foram marcadas pela ausência de outros(as) negros(as) em lugares de proeminência. Quando inquiridos sobre a presença de negros de destaque na instituição, alguns citaram o Ex-Reitor, professor Tomaz Aroldo Mota Santos, primeiro Reitor negro na UFMG. Quando chamados a pensar sobre personalidades públicas em nível nacional, apresentavam os nomes de artistas e jogadores de futebol, etc.

Poucos(as) entrevistados(as) tiveram chefias negras ao longo da vida profissional. Quando tiveram a oportunidade de ocupar a função, vivenciaram situações de discriminação que geraram profundo mal-estar, sem que a instituição se atentasse para o ocorrido, como nos revela a entrevistada Filó,

> quando vim para o Departamento de Física, alguns usuários passavam por mim como seu eu fosse poste, me deixavam lá, não me reconheciam nem enquanto servidora daquela biblioteca e pediam as coisas sempre para a minha auxiliar. Aí, quando a auxiliar falava: isso não é comigo, você tem que falar com a Filó, a chefe, e eles tinham de voltar e falar comigo em certas ocasiões eles nem faziam o pedido, não acredita-

vam mesmo que eu tivesse condições de atendê-los ali, naquele lugar... Isso é invisibilidade! (Filó, 51 anos, Bibliotecária, preta)

Os(as) depoentes deixavam transparecer que, na UFMG, os negros e as negras "visíveis", apresentavam algumas peculiaridades: se estudantes, estavam vinculados, em sua maioria, aos cursos da área de humanas e os docentes eram sempre lembrados como uma "minoria que deu certo". Enquanto os TAEs (a maioria) estavam distribuídos pela instituição em setores cujas condições de trabalho eram deficitárias, executando atividades rotineiras ou que exigiam maior esforço físico, gerando o desgaste físico e emocional, e, muitas vezes, provocando dificuldades nas relações interpessoais e adoecimentos.

> Aqui na lavanderia tem muito negro. O trabalho é um trabalho pesado. Eles têm que buscar, lavar, estender as roupas todas, passar, dobrar e secar. A condição de trabalho na lavanderia é muito complicada: falta carrinho para carregar as roupas, os elevadores não são de utilização só nossa, o hospital quase todo usa o elevador, então é aquela briga. Nós estamos precisando de maquinário. O calor é intenso, é muito difícil. Eu tenho quase 21 anos de trabalho e sempre os diretores falam que a situação vai mudar e não acontece nada, eu até já desisti (Janaína, 44 anos, Operadora de Máquina de Lavanderia, preta).

> Eu trabalho oito horas por dia. Trabalho no feriado e domingo e não tenho como folgar, porque não tem ninguém para me substituir. Você viu como é o serviço aqui, o cheiro é insuportável. O cheiro no Biotério é tão horrível, que não se consegue permanecer no setor por muito tempo. A gente tem que melhorar as condições de trabalho, mas para isso precisa ter mais funcionários para ajudar, porque aqui tem muito bicho para cuidar (Tiago, 63 anos, Bombeiro, preto).

Situações e vivências de discriminação racial na Universidade

Um ponto comum nas trajetórias de vida dos trabalhadores Técnico--Administrativos negros é a vivência de discriminação racial. Os sistemas policiais, as escolas e *Shoppings Centers* foram citados como ambientes em que o negro é frequentemente discriminado em função de sua estética e corporeidade. Os apelidos e piadas racistas naturalizados na cultura brasileira também encontraram lugar nas lembranças de discriminações sofridas pelos negros, contudo, o campo do trabalho foi apontado como um lugar em que a discriminação assuma índices alarmantes.

Mesmo reconhecendo a existência e a perversidade do racismo, em geral, os(as) entrevistados(as) se mostraram menos constrangidos quando relataram situações de discriminação ocorridas fora da Universidade. Pareceu-nos que havia, por parte deles, um desejo de preservar a instituição, que representa não só seu local de trabalho, mas o lugar onde passaram ou passam grande parte de suas vidas. É compreensível que tenham sido cuidadosos ao falar de um tema cuja explicitação no local de trabalho é ainda considerada um tabu e passível, inclusive, de represálias e constrangimentos pessoais, profissionais e políticos.

> Tive problema com uma colega de trabalho. Eu era chefe e ela não gostou de uma orientação dada por mim. Então tive que comunicar o fato por escrito, à direção. A partir daí ela começou a gritar, a me chamar de escrava, negra preta, fedorenta e quis me agredir com um telefone. Não tive alternativa a não ser fazer uma ocorrência policial. Na época foi aberto um inquérito administrativo pela universidade. Foram ouvidas várias testemunhas, foi um processo longo e por fim, o relator concluiu que ela deveria ser encaminhada para outro setor e assim aconteceu. O colegiado da escola fez uma nota de apoio a minha pessoa, mas alertaram que as outras providências deveriam ser particulares. Na época, não pensei em pedir um apoio, eu me recolhi mesmo, eu fiquei muito deprimida. Foi uma situação constrangedora, foi o fato mais negativo que vivi aqui na UFMG. Eu acho que a situação do preconceito em si, eu já tava fortalecida da questão racial, mas a forma como isso aconteceu me deixou numa situação muito constrangedora e muito deprimida. Então eu fiquei sem ação. Eu sofri muito, é uma dor mesmo, uma dor da alma, então eu não tinha forças, eu não tinha fôlego para tentar uma reparação (Filó, 51 anos, Bibliotecária, preta).

O relato seguinte mostra a interseccionalidade entre as questões de raça, classe e gênero. A exclusão que atinge a mulher às vezes acontece de forma simultânea, perpassando o trabalho, a classe, a cultura, a idade e a raça, o que torna difícil atribuí-la a um aspecto específico desse fenômeno.

> A cena aconteceu no nosso refeitório do Hospital das Clínicas. Durante a quaresma é ofertada a refeição normal ou outra opção com outro alimento substituindo a carne. Geralmente, as trabalhadoras da cozinha

> se alimentam primeiro e nesse dia, o médico chegou para almoçar e não tinha a opção. Nós esquecemos que era época da quaresma e a procura pela opção é alta. Então, o médico chegou e a primeira coisa que ele falou, quando viu a menina do refeitório, que é negra, comendo foi: "esses escravos da cozinha comem primeiro, é por isso que não sobra para nós!" Ele falou e ficou vociferando o tempo todo. Não sei se era porque ela era pobre e é da cozinha, ou porque ela é negra, mas falou assim (Nina Abreu, 47 anos, Auxiliar de Nutrição, preta).

Pelas narrativas apresentadas por Filó e Nina, interpretamos que essas situações podem ser compreendidas como de discriminação racial e de gênero. Ao assumir a função gerencial, Filó subverte o lugar social e culturalmente atribuído às mulheres negras, e quando apresenta uma orientação que desagrada à colega, não é pela sua competência profissional que esta a questiona, mas por aquilo que para os discriminadores constitui-se a marca da inferioridade: o corpo negro.

A "dor da alma", que impede Filó de buscar outro tipo de intervenção além das ações orientadas pela instituição elimina todo o seu potencial criativo e a impede de conceber alternativas eficazes para as situações de desconforto vivenciadas.

O depoimento de Nina Abreu sobre a situação vivenciada no HC nos faz pensar sobre a permanência e a persistência de vários tipos de dominação (racial, de gênero e classe) e a precariedade das ações institucionais para combatê-las.

A temática racial e a luta sindical

A inclusão da temática étnico-racial nas entidades sindicais é algo recente. Durante muito tempo, e até hoje, devido a determinada vertente hegemônica de formação política marxista da maioria dos militantes, pensava-se que o problema das desigualdades entre os trabalhadores era provocado somente por uma questão de luta de classes. Não se percebia as implicações da raça como um fator estruturante e estrutural dessas desigualdades.

Refletindo sobre o marxismo e a questão racial, Moore argumenta que "essa visão limitada da esquerda sobre o problema racial não é acidental, mas uma consequência lógica da concepção racial dos fundadores do marxismo e do meio cultural no qual os marxistas são formados" (2010, p. 32).

O autor, de forma contundente, continua sua análise: "a preocupação principal dos marxistas não é com o perigo da divisão da classe trabalhadora. Trata-se fundamentalmente, de manter a classe trabalhadora ariana [ou prolet-ariana, como ironizou] no comando do processo de revolução mundial" (MOORE, 2010, p. 34).

Entendimento semelhante é expresso por João C. Nogueira (1996, p. 214):

> as organizações sindicais não levaram em consideração os aspectos da raça. Simplesmente desconsideraram o enorme contingente de trabalhadores negros. Todas as correntes, grupos e tendências organizadas no movimento sindical (comunistas, trokistas, anarquistas, socialistas) projetaram o mesmo olhar para os trabalhadores brasileiros: homens brancos e europeus. Com isso cristalizou-se e reproduziu-se nas organizações sindicais o mesmo racismo que se engendrara na sociedade como um todo.

Uma das dificuldades de mobilizar os trabalhadores para discutir a temática étnico-racial que se verifica ainda hoje pode ter se originado nesse não reconhecimento do binômio trabalho-raça no início das mobilizações sindicais. Como sintetiza Luiz,

> durante muito tempo, os sindicalistas desconheceram a questão racial e hoje temos um grande desafio pela frente que é pautar a temática e produzir formas de superação do racismo (Luiz, 50 anos, Porteiro, preto).

Visando fomentar as discussões sobre a temática racial, desde 2005, o Sindicato de base da categoria (SINDIFES) vem pautando, de maneira mais sistemática, a questão em seus fóruns, organizando a Semana da Consciência Negra, no mês de novembro, porém a participação dos(as) trabalhadores(as) tem sido aquém do desejado. A esse respeito, nos fala Maria,

> Às vezes a gente usa a desculpa de estar envolvido na rotina de trabalho para não participar, para não ocupar esse espaço. Mas às vezes, é a dificuldade de pensar sobre a questão negra. [...] Pensar a identidade negra vai me dar certo trabalho, vai mexer comigo. Ao comparecer a um determinado debate, tenho que estar disposta a todos esses movimentos internos que a participação pode gerar (Maria, 44 anos, Auxiliar de Administração, parda).

Pode-se considerar, portanto, que a inserção mais geral da discussão sobre a articulação entre raça e classe na discussão sindical da categoria dos Técnico-Administrativos é relativamente recente. No seu processo histórico--político, quando tal discussão era pautada nas lutas sindicais, esse procedimento era realizado por profissionais negros, com trajetória em organizações da militância do movimento negro que levavam a problematização da desigualdade racial e do racismo para o repensar das lutas por melhores condições de trabalho, de salários e superação de situações de assédio moral e racismo no cotidiano do trabalho. Atualmente, mesmo que de forma lenta, a temática tem conquistado fóruns mais ampliados, sobretudo, entre os Técnicos Administrativos em Educação. Pode-se inferir, inclusive, que os debates sobre as ações afirmativas e as políticas de cotas já implementadas em várias instituições de educação superior tenham contribuído para impulsionar a inserção do tema de forma mais sistemática.

Para romper com a invisibilidade

A vida dos homens não se reduz ao trabalho, contudo não pode ser compreendida na sua ausência, visto que o trabalho é fundamental para a definição do bem-estar das pessoas e para o usufruto do direito à cidadania. Dessa forma presumimos que não ser reconhecido enquanto o sujeito que se é – negro(a) e trabalhador(a) –, participante da produção do conhecimento universitário, ou não ter o direito de usufruir deste por razões históricas de preconceitos e discriminação, pode produzir marcas indeléveis na vida e memórias dos(as) trabalhadores(as).

Se considerarmos que a escola transmite não só conhecimento, mas também é um espaço de produção de valores, subjetividades e comportamentos, compreenderemos o papel de uma instituição de reconhecimento público nacional, como é o caso da UFMG, na construção de processos democráticos de trabalho. Esses processos poderão contribuir positivamente no reconhecimento e afirmação das identidades raciais dos seus profissionais, dentre eles os Técnico-Administrativos. Dessa forma, a instituição poderá ocupar um outro lugar de relevância acadêmica no cenário nacional no que se refere à construção de uma gestão universitária democrática que considere as questões de raça, gênero e classe, dentre outras, como integrantes das relações de trabalho e, nesse sentido, merecedoras de propostas e projetos emancipatórios de intervenção.

Para romper com a invisibilidade e garantir o lugar dos(as) trabalhadores(as) negros(as) ao lugar que lhes é de direito, a Instituição terá de desenvolver novas práticas pedagógicas que inclua o respeito às diferenças. A tarefa de construir este lugar de visibilidade e autonomia também deve ser assumida por cada trabalhador(a) Técnico-Administrativo em educação, pelo sindicato de base e pela administração da Universidade. Uma das estratégias para atingir este patamar de cidadania poderá ser conhecer a história desses profissionais rompendo com o epistemicídio[7] que silencia os coletivos considerados diversos. O homem negro e a mulher negra precisam deixar de ser considerados pelos pesquisadores apenas como categorias analíticas ou objetos de pesquisa, para se firmarem, também, como sujeitos de conhecimento.

Para isso, será necessário desenvolver laços de solidariedade e compromisso ético, além de ouvir as vozes dos(as) trabalhadores(as) negros(as) que foram e são tantas vezes silenciados(as) e, mesmo assim, marcaram e marcam com seus corpos e com o seu trabalho a história da Instituição.

Referências

ADESKY, Jacques. *Racismos e anti-racismos no Brasil*: pluralismo étnico e multiculturalismo. Rio de Janeiro: Pallas, 2001.

ARANHA, Antonia Vitória S.; SALES, Mara Marçal. Raça e Trabalho: as fronteiras da exclusão. In: RIBEIRO, Ana Elisa (Editora responsável). *Educação & Tecnologia*. Revista do Centro de Educação Tecnológica de Minas Gerais. Belo Horizonte:CEFET-MG, v.13, set-dez.2008, quadrimestral.

BENTO, Maria Aparecida Silva (Org.). *Ação afirmativa e diversidade no trabalho*: desafios e possibilidades. CEERT/Conselho Regional de Psicologia de São Paulo. São Paulo: Casa do Psicólogo, 2000.

DIEESE – Departamento Intersindical de Estatística e Estudos Socioeconômicos. *A mulher negra no mercado de trabalho metropolitano*: inserção marcada pela dupla discriminação. Brasília, 2005.

[7] De acordo com o sociólogo Boaventura Sousa Santos (2009) o epistemicídio nada mais é do que a extinção de um conhecimento. O epistemicídio designa a morte de um conhecimento local perpetrado por uma ciência alienígena. Esse fenômeno foi muito intenso nos países que sofreram a colonização europeia. A morte desses conhecimentos alternativos acarretou a subalternização de muitos grupos sociais que tinham suas práticas assentadas em tais conhecimentos.

FÁVERO, Maria de Lourdes de Albuquerque. *Universidade e Poder*. Brasília: Plano, 2000.

FONSECA, João Eduardo do Nascimento. *Novos atores na cena universitária*. Rio de Janeiro: UFRJ NAU, 1996.

GOMES, Nilma Lino. *Sem perder a raiz*: corpo e cabelo como símbolo da identidade negra. Belo Horizonte: Autêntica, 2008.

GONZAGA, Yone Maria. *Trabalhadores e trabalhadoras técnico-administrativo em educação na UFMG*: relações raciais e a invisibilidade ativamente produzida. Dissertação (Mestrado) – Faculdade de Educação, UFMG, Belo Horizonte, 2011.

GUIMARÃES, Antônio Sérgio Alfredo. Como trabalhar com raça em sociologia. *Educação e Pesquisa*, São Paulo, v. 29, n. 1, 2003.

HASENBALG, Carlos. *Discriminação e desigualdades raciais no Brasil*. Tradução de Patrick Burglin. Rio de Janeiro: Graal, 1979.

HENRIQUES, Ricardo (org.) *Desigualdade e Pobreza no Brasil*. Rio de Janeiro:IPEA, 2000.

JACCOUD, Luciana. O combate ao racismo e à desigualdade: o desafio das políticas públicas de promoção da igualdade racial. *In*: THEODORO, Mário (Org.). *As políticas públicas e a desigualdade racial no Brasil*: 120 anos após a abolição. Brasília: IPEA, 2008.

MOORE, Carlos. *O marxismo e a questão racial*: Karl Marx e Friedrich Engels frente ao racismo e à escravidão. Belo Horizonte: Nandyala; Uberlândia: Cenafro, 2010. (Coleção Repensando a África, v. 5).

NOGUEIRA, João Carlos. A discriminação racial no trabalho sob a perspectiva sindical. *In*: MUNANGA, Kabengele (Org.). *Estratégias e políticas de combate à discriminação racial*. São Paulo: Ed. da Universidade de São Paulo; Estação Ciência, 1996.

OLIVEIRA, Iolanda (org.). *Cor e Magistério*. Rio de Janeiro: Quarter; Niterói, RJ: EDUFF, 2006.

OSÓRIO, Rafael Guerreiro. *Desigualdades raciais e de gênero no serviço público civil*. Programa de Fortalecimento Institucional para a Igualdade de Gênero e Raça, Erradicação da Pobreza e Geração de Emprego (GRPE). Brasília: OIT – Secretaria Internacional do Trabalho, 2006. 116 p. (Cadernos GRPE; n. 2).

PAIXÃO, Marcelo. *Manifesto anti-racista*: idéias em prol de uma utopia chamada Brasil. Rio de Janeiro:DP&A; LPP/UERJ, 2006.

PIZA, Edith. Branco no Brasil? Ninguém sabe, ninguém viu. In: GUIMARÃES, Antonio Sérgio Alfredo e HUNTLEY, Lynn (orgs.) *Tirando a máscara*: ensaios sobre o racismo no Brasil. São Paulo: Paz e Terra, 2000.

PRAXEDES, Vanda Lúcia *et al.* (Org.). *Memórias e percursos de professores negros e negras na UFMG.* Belo Horizonte: Autêntica Editora, 2009.

PROGRAMA DAS NAÇÕES UNIDAS PARA O DESENVOLVIMENTO – PNUD. *Relatório de revisão anual*: Programa de Combate ao Racismo Institucional, componente saúde. Brasília: PNUD, out./Nov. 2005.

SANTANA, Ivo de. *A margem do centro*: ascensão social e processos identitários entre negros de alto escalão no serviço público: o caso de Salvador. Salvador-Bahia: 2009. UFBA. (Tese de Doutorado).

SANTOS, Boaventura de Sousa. Para além do pensamento abissal: das linhas globais a uma ecologia dos saberes. *In*: SANTOS, Boaventura S.; MENEZES, Maria Paula (Org.). *Epistemologias do Sul.* Coimbra: Almedina, CES, 2009.

Parte III

Espaços Públicos, Trabalho e Formação de Si

Processos educativos em experiências de economia solidária no Vale do Aço[1]

Luiz Antonio da Silva
Rogerio Cunha Campos

Entre um significativo número de experiências de cooperativismo popular desenrolando-se no Brasil, inclui-se a experiência da região do Vale do Aço, cujas dimensões educativas, presentes no próprio "fazer-se" parecem importantes para a discussão dos significados e valores que acompanham o dia a dia dos trabalhadores em *Economia Solidária*.

Compreender os experimentos de associativismo solidário aí, a partir da experiência do Fórum Regional de Cooperativismo Popular Solidário, com suas diferentes trajetórias, seus enigmas e desafios é a finalidade principal deste artigo. O Fórum existiu entre os anos de 2000 e 2003.

Com efeito, o Fórum na região foi concebido, segundo alguns dos seus idealizadores, à luz da experiência da rede de economia solidária, que é uma forma inovadora de organização, diferente das formas mais hierárquicas do tipo igreja, partido, sindicato.

Historicamente, o cooperativismo no Brasil recobriu com a mesma expressão práticas coletivas muito diferentes, algumas das quais, por assim dizer, corromperam a própria noção de igualitarismo, que originariamente marcou o termo. Esta é, seguramente, uma das razões da ênfase nos termos "cooperativo", "popular" e "solidário", muito presentes nos discursos dos participantes das experiências comprometidas com uma perspectiva mais ampla das experiências, e com a sua importância para o futuro de uma sociedade solidária,

[1] Baseado em capítulo da tese de doutoramento *Trabalho e processos educativos no associativismo e cooperativismo popular solidário da região do Vale do Aço*, de Luiz Antonio da Silva, sob a orientação do Prof. Dr. Rogério Cunha Campos FAE/UFMG, fev. 2009.

em que a cooperação e a igualdade sejam valores cultivados na produção e em todos os demais espaços educativos.

Para os agentes da Rede Brasileira de Socioeconomia Solidária (RBSES), essa rede é a única que corresponde aos valores da cooperação, reciprocidade, respeito à diversidade, complementaridade, solidariedade, irmandade. Ela se baseia na convicção de que cada cooperante, cada comunidade e cada empreendimento podem tornar-se sujeitos ativos e conscientes do seu próprio desenvolvimento.[2]

A rede concretiza o compromisso entre os grupos e organizações que se unem nela por meio do compromisso de buscar sempre mais solidariamente produzir e comercializar, efetivados nas ações de compra, venda e troca no interior da própria rede. Além disso, busca ampliá-la sempre mais, inclusive atraindo para si sindicatos, movimentos populares e todo ator social que reconheça seus princípios e possa sintonizar com a proposta de uma economia solidária e cooperativa.

O objetivo geral do Fórum, segundo as responsáveis por sua criação e consolidação, foi promover a integração das cooperativas populares e grupos organizados da região, capacitando e fortalecendo o movimento cooperativista popular e solidário, bem como incentivar e apoiar o surgimento de novas cooperativas e grupos, dando início ao processo de constituição da rede de solidariedade na região.

Especificamente, tinha o intuito de abordar a importância de desenvolver o espírito solidário e cooperativo, como forma de enfrentar e superar problemas de ordem econômica e de relacionamento do grupo; dar início à discussão e construção da rede regional de solidariedade; propiciar condições objetivas para se conhecer as várias possibilidades de comercialização cooperativa e solidária, por meio da venda, clubes de troca, moedas, feiras, etc. Por fim, buscava-se também identificar as principais dificuldades vivenciadas pelas diferentes associações e cooperativas de trabalhadores da região.

Este estudo pretendeu verificar como, nos coletivos organizados para a produção de bens materiais, têm-se impulsionado as iniciativas do cooperativismo popular solidário, além de interpretar os temas e questões atinentes às questões do mundo do trabalho na atualidade. As discussões durante o desenvolvimento da pesquisa trataram de um leque muito amplo de questões,

[2] No Rio de Janeiro, há mais de uma década, existe o Fórum de Cooperativismo Popular, e dele surgiu em 2002 a Rede Estadual de Socioeconomia Solidária – RJ.

que não poderiam caber neste espaço, desde os princípios da proposta de economia solidária, dos elementos principais da sua história, dos debates acerca do seu significado geral e no contexto das modificações pelas quais passava a economia e a sociedade brasileiras, no início da década, num contexto de reconfiguração do trabalho, de redefinição da classe trabalhadora, nas circunstâncias em que se gerava, ao mesmo tempo, um grande número de desempregados, rebaixamento das condições de vida dos que viviam exclusivamente da sua força de trabalho, numa economia, como a brasileira, em que os preceitos neoliberais que produziram severas exclusões eram largamente hegemônicos.

Seria a economia solidária uma perspectiva contra-hegemônica, uma alternativa anticapitalista ao modo clássico de produzir no capitalismo e sua consequente disseminação e cultivo de valores como a competição, justificado pela desigualdade, que seria inata entre os produtores e móvel virtuoso da possibilidade de produção social, tudo isso, tão antagônico à solidariedade e à cooperação? Dadas as iniciativas de economia solidária, com o estabelecimento de vínculos não capitalistas no interior do processo de produção, que contradições entre a produção e o consumo se explicitariam no momento de colocar o produto no mercado? De que modo os coletivos de trabalhadores cooperados podem, de alguma maneira, escapar ao destino do mercado capitalista e, mais importante, dos seus valores? Seria possível a convivência, em longo prazo, de uma tal experiência, gerando produtos, práticas, valores anti-hegemônicos, com o mercado capitalista tal sua experiência contrária a tudo isso? O futuro da economia solidária seria o de colocar-se como um entre outros modos de produção numa mesma economia mais ampliada? Como a produção, seguindo os princípios da economia solidária, resiste aos momentos de crise profunda, às dificuldades de obtenção de matéria-prima, maquinário, crédito, e inclusive trabalhadores dispostos a realizar durante muito tempo o seu trabalho, em instituições produtivo-educativas cujos valores se opõem aos valores vigentes e cultivados no âmbito da cultura, da mídia, das demais instituições sociais? Se a economia solidária for um "modo de produção dominado", no interior de um "modo de produção dominante", caberia a velha metáfora do "novo nascendo do velho", neste caso? Há espaço, na economia capitalista em seu estágio atual, para a sobrevivência de modos de produção que contrariam os objetivos do lucro e da exploração? Estas, entre outras inúmeras questões, faziam parte das nossas discussões, enquanto acompanhávamos as práticas de coletivos de trabalhadores em cooperativas, no Vale do Aço, em busca de compreender as questões educativas imersas, em experiências localizadas, com a história recente.

O acompanhamento da experiência no Vale do Aço foi possível graças aos contatos estabelecidos com participantes das referidas experiências, às conversas informais com seus agentes e às entrevistas realizadas com os atores dessas cooperativas e agentes profissionais da área social envolvidos. Esse procedimento foi uma das formas privilegiadas para se pensar os fundamentos empíricos do cooperativismo em que se destaca o debate sobre a problemática da diferença entre emprego e trabalho, a questão do desemprego, as encruzilhadas experimentadas no mercado de trabalho, o significado atribuído pelos sujeitos individuais e coletivos sobre tempo livre, lazer, prazer e emancipação social no âmbito da disputa contra-hegemônica com as forças capitalistas.

Diante dos vários experimentos e questões de ordem socioeconômica e cultural suscitada por tais iniciativas, algumas perguntas são pertinentes para o entendimento mais adequado desse complexo processo, a saber: quais foram os principais protagonistas dessas iniciativas? Qual a participação efetiva no associativismo e cooperativismo popular solidário de jovens, mulheres, desempregados(as) e o seu respectivo nível de escolaridade? Que lições foram extraídas de tais experiências que desafiaram a consolidação de princípios da economia solidária ante os princípios da economia competitiva? Tais princípios são pertinentes? Em que consistem suas estratégias de intervenção político-educativa? Quais são os fundamentos políticos, sociais, culturais e econômicos que norteiam suas ações? Conforme análise de Santos (2001, p. 107-116), essas experiências levariam ao paradigma de emancipação ou ao velho paradigma de regulação social? Em que medida esse conjunto diversificado e diferenciado de ações tem considerado a problemática política e econômica mais ampla vivida pelos trabalhadores e suas outras formas de organização com suas respectivas arenas, tais como, sindicatos e partidos políticos, por exemplo, nas micronegociações e macronegociações, como também na formulação e acompanhamento crítico das políticas públicas?

O tratamento teórico das referidas questões culminou no seguinte desafio: politizar as relações de trabalho e os processos educativos no cotidiano dos trabalhadores participantes dessas experiências, ou seja, captar o imediato e fazer a mediação. E, ainda, articular a dimensão particular dos fenômenos sociais com a dimensão geral. Tratou-se, na verdade, de desenvolver uma reflexão que teve como ponto de partida o cotidiano daqueles homens e mulheres que reconstroem, cotidianamente, a história do Vale do Aço em suas múltiplas contradições. Colocou-se para o pesquisador envolvido no trabalho de campo, como desafio metodológico, demonstrar a capacidade de extrair os acontecimentos do cotidiano e fazer a articulação com as questões mais gerais e coletivas num contexto histórico de crise do movimento sindical, experiências autoritárias de reestruturação produtiva e neoliberalismo.

Origens, estrutura e dinâmica do Fórum Regional de Cooperativismo Popular Solidário

As iniciativas de articulação e dinamização das experiências de cooperativismo popular na Região do Vale do Aço, por meio da constituição de um Fórum permanente foram um marco decisivo para a compreensão dos impasses vividos pela economia solidária nessa região. A experiência revela como são fascinantes as trajetórias desses homens e mulheres que ousaram desafiar em seu cotidiano de vida e trabalho, os obstáculos de natureza social, cultural e econômica impostos pelo processo de reestruturação produtiva na região.

Como foi essa história? Vale a pena relembrá-la. No início de 2002, realizou-se, nas dependências do Centro Universitário do Leste de Minas Gerais (UnilesteMG), o 1º seminário de cooperativismo popular com o intuito de reforçar a rede de solidariedade entre os vários grupos, associações e cooperativas populares de produção existentes. A proposta era divulgar a existência de referidos grupos com seus respectivos sistemas de organização de empreendimentos que tecem, nos subterrâneos da vida social e econômica, alternativas ao processo excludente de produção, distribuição e consumo hegemônico.

As classes trabalhadoras no Brasil, no início dessa década, enfrentavam as consequências do perverso processo de reestruturação produtiva expressas pela dura realidade do desemprego estrutural e a precariedade do emprego e salário que atinge o polo moderno da classe operária (ALVES, 2000, p. 247).[3] Com o avanço da globalização e os processos de reestruturação produtiva no setor vieram privatizações das empresas públicas e o sucateamento do patrimônio público. A região do Vale do Aço não escapou disso, ao contrário.

[3] Além da parcela imensa de marginalizados com relação à legislação trabalhista, tende a surgir nova exclusão social no próprio campo da contemporaneidade. A precariedade e a insegurança penetram no núcleo integrado da classe dos trabalhadores assalariados, atingindo os que ainda mantêm vínculo formal de emprego. Desenvolve-se, em maior amplitude, portanto, um mundo do trabalho no Brasil mais diversificado, mais segmentado, polarizado, que tende a tornar ainda mais difícil a própria constituição da solidariedade de classe.

A globalização substituiu o trabalho coletivo, produtivo e construtivo pelo empreendimento privado que em seus métodos visa apenas ao lucro e acaba gerando o grave problema social do desemprego. Numa tentativa de dar a volta por cima, os trabalhadores, e aqui cabe especificar, em grande parte as mulheres, organizaram-se em pequenos grupos, muitas vezes com a cara e a coragem, e começaram a produzir salgados, doces, pequenas confecções e artesanatos para o sustento da família.

A realização do 1º Seminário sobre Cooperativismo Popular Solidário, da região em questão, teve o objetivo de incentivar o crescimento desses grupos. Portanto, a meta do seminário era prepará-los técnica e comercialmente, dando suporte para que eles se desenvolvessem e crescessem mediante ações coletivas.

Havia, entre os agentes organizadores desse seminário, mencionados anteriormente, a crença política de que o associativismo e cooperativismo popular solidário seria um caminho para amenizar ou mesmo apontar rumos alternativos para a solução definitiva do desemprego na região.[4]

O evento se constituiu em momento privilegiado para a troca de experiências entre os grupos participantes, no sentido de divulgação de seus respectivos produtos e serviços e propiciou condições efetivas para a reflexão sobre os aspectos jurídicos do cooperativismo e das alternativas para superação das dificuldades encontradas pelas associações e cooperativas populares.

O seminário teve como dinâmica o depoimento dos representantes de grupos que integravam o cooperativismo popular da região, a exposição e mostra dos produtos produzidos pelos mais de quarenta grupos participantes e a exibição de documentário sobre experiência de cooperativismo em outras regiões do País. Fez parte ainda da programação, a realização de palestra e debate sobre as dificuldades enfrentadas pelos grupos, além da avaliação e

[4] A esse respeito e para um dimensionamento mais abrangente de referida problemática, uma pesquisa do tipo exploratória sobre o nível de desemprego na região metropolitana do Vale do Aço realizada por professores do Centro Universitário do Leste de Minas Gerais indicam que o índice de desemprego para o Vale do Aço é de 21,7%, usando os critérios do DIEESE, ou seja, incluindo o desemprego oculto (tanto pelo trabalho precário quanto pelo desalento); índice mais alto que a RMBH no mesmo período. A diferença maior entre os dois índices se encontra no desemprego oculto pelo desalento que no Vale do Aço é significativamente maior do que na RMBH. A definição deste indicador está clara nos questionários, mas sempre existe a possibilidade de erro na interpretação da pergunta (SOARES, 2005).

encaminhamento da proposta de criação de uma rede regional de solidariedade para o fortalecimento do movimento cooperativista popular solidário na região.

A participação e envolvimento do pesquisador em campo, na organização do evento, permitiram-lhe observação feita durante o evento que veio posteriormente confirmar que as experiências de associativismo e cooperativismo são estímulos fundamentais para a construção de novas relações de trabalho. No final do encontro, definiu-se pela criação de um Fórum permanente de cooperativas populares da Região Metropolitana do Vale do Aço, com a finalidade principal de ser um espaço para a continuidade de troca de informações, aperfeiçoamento, dinâmica e gerenciamento das cooperativas.

Um dos principais problemas enfrentados pelas cooperativas, e que foram abordados naquele seminário, refere-se aos processos burocráticos, à legislação precária e à falta de apoio dos órgãos públicos. A cobrança de impostos como o INSS (15%), Confins (3%) e ISS (em média 5%), em alguns municípios são obstáculos para a operacionalização das cooperativas. Segundo Leonardo Coelho, advogado e assessor do Fórum de Cooperativas Populares do Rio de Janeiro, que na ocasião prestou assessoria ao Fórum Regional de Cooperativismo Popular Solidário, o conflito entre as cooperativas e os sindicatos também é histórico. Explicou que os sindicatos veem as cooperativas como um fator de precarização do trabalho. Aliado a isso, a autuação pela Justiça do Trabalho de algumas cooperativas acaba inviabilizando o melhor desempenho dessas organizações.

Do ponto de vista do conteúdo programático do referido encontro, os pontos centrais abordados foram: as questões jurídicas que envolvem a criação de cooperativas; as experiências que vêm sendo feitas no Rio de Janeiro, como a criação de uma rede de solidariedade entre as cooperativas e os conflitos na interpretação da legislação que regulamenta o funcionamento de tais organizações.

Embora exista legislação federal[5] disciplinando e regulamentando a atividade do cooperativismo popular, como o que determina que o Governo

[5] Para ilustrar, a Lei nº 5.764, de 16 de dezembro de 1971, define a política nacional de cooperativismo, institui o regime jurídico das sociedades cooperativas, e dá outras providências. Também a Lei nº 9.867, de 10 de novembro de 1999, dispõe sobre a criação e o funcionamento de cooperativas sociais, visando à integração social dos cidadãos, conforme especifica.

deva apoiar as cooperativas e as entidades associativas, no cotidiano nada disso acontece.

A propósito, o Governo Federal encaminhou no dia 04 de julho de 2008 ao congresso nacional dois projetos de lei sobre aspectos tributários relacionados ao setor cooperativista e sugestões para o aperfeiçoamento da Lei Geral das Sociedades Cooperativas. O primeiro projeto trata-se de lei complementar, que visa a estabelecer o adequado tratamento tributário ao ato cooperativo, garantindo que a tributação não incidirá duplamente nas operações realizadas pelas cooperativas e que não haverá aumento de impostos. A dupla incidência dos tributos ocorre, atualmente, porque tanto o cooperado quanto a cooperativa paga pela produção. O segundo deles é um projeto de lei ordinária que regula a base de incidência de cada tributo federal para os principais ramos do cooperativismo e a alíquota aplicável para os tributos federais para cada tipo de ato cooperativo, por ramo ou agrupamento. As cooperativas sociais seriam isentas de tributação e manteria inalterada a carga tributária média para o setor.

De acordo com o Governo, a sugestão de mudanças para a lei das sociedades cooperativas apresenta subsídios para os projetos de lei ordinária que tramitam no Senado há vários anos. Esses projetos propõem uma nova legislação para o cooperativismo, tendo em vista que a Lei nº 5.764/71 está defasada e conflita com a Constituição Federal.

Entre as principais propostas de mudanças está a redução do número mínimo de vinte para sete sócios para se constituir cooperativas.

Voltando para a realização do referido seminário, uma avaliação dele realizada por seus organizadores, indicava que a iniciativa apresentava tendências positivas, no sentido de difusão e ampliação das iniciativas associativistas e cooperativistas na região. Foi possível visualizar os diferentes estágios de maturação e maturidade dos grupos e a constituição de um Fórum permanente.

Sobre os problemas oriundos da fragilidade da comunicação e da legislação que rege os processos de constituição de entidades associativas e cooperativas, cumpre destacar que se explicam pelo fato de que só a partir da Constituição Federal de 1988, as cooperativas alcançaram sua autonomia e buscam programar sua autogestão. Especialmente este segmento de trabalho enfrenta falta de sintonia com os órgãos públicos e com a ausência de políticas voltadas para a área.

Schmidt e Perius (2003, p. 66) não só retratam o marco jurídico do cooperativismo como também apresentam a evolução dos seus fundamentos legais:

O novo marco, estabelecido pela Constituição Federal, é, em realidade, um divisor do cooperativismo, não mais tutelado pelo Estado. Os inícios desta nova situação já se estabeleceram antes da Constituinte de 1988. Começaram com o Congresso Brasileiro das Cooperativas de 1980 e, em 1984, com o 1º. Seminário Brasileiro das Cooperativas Agropecuárias. Os dois eventos registram um novo relacionamento entre cooperativa/Estado, via níveis de cooperação através da delegação: o Estado se dispõe a oferecer maior autonomia às cooperativas (Decreto 90.393/84), pelo qual o INCRA (órgão executivo federal para controle de cooperativas) poderia (artigo 7º) delegar suas funções ao próprio sistema cooperativista.

As principais contribuições da Constituição de 1988 ao marco jurídico das cooperativas são: (a) autonomia das cooperativas: artigo 5º, inciso XVIII; (b) papel do Estado: artigo 174, parágrafo 2º; (c) regime tributário adequado: artigo 146; (d) proteção da atividade garimpeira em cooperativas: artigo 174, parágrafo 2º; (e) reconhecimento das cooperativas de crédito: artigo 192, caput e item VII; (f) participação na política agrícola: artigo 187; (g) saúde: artigo 199.

A partir de 2003, com a eleição de Lula como Presidente da República, cumpre destacar que houve um incremento nas políticas específicas para o associativismo e cooperativismo popular a partir de uma série de medidas, em que se destaca a criação de uma Secretaria Nacional de Economia Solidária.

Daniel Tygel,[6] Secretário-executivo do Fórum Brasileiro de Economia Solidária (FBES), em entrevista publicada na *Adital* em 23.10.2008, relata as principais conquistas alcançadas pelo FBES desde a sua criação em 2001 como também critica a concepção de desenvolvimento que permeia a política econômica do Governo, o que impede a efetivação de um apoio mais efetivo à economia solidária como eixo das políticas públicas.

Afinal, a realização do evento serviu, ainda, para dar início ao processo de definição mais objetiva dos critérios em relação aos problemas e desafios que se enfrenta no cooperativismo popular da região. Refletiu-se sobre os desafios na elaboração e encaminhamento aos parlamentares das distintas esferas de poder, de projetos de lei que não reproduzam o modelo cooperativista em vigor, abrindo-se canais efetivos para a agregação dos sindicatos e a efetiva par-

[6] Fórum Brasileiro de Economia Solidária, 23.10.2008, Ipatinga, *Adital*. Disponível em: <http://www.adital.com.br>. Acesso em: 23 out. 2008.

ticipação dos trabalhadores no capital das empresas por meio das associações e cooperativas.

Experiências educativas importantes, na luta contra-hegemônica, foram extraídas desse evento, em que se destacam a constatação pelos participantes de que, para se vencer o desemprego, as comunidades tiveram de investir em ações coletivas para obter várias conquistas. No entanto, ainda tem muito que se avançar. Compreenderam que o importante não é ensinar e aprender a ganhar dinheiro. É aprender a socializar o trabalho, as técnicas, a produção, o esforço, a iniciativa e também as *sobras* auferidas. Para tanto, é imperioso se aprender a praticar um cooperativismo democrático, transparente e participativo.

Em resumo, o seminário propiciou oportunidades efetivas de aprofundamento, discussão e avanço em questões que dão força e visibilidade ao cooperativismo. Para o pleno êxito das propostas formuladas, ficou-se na expectativa de que todos os segmentos das comunidades, tais como os trabalhadores, comunidades, igrejas, empresários, prefeituras, autoridades, grupos de mulheres e outros estejam plenamente envolvidos.

O 2º seminário ocorreu entre os dias 20 e 21 de março de 2003 no município de Timóteo e teve como objetivo principal, fortalecer e avançar na constituição de uma efetiva rede de solidariedade entre produtores e consumidores da região. Participaram desse evento oitenta e um trabalhadores representando mais de quarenta entidades, grupos, associações e cooperativas populares da região. O evento contou com a assessoria de Marcos Arruda, integrante do Instituto Políticas Alternativas para o Cone Sul (PACS).

Durante o encontro, os representantes das cooperativas conheceram várias possibilidades de comercialização dos produtos, como os clubes de troca, criação de moedas próprias, feiras, entre outros temas.

A apresentação foi feita por um grupo de teatro de bonecos, expressando criatividade, bom-humor e informações importantes sobre o cooperativismo e economia solidária. Fez-se um minuto de silêncio pela Paz no Mundo e contra a guerra de Bush, além da distribuição de fitas brancas para todos os participantes. O assessor do evento reafirmou, no início, que o novo se constrói de baixo para cima, no cotidiano de cada um. Assim, transformação nos valores, atitudes e comportamentos são palavras-chave nesse contexto.

O encontro teve início com a ênfase dada pelo assessor ao conceito de economia[7] como a gestão que é o cuidado da casa. Nesse sentido, enfatizou que os habitantes dela é que são o objeto da casa, no fato, casa do povo brasileiro, do planeta. Como anda a casa? Questionou e, desenvolvendo o raciocínio, acrescentou: uma análise cuidadosa da situação de nossa casa permite identificar posturas exacerbadas de individualismo, guerras constantes, casa contra casa, país contra país, Estado contra Estado. Desse modo, ele quis chamar a atenção da economia predatória, centrada no interesse do capital em detrimento dos trabalhadores. Considerou, ainda, que construir o projeto socialista, na prática, exige a adoção de novas formas de produção cooperativa de autogestão, e novas formas de comércio, transparentes com o custo, margem de lucro adequada ao comércio justo.

Quanto a esse comércio, Fretell e Roca (2003), após recuperarem os aspectos históricos que marcam as relações tradicionais no comércio internacional e demonstrarem como evoluíra a compreensão que restringia a noção de relações entre as nações que, agora, incorporam o plano local, o definem como:

> a rede comercial de produção – distribuição – consumo orientada para um desenvolvimento solidário e sustentável, que beneficie principalmente os produtores excluídos ou em situação de desvantagem, impulsionando melhores condições econômicas, sociais, políticas, culturais, ambientais e éticas neste processo (preço justo para os produtores, educação para os consumidores, desenvolvimento humano para todos).
>
> Está orientado para o reconhecimento e a valorização do trabalho e as expectativas dos produtores e consumidores, permitindo melhorar as condições de vida. Propõem-se a estabelecer relações entre produtores e consumidores, baseados na equidade, na associação, na confiança,

[7] "A palavra economia na Grécia Antiga servia para indicar a administração da casa, do patrimônio particular; enquanto a administração da polis (cidade-estado) era indicada pela expressão economia política. A última expressão caiu em desuso e só voltou a ser empregado na época do mercantilismo pelo economista francês Antoine Montcheresteien (1615); os economistas clássicos utilizavam-na para caracterizar os estudos sobre a produção social de bens visando à satisfação de necessidades humanas no capitalismo. Foi somente com o surgimento da Escola Marginalista, na segunda metade do século XIX, que a expressão Economia Política foi abandonada, sendo substituída apenas por Economia. Desde então, é a denominação dominante nos meios acadêmicos, enquanto o termo Economia Política ficou restrito ao pensamento marxista" (SANDRONI, 2002, p. 94).

> na solidariedade e no interesse compartilhado. (FRETELL E ROCA, 2003, p. 36).

A reflexão propiciou uma série de aprendizados, que podem ser formulados da seguinte maneira: o cooperativismo é uma forma específica e diferenciada de organizar a produção, comercialização e serviços. Vinte por cento da população mundial está envolvida com o cooperativismo, entretanto, nunca esse movimento foi capaz de ser alternativa ao capitalismo, pois, em geral, é pensado e praticado em nível de empresa, esquecendo-se o fato fundamental, ou seja, não é só a empresa importante na economia. O capitalismo, por sua vez, é um sistema de organização da economia na base do indivíduo, propriedade privada e da livre iniciativa, direito de iniciar, produzir e controlar qualquer empreendimento. Cada um faz o que quiser: é o caos, não tem planejamento a não ser o da empresa. Procura-se, sempre, obter o máximo lucro: "cada um por si e Deus por mim"; é o "EU sem NÓS". Por outro lado, há o coletivismo estadista, em que se predomina o "NÓS SEM O EU". A economia solidária, ao contrário, é o ("EU e NÓS") ao mesmo tempo: pessoa, comunidade, sociedade.

Outra abordagem importante apresentada no seminário foi sobre o cooperativismo oficial: Organização das Cooperativas Estaduais OCEs (estaduais), Organização das Cooperativas do Brasil OCB (nacional). Criadas em 1971, durante a ditadura militar, elas defendem a *unicidade cooperativa* e disputam espaço com a economia solidária, que propõe a liberdade de adesão. Por exemplo, em Milão, na Itália, existem seis confederações cooperativas, e qualquer cooperado tem o direito de escolher entre as seis – e uma sétima, de não se filiar a nenhuma. O objetivo principal do cooperativismo popular é quebrar as condições limitantes impostas pela realidade e criar novo marco legal para as cooperativas, mediante a mudança de legislação. O cooperativismo popular está se ampliando no Brasil.

Na sequência ao relato sobre o 2º Seminário, os participantes foram estimulados pelo assessor a pensar na necessidade ou não de se transformar todas as experiências de produção, comercialização e financeiras em cooperativismo. Foi lembrado o exemplo do Movimento dos Sem Terra (MST), que no início definiu que tudo seria cooperativa. Posteriormente, houve mudanças de critérios e hoje se percebe um novo processo de construção, outras maneiras de se relacionarem, mudanças de valores contra o egoísmo e o individualismo.

Ficou claro, também, em termos de lições de cooperativismo que, para que se guarde coerência com os princípios e diretrizes gerais da economia solidária, são importantes: não ter só um projeto político e cultural para além do capitalismo, mas vários; há vários conceitos de economia solidária, mas como tal é o projeto de outra economia; o respeito à diversidade, entenda-se que todo diferente é complementar. Além do mais, cada pessoa é única no mundo, eu e nós vivemos ao mesmo tempo e não só a produção de autogestão, mas a comercialização de maneira justa é o princípio fundamental da economia solidária que trabalha com vários campos ao mesmo tempo.

Prosseguindo a interpretação metafórica, gestão é o cuidado da casa. A primeira casa é a família que, do ponto de vista do capital, é vista como mão de obra, poder de compra, mas do ponto de vista da economia solidária é a unidade de produção de serviços humanos, de bens e serviços, de conhecimento e constitui a referência fundamental para a economia solidária. A família ampliada (casa, empresa, país, mundo), tem na mulher um papel fundamental na construção de uma economia solidária, pelo papel amoroso que desempenha na gestão dessa casa.

Um momento fecundo dessa experiência reflexiva se deu por ocasião da realização de oficinas, com a participação dos integrantes distribuídos em quinze grupos de trabalho. Utilizou-se da seguinte metodologia com o intuito de subsidiar a experiência de constituição e fortalecimento do Fórum regional: elaboração da carta de princípios, definição do nome do mutirão como "Elo Solidário", definição do nome da moeda social como sendo "Elo"; definição do nome do secretário efetivo e suplente do mutirão; anotação de ofertas e demandas, telefones; preparação do catálogo dos produtos solidários; definição do coordenador/animador do mutirão; definição do mestre de cerimônia do mutirão que seria o responsável pelo local de realização da feira, pelo cumprimento, dar as boas-vindas aos novos participantes e introdução deles no grupo e zelo do espaço após a realização da feira.

O relato das experiências dessas oficinas propiciou o entendimento sobre a dimensão dos aspectos educativos suscitados. Cada um dos quinze grupos elegeu um relator para expor aos demais o resultado das discussões e encaminhamentos dados em cada um.

Feita a apresentação dos expositores, foram feitas anotações do nome e do telefone de cada um, o que cada um oferece e o que cada um precisa. Tratou-se de fazer uma reflexão coletiva sobre o significado mais profundo da moeda.[8] Quanto vale o Elo? Qual o critério? Com tais dados, foi aberta a negociação: confiança mútua, tudo em aberto, alternativas encontradas, indexar o Elo ao Real, relacionando-o com o tempo de trabalho, no caso, o Tupi do RJ. Tomou-se como exemplo, o salário mínimo do Dieese: R$ 1.400,00/nº de horas/mês 01 Elo = 1 hora de trabalho = R$ 10,00. Prosseguindo, o Eco Banco é o banco da casa, que tem a função de produzir e administrar a moeda. Distribui e recolhe as moedas em cada feira, edita novas moedas para os novos participantes que vão entrando no mutirão e anota o quanto cada um vendeu para entregar na próxima feira. Sua tarefa principal é fazer circular a moeda. Dinheiro parado na economia solidária não vale nada, pois não gera juros. Definir a multa, (enferrujamento/oxidação) por deixar o dinheiro parado no Eco Banco.

Fizeram parte, ainda, desse evento, exercícios práticos que foram realizados ao ar livre. Para isso, organizou-se um círculo menor de quinze pessoas, ofertando produtos para troca e um círculo maior com a presença dos demais participantes do encontro, cerca de sessenta pessoas.

Na avaliação final, diferentes expositores não só apresentaram os resultados como também passaram a socializar com os demais aquilo que definiram como produtos a ser apresentado na rede. Tratava-se de um exercício reflexivo sobre o processo de produção, distribuição e consumo com vistas ao entendimento da estrutura e dinâmica de outro modo de produção.

Em diversos momentos do seminário, pode-se perceber o esforço reflexivo no intuito de despertar, nos participantes, a consciência sobre a necessidade de elaboração de políticas públicas de apoio à economia solidária, pela articulação com o Poder Público municipal, estadual e federal. As diferentes intervenções foram para incentivar a filosofia do cooperativismo popular, que busca desenvolver o espírito solidário como forma de superar os problemas de natureza econômica e de relacionamento dos grupos entre si.

---

[8] Albuquerque (2003, p. 202) afirma que "moeda social, em sentido lato, deve-se entender o instrumento fiduciário utilizado por uma ou mais pessoas e/ou grupo(s) que exerce as funções de unidade valorativa, que pode circular livremente em uma comunidade e é aceita como forma de pagamento; seu valor nominal não é igual ao valor intrínseco, depende da confiança daqueles que a recebem ou a repassam, por isso não pode ser usada como instrumento de entesouramento das riquezas produzidas pelos indivíduos ou comunidade".

Concluindo

A principal finalidade deste estudo foi analisar processos educativos ocorridos no associativismo popular e solidário da Região do Vale do Aço/ MG à luz dos fundamentos econômicos, sociais e culturais da economia solidária.

A constituição do Fórum regional se inspirou na experiência da rede brasileira de economia solidária, que se baseia na convicção de que cada pessoa, comunidade e empreendimento podem tornar-se sujeito ativo e consciente do seu próprio desenvolvimento.

Concluindo, ainda que de forma paradoxal, constata-se que enquanto o movimento de economia solidária cresceu e se consolidou em âmbito nacional, na região ocorreu o movimento contrário. Não foi possível dar continuidade às articulações do Fórum, pois os diferentes grupos não foram capazes de assegurar, na prática cotidiana, os fundamentos da economia solidária, pautado pelos princípios e valores da emancipação e autogestão. Os protagonistas do Fórum acreditavam na boa vontade dos governantes na esfera municipal. Supunham que por meio das Secretarias Municipais de Ação Social receberiam apoio para a consolidação daquela articulação popular. Isso não ocorreu e eles não apostaram de forma satisfatória na aprendizagem e exercício da autonomia e capacidade dos trabalhadores em sustentar, de forma livre, suas iniciativas e empreendimentos.

O cooperativismo popular solidário favorece a emergência de uma nova cultura política, com ênfase na implantação da democracia nos espaços de produção e reprodução social. Com isso, pode-se dizer que a partir de experiências de cooperativismo popular é possível estabelecer novos valores sociais, novas relações e, principalmente, novos horizontes para o desafio mais amplo de emancipação social e disputa contra-hegemônica. Nisso consiste o ponto mais elevado, se se pode dizer assim, da dimensão educativa dessas experiências. O espaço da produção, assim como toda a cadeia em que se desenrolam as experiências de economia solidária, é um espaço de formação humana.

Como se sabe, os agentes da produção, assim como os agentes do mercado, não são apenas entes econômicos, mas também culturais e políticos. Há um *ethos* no conjunto da atividade, que compreende o "fazer" e o "fazer-se" no mesmo processo. Nesse sentido, não é indiferente, para a formação humana, organizar-se de determinada maneira, estabelecer tais ou quais relações na administração das instituições nas quais se dá a produção material, assim como o passo seguinte da comercialização dos produtos. A dimensão educativa se encontra em todo o percurso e são essas dimensões que, para usar um jargão da área, estão "agregando" valores, incluindo simbólicos, imateriais aos produtos e seus produtores, indissociáveis.

Referências

ALBUQUERQUE, Paulo P. Moeda social. *In*: CATTANI, Antonio David. *A outra economia*, Porto Alegre: Veraz, 2003.

ALVES, Giovanni. *O novo (e precário) mundo do trabalho*: reestruturação produtiva e crise do sindicalismo. São Paulo: Boitempo, 2000.

FRETEL, Alfonso Cotera; ROCA, Humberto Ortiz. Comércio justo. *In*: CATTANI, Antonio David. *A outra economia*. Porto Alegre: Veraz, 2003.

SANDRONI, Paulo (Org.). *Novíssimo dicionário de economia*. 10. ed. São Paulo: Best Seller, 2002.

SANTOS, Boaventura de Souza. *A crítica da razão indolente*: contra o desperdício da experiência. 2. ed. São Paulo: Cortez, 2001. v. 1.

SCHMIDT, Derli; PERIUS, Vergílio. Cooperativismo e cooperativa. *In*: CATTANI, Antonio David. *A outra economia*. Porto Alegre: Veraz, 2003.

SILVA, Luiz Antonio da. *Trabalho e processos educativos no associativismo e cooperativismo popular solidário da região do Vale do Aço/MG*. Belo Horizonte, MG. Tese (Doutorado) – Programa de Pós-Graduação em Educação "Conhecimento e Inclusão Social", Faculdade de Educação, UFMG, 2009.

SOARES, Daniel Miranda *et al. O desemprego na Região Metropolitana do Vale do Aço/MG*. Relatório de Pesquisa do Programa de Iniciação Científica – PIC – do UnilesteMG, Centro Universitário do Leste de Minas Gerais. Coronel Fabriciano, 2005. 18p.

Os desafios da formação do educador de jovens e adultos

Rosa Cristina Porcaro
Leôncio Soares

Uma introdução ao tema

Embora a educação de jovens e adultos venha se expandido institucionalmente em várias regiões do País, ainda vem sendo ocupada por professores sem formação específica, que trazem consigo uma formação inicial/acadêmica adquirida em curso de Licenciatura, ou mesmo sem nenhuma formação superior, que se voltam para essa modalidade por questões circunstanciais. Essa situação acarreta uma fragilidade na prática cotidiana desses profissionais, que se veem obrigados a desenvolver seu trabalho sem uma base de conhecimentos mais consistente na área específica da EJA.

A proposta deste texto é, então, a de desenvolver uma reflexão sobre a formação de educadores de jovens e adultos, no que se refere aos desafios que se interpõem na construção da profissionalidade docente desses educadores diante das contingências do cenário educacional brasileiro. Especificamente, pretende-se abordar a configuração da profissionalidade docente no contexto da EJA; analisar a inserção profissional de educadores na realidade da EJA, avaliando a forma como tem se dado essa formação diante da complexidade da modalidade; identificar os desafios e as possibilidades que têm permeado o campo de atuação e de formação desses educadores, analisando os processos que constituem os sujeitos em educadores da EJA, a partir dessa inserção profissional; e analisar o olhar desses educadores em relação à sua profissão e o impacto de suas referências experienciais no processo de construção profissional.

Para o embasamento teórico deste estudo, foi desenvolvido um diálogo com alguns autores, que trouxeram importantes contribuições essenciais à análise da questão abordada, como Freire, Diniz-Pereira, Fonseca, Machado, Franco, Zeichner, Gaskell, Silva, entre outros. Entre as questões fundamentais que balizaram tal estudo, estão: quem é o educador que trabalha com a EJA? Que formação ele traz para o desenvolvimento do trabalho? Como se dá sua inserção profissional no campo da EJA? Que desafios encontram no desenvolvimento do trabalho? Que caminhos buscam para o enfrentamento desses desafios? Que olhar tem sobre sua trajetória formativa?

Os caminhos da pesquisa – Procedimentos e instrumentos metodológicos

A intenção deste trabalho foi a de obter uma compreensão ao mesmo tempo ampla e profunda do objeto enfocado. Para realizar essa abordagem de caráter amplo, optamos por fazer uma investigação envolvendo educadores da EJA de todos os Estados e, para realizar essa abordagem mais profunda, optamos pelo desenvolvimento de uma pesquisa qualitativa, com o intuito de analisar as características profissionais dos educadores da EJA e sua visão a respeito destas.

Para atender aos objetivos propostos, foram escolhidos os seguintes procedimentos metodológicos: a primeira etapa, exploratória, de aplicação de questionários com perguntas abertas, e a segunda etapa, de entrevistas individuais em profundidade, buscando um aprofundamento na história de inserção e de formação profissional de alguns educadores da EJA. Foi esta, então, a intenção: dar voz a educadores da EJA de várias partes do País e, a partir daí, construir um quadro da formação desses educadores, identificando similaridades e diferenças entre as histórias. Optou-se, então, por uma pesquisa qualitativa, com o objetivo de aprofundamento na questão, sem preocupação com a quantificação dos dados, mas com a interpretação do material empírico pelo diálogo com as referências bibliográficas apresentadas.

Minayo (1994, p. 21-22) explica que a pesquisa qualitativa

> responde a questões muito particulares. Ela se preocupa, nas ciências sociais, com um nível de realidade que não pode ser quantificado. Ou seja, ela trabalha com o universo de significados, motivos, aspirações, crenças, valores e atitudes, o que corresponde a um espaço mais profundo das relações, dos processos e dos fenômenos que não podem ser reduzidos à operacionalização de variáveis.

É esse o sentido desta investigação: buscar significados, motivações, aspirações, crenças, valores e atitudes dos educadores da EJA em seu processo de inserção profissional e de formação docente. A opção foi por se desenvolver uma investigação de um conjunto reduzido de casos para que fosse possível um maior aprofundamento da questão levantada. Buscou-se, então, uma seleção restrita a uma esfera singular: os Fóruns estaduais de EJA. De acordo com Silva (2008, p. 38), os Fóruns são

> espaços plurais, suprapartidários, autonomamente organizados, autogestionados. Agrupam diversas entidades e órgãos comprometidos com a causa comum, podendo participar o governo e as empresas. O Fórum abrange tudo isso.

Essa opção em se buscar os sujeitos da pesquisa dentro dos Fóruns de EJA se deu pela consideração de que esses Fóruns se constituem em uma instância legítima de representação da EJA, por sua história de inserção na construção das políticas públicas de EJA desde o final da década de 1990. Além disso, podemos verificar nesses Fóruns uma participação expressiva, em todo o País, de educadores, gestores, movimentos sociais, instituições de ensino superior, enfim, todos os segmentos envolvidos diretamente com a tarefa de efetivação da EJA no País, o que lhes dá uma posição significativa na construção da EJA. Silva (2008, p. 38), referindo-se especificamente aos Fóruns de EJA, explica:

> Em se tratando do Fórum de EJA, ainda que cada grupo desenvolva a sua medida, tem-se primado pela construção do espaço plural, aberto e com expressão pública. Portanto, o Fórum é um espaço de discussão, debates, trocas e encontros, pelo menos. [...] O que se tem apurado é que, sendo espaço, o Fórum tem o potencial de congregar. Ao congregar, geralmente sob um interesse comum, pode, pelo desejo do grupo, realizar uma ação intencional.

Silva (2008) constata, então, que os Fóruns congregam os personagens da EJA, que utilizam os Fóruns para interagirem e crescerem profissionalmente. Essa constatação fundamenta a opção por buscar os sujeitos nesse espaço: o reconhecimento do Fórum como espaço congregador dos educadores e gestores da EJA, com expressão pública e, por isso, de papel essencial na história da EJA. Outro critério utilizado na seleção dos educadores foi o tempo de atuação. Priorizou-se educadores que tivessem um maior tempo de atuação em salas de aula de EJA, por se considerar que eles teriam condições de apresentar informações mais ricas e consistentes em relação à construção de sua profissionalidade docente do que educadores que tivessem uma trajetória mais curta dentro da modalidade.

Tendo sido feitas essas opções por se trabalhar diretamente com educadores envolvidos com os Fóruns e com um maior tempo de atuação em turmas de EJA, foi feito um contato com representantes estaduais dos Fóruns de EJA, durante o IX ENEJA.[1] Nesse contato, apresentamos a pesquisa, explicando os objetivos e caminhos metodológicos dela e solicitamos que contribuíssem com o processo investigativo, indicando um educador da EJA de seu Estado para que fizesse parte da pesquisa. Foram iniciados os contatos com os educadores indicados, sendo enviado a eles um *e-mail* no qual constava uma Carta de Apresentação da Pesquisa com a explicação sobre seus objetivos e caminhos metodológicos, um convite aos educadores para participarem como sujeitos da pesquisa e os questionários a serem respondidos.

Os questionários foram respondidos por 25 educadores e retornados via *e-mail.* Dos 27 Estados, portanto, não houve indicação de educador por parte dos Estados do Pará e de Rondônia, por maior que tenha sido a insistência e as estratégias buscadas para se conseguir esses nomes. Os questionários foram, em seguida, analisados e, a partir dessa análise, foram levantadas informações importantes para o estudo da temática, que propiciaram a análise da configuração da profissionalidade docente na EJA. Em seguida, foram escolhidos, entre os educadores que responderam aos questionários, oito sujeitos, com os quais se trabalharia mais profundamente, utilizando-se entrevistas individuais em profundidade.

Gaskell (2007) explica que toda pesquisa com entrevistas é um processo social, uma interação, uma troca de ideias e significados, em que várias realidades e percepções são exploradas e desenvolvidas. Assim, segundo ele, tanto o entrevistado como o entrevistador estão, de maneiras diferentes, envolvidos na produção de conhecimento. Para ele, em uma entrevista em profundidade, a visão pessoal do entrevistado, que possui o papel central, é explorada em detalhe, pois o que importa é a sua construção pessoal do passado, numa narrativa em construção.

---

[1] XIX Encontro Nacional de Educação de Jovens e Adultos, ocorrido em 2009, em Brasília, reunindo atores da EJA de todo o País – educadores, gestores, educandos, movimentos sociais e sindicais, etc.

Foram desenvolvidas, então, as entrevistas, em forma de uma conversação, durando, cada uma, entre uma e duas horas, e tendo como base um tópico guia que cobriu os temas centrais e os problemas da pesquisa. Entre as questões havia uma – a principal em relação à problemática abordada – que tinha por objetivo permitir que os informantes abordassem livremente um tema proposto: a história de sua inserção profissional no campo da EJA. A partir dessa questão, foram sendo colocadas as demais, complementares.

Após a escolha do procedimento de coleta dos dados – o tópico guia – partiu-se para a seleção dos sujeitos da segunda fase da investigação. De acordo com Gaskell (2007, p. 67),

> o termo "seleção" é empregado explicitamente em vez de "amostragem", porque a amostragem carrega, inevitavelmente, conotações dos levantamentos e pesquisa de opinião onde, a partir de uma amostra estatística sistemática da população, os resultados podem ser generalizados dentro de limites específicos de confiabilidade. Na pesquisa qualitativa, a seleção dos entrevistados não pode seguir os procedimentos da pesquisa quantitativa por um bom número de razões.

Nessa etapa da pesquisa, alguns critérios foram utilizados para a seleção dos oito educadores: primeiramente, pensou-se em uma seleção de educadores que contemplasse geograficamente as cinco regiões do País – Norte, Nordeste Centro-Oeste, Sul e Sudeste. Assim, procedeu-se à análise dos questionários e, a partir desta, foram selecionados um educador do Estado do Acre, representando a região Norte; uma educadora do Estado da Paraíba, representando a região Nordeste; um educador do Distrito Federal, representando a região Centro-Oeste; uma educadora do Estado do Paraná, representando a região Sul; e um educador do Estado do Rio de Janeiro, representando a região Sudeste.

Em seguida, porém, julgou-se importante que fossem contemplados todos os Estados da região sudeste, por ser a região na qual a pesquisa estava sendo desenvolvida. Definiu-se, então, que seriam entrevistados, além dos cinco educadores das cinco regiões do País – Norte, Nordeste, Centro-Oeste, Sul e Sudeste –, também, outros três educadores dos outros três Estados que compõem a região Sudeste – Espírito Santo, São Paulo e Minas Gerais–, selecionando-se, então, um educador de São Paulo/SP, um educador de Serra/ES e um educador de Belo Horizonte/MG, além do educador já selecionado do Rio de Janeiro/RJ.

Um dos critérios utilizados para a seleção dos oito educadores foi o maior tempo de atuação destes na EJA em sua região, entre todos os que haviam respondido o questionário, de cada Estado. Em seguida, utilizou-se como critério o máximo de diversidade entre as instituições nas quais esses educadores atuam, buscando-se contemplar, dentro da seleção, instituições estaduais, municipais, particulares, movimentos sociais, etc. Por fim, como critério final de desempate para a seleção de um educador de cada Estado, utilizou-se o de maior disposição em participar da pesquisa, demonstrada pela profundidade das respostas dadas nos questionários.

Após a concretização das entrevistas e de posse da gravação relativa a estas, partiu-se para a análise dos dados. Para Gaskell (2007), o objetivo amplo de uma análise deve ser o de procurar sentidos e compreensão, ou seja, o que é falado constitui os dados, mas a análise deve ir além da aceitação desse valor aparente, procurando-se por temas com conteúdo comum e pelas funções desses temas. Assim, a partir dessas entrevistas, buscou-se codificar as falas trazidas pelos educadores, criando-se algumas categorias de análise para o desenvolvimento da discussão sobre o processo.

A análise do material obtido com as entrevistas foi realizada pelo *método de análise de conteúdo*. A partir desse método, organizaram-se as categorias de análise que emergiram dos discursos produzidos pelos sujeitos, percebidas por meio dos elementos e dimensões mais significativos para os objetivos do estudo. Tendo-se em mente os objetivos propostos, definiu-se um sistema de análise em torno dos seguintes eixos temáticos: a trajetória profissional dos educadores; a atuação em sala de aula e sua relação com os alunos; os desafios no desenvolvimento do trabalho; os subsídios buscados para o trabalho docente e as mudanças percebidas em sua atuação, relacionando-se o primeiro ano de trabalho e o ano da pesquisa.

Os resultados da investigação – O olhar do educador da EJA

A partir dos eixos temáticos e da leitura e releitura dos textos gerados pelas entrevistas, foram estabelecidas algumas categorias e estas foram se afirmando no decorrer da análise. Assim, ao se apresentarem os relatos dos sujeitos pesquisados, abarcaram-se aspectos como: a postura de acolhimento e escuta desse educador diante do educando adulto; o seu sentimento de reconhecimento e identificação de classe; a motivação e o incentivo à autoconfiança do educando; o enfrentamento da precariedade das condições de ensino/aprendizagem na EJA; a superação da infantilização do educando adulto pelo educador; o trabalho coletivo; a convivência; a partilha e o intercâmbio como caminhos de formação; o estudo; a leitura e a pesquisa como processos formativos do educador da EJA; o manejo da heterogeneidade sociocultural e de níveis de letramento e aprendizagem por esses educadores; a rigidez da organização espaço/temporal como fator dificultador do processo de ensino-aprendizagem; o engajamento desse educador no movimento da EJA e o seu compromisso e paixão pelo campo de atuação.

Os educadores pesquisados têm formação diversificada, contemplando os vários cursos de Licenciatura, mas não possuem uma acadêmica na área específica da EJA. Alguns educadores reforçaram que sua opção pela atividade docente na EJA se deveu à participação em projetos de extensão, o que despertou neles o comprometimento com a área. Afirmaram que ter começado a dar aulas durante o curso de graduação contribuiu significativamente para a sua formação, pois permitiu que aliassem teoria, prática e pesquisa. Isso nos mostra a importância da extensão universitária na construção desta profissionalidade docente. Quanto aos motivos que levaram os educadores a atuarem na EJA, foi apontada principalmente a carência de professores para a área, devido à desvalorização desse profissional, aos baixos salários e às precárias condições de trabalho, confirmando a afirmativa de Diniz-Pereira e Fonseca (2001), de que ser educador de EJA não se configura como uma opção para a vida profissional, por não ser uma alternativa sedutora. Assim, reafirma-se também a constatação de Vóvio (2010) de que na EJA encontram-se professores que, em sua grande maioria, não tiveram, em sua formação inicial, disciplinas voltadas para a atuação nessa modalidade e que apoiam suas práticas em saberes construídos na experiência e na educação regular para crianças e adolescentes.

Pela fala dos educadores, na ausência dos recursos didáticos necessários para uma prática diferenciada, eles constroem o material de trabalho levando em consideração a especificidade dos educandos. Assim, dentro de um ambiente profissional de falta de recursos, de apoio ou de alternativas, ocorre uma busca individual de formação por esses educadores. Numa situação em que eles, pela falta de condições mínimas para o trabalho, poderiam se tornar profissionais desestimulados, o que se encontra são educadores comprometidos com a causa, interessados em fazer um bom trabalho e buscar individualmente sua formação. O que se constata é que esses educadores, devido ao engajamento e ao comprometimento com o campo da EJA, por serem professores envolvidos com os movimentos de Fóruns, têm como característica a resiliência, processo em que pessoas atingidas por adversidades lidam com estas de maneira a superá-las e tornam-se mais desenvolvidas a partir desse enfrentamento (BRANDÃO, 2009; RALHA-SIMÕES, 2009; TAVARES, 2009).

Esses educadores mostram-se profissionais engajados, comprometidos e resilientes e desenvolvem uma criatividade prática no sentido de se tornarem capazes de construir uma didática diferenciada, propícia a um campo diferenciado de atuação. Isso reafirma a importância dos Fóruns de EJA como espaços formativos, agregadores, propiciadores de engajamento, comprometimento e resiliência. Há que se valorizar mais esse espaço na constituição da profissionalidade docente, pelo crescimento profissional que ele proporciona. Confirma-se, assim, a concepção de Silva (2008) sobre o caráter formativo dos Fóruns de EJA, por desenvolverem nos participantes o respeito às diferenças, a aceitação das diversidades e a aprendizagem do diálogo.

No contexto da EJA, constitui-se também a figura do trabalhador voluntário, que se solidariza com o cidadão a quem foi negado o direito básico da educação; a figura do educador do movimento social, que se envolve com as questões da EJA pelo comprometimento ideológico com a construção da cidadania; a figura do alfabetizador contratado pelos programas de alfabetização do governo, levado a desenvolver seu trabalho a partir de uma formação aligeirada e superficial e tendo um tempo limitado e insuficiente para o cumprimento de seu objetivo; a figura do professor do sistema regular de ensino, em turmas de EJA, que traz consigo uma formação em termos de conteúdo, mas sem uma formação pedagógica específica para a atuação com essa realidade diferenciada. Todos esses educadores, por seu envolvimento com o movimento dos Fóruns, vão se fazendo profissionais engajados com a causa da EJA, empenhados em mediar o processo de aprendizagem do educando, possibilitando-lhe a aquisição dos recursos necessários para a sua vida social. Buscam, de várias formas, suprir a falta da formação específica, mas sempre estarão em situação de desvantagem em relação a todo o conhecimento que já existe construído pelo campo.

Na análise da inserção profissional do educador da EJA, verificamos que cada educador aproximou-se da área por um caminho e uma motivação diferente: a participação em projeto de extensão, ainda como estudantes da graduação; a solidariedade com a causa do analfabetismo, desenvolvendo um trabalho voluntário; a possibilidade que o trabalho noturno lhe dava de desenvolver outra atividade durante o dia; a identificação com a modalidade, por ter vivenciado situações similares – de analfabetismo e baixa escolarização na fase adulta. Porém, todos eles, envolvidos com a EJA inicialmente por circunstâncias diversas, foram tomados por um sentimento de identificação de classe e um comprometimento com este campo de atuação.

Em relação aos caminhos formativos tomados pelos educadores, têm sido diferentes, embora todos demonstrem uma busca individual por essa formação. Segundo eles, essa formação tem ocorrido gradativamente, na vivência do cotidiano escolar, na pesquisa bibliográfica sobre o tema, na participação em eventos da área e no envolvimento com os Fóruns de EJA. Esses educadores afirmam vivenciar o processo de ação-reflexão proposto por Freire, tendo já incorporado esse processo em sua formação e em seu crescimento profissional. Além disso, segundo eles, valorizam e vivenciam concretamente o trabalho coletivo, o diálogo com seus pares e a troca de experiências, conforme propõe Freire.

Percebe-se, na fala destes, uma atitude constante de pesquisa e uma valorização da leitura, apontada como um dos principais caminhos de formação. Esses educadores admitem uma mudança de postura na forma de trabalho e atribuem essa mudança à vivência cotidiana da profissão docente e ao enfrentamento dos desafios impostos nessa vivência. Destacam o planejamento coletivo como uma marca do campo da EJA, valorizando assim o trabalho coletivo. Apontam como agências formadoras as instituições de ensino superior, as Secretarias Estaduais e Municipais de Educação e os Fóruns de EJA. Declaram que estão cursando ou já cursaram pós-graduação na área da educação, o que demonstra uma busca de crescimento profissional também por essa via. Valorizam essencialmente o processo de ação-reflexão como fator primordial em seu amadurecimento profissional.

A inserção profissional desses educadores na EJA tem ocorrido à medida que esses educadores vão vivenciando essa realidade específica e, a partir daí, vão criando caminhos e alternativas de ação docente para o contexto que se apresenta. Nessa construção, encontramos professores das mais diversas áreas, formados nos mais diversos cursos de graduação, ou mesmo sem essa formação acadêmica, quando voltados para a EJA por seu envolvimento com movimentos sociais, programas de alfabetização de adultos do governo ou trabalhos voluntários. Isso vai ao encontro da afirmativa de Machado (2010b) de que, embora um alto percentual de professores graduados – 82% – atenda a alunos da EJA, muitos alegam não terem recebido formação específica para tal, o que demonstra que o esforço despendido até aqui está longe de representar uma cobertura nacional mínima de oferta de formação continuada para esses educadores.

Isso nos leva a entender que ambas as formas são necessárias à formação do educador da EJA, complementares entre si: a formação teórica (os cursos e eventos formativos) e a formação pela prática (a discussão coletiva e a reflexão sobre a prática educativa). Ambos têm o mesmo nível de importância no processo de formação do educador e se complementam. Essa realidade confirma a argumentação de Zeichner (2003) de que o processo de formação do educador prossegue ao longo de toda a sua carreira e por mais que se façam programas de formação de professores, só conseguiremos preparar esses educadores para que comecem a ensinar, já que esse processo de aprendizagem nunca termina. Por isso, a necessidade de que a formação desses educadores ocorra ao longo de toda a carreira docente, sempre no sentido de intermediar a prática em sala de aula com a reflexão sobre essa prática, pela discussão coletiva dos desafios que se interpõem ao processo e dos caminhos de enfrentamento desses.

Quanto aos desafios que permeiam o campo de atuação e de formação desses educadores, foram apontados a heterogeneidade cognitiva, motivacional e etária dos educandos; a falta de materiais didáticos específicos para a EJA; a baixa autoestima dos educandos; o alto índice de evasão escolar e a rigidez institucional na organização dos currículos para a EJA; a falta de um espaço institucional para discussão de uma proposta pedagógica para esse público e a ausência de um coordenador pedagógico com formação na EJA, para a orientação do trabalho. Essa situação alerta para a necessidade de se investir na formação específica também dos gestores do processo, já que estes constituem parte importante do processo (FRANCO, 2010). Ainda foram citados como dificuldades do processo de ensino: a juvenilização, o cansaço e os problemas de saúde dos educandos, a falta de estrutura das salas, a falta de condução, a violência, os baixos salários dos professores.

Em relação à juvenilização dos educandos, Machado (2010a), em sua fala no III Seminário Nacional de Formação de Educadores de Jovens e Adultos, explica que a transferência dos jovens para o ensino médio da EJA, infelizmente, não significa uma valorização da EJA, mas sim a corrida da juventude por uma certificação mais rápida. Sobre essa questão, Fonseca e Schneider (2010) explicam que existe uma contradição na EJA: ao mesmo tempo que ela é o lugar desse aluno jovem, que não se enquadra às normas da escola regular e que tem ali sua última chance de escolarização, ela não é o lugar desse mesmo aluno, pois se destina àqueles que trabalham e querem estudar.

Como possibilidades, pudemos identificar: a utilização da monitoria, na qual os educandos mais adiantados vão sendo estimulados a colaborar com os educandos mais lentos na aprendizagem; o diálogo entre educador e educandos, no sentido de motivá-los para os estudos, de elevar a sua autoestima e desenvolver neles a compreensão, a paciência e a aceitação do ritmo próprio de cada colega; a criatividade para criar e adaptar materiais didáticos para o processo; a busca de cursos de pós-graduação e de formação continuada com as Secretarias de Educação; a pesquisa sobre bibliografia da área; a participação em reuniões, seminários, congressos, Fóruns, ENEJAs; a utilização da *internet* como fonte de pesquisa; o planejamento coletivo; os registros do trabalho desenvolvido. Esses educadores não se acomodam à realidade posta, ao contrário, enfrentam com determinação cada desafio, aprimorando o processo de ensino a cada dia. São educadores incomodados, talvez pelo envolvimento com os Fóruns de EJA,[2] o que lhes desperta o comprometimento com o campo de atuação.

Na análise do material empírico, pudemos visualizar uma postura de valorização da escuta e do acolhimento dos educadores em relação aos seus educandos, mais do que o diálogo proposto por Freire para o desenvolvimento do processo docente. Ou seja, embora Freire proponha que a educação seja dialógica, porque o diálogo é essencial para que ocorra a aprendizagem, na fala dos educadores, identificamos uma maior valorização da escuta e do acolhimento do educando adulto. Os educadores falam, sim, em diálogo, mas insistem mais na importância da escuta do educando, reafirmando em todo momento como foi importante essa aprendizagem para eles: a de ouvir o educando, e de escutá-los na manifestação de seus anseios e de suas angústias durante o processo. Reafirmam a todo momento a importância do acolhimento desse educando, que chega para o processo de ensino depois de um longo tempo afastado dos estudos e, principalmente, depois de uma longa história de desistência e desmotivação em relação aos estudos. Essa é uma grande conquista desses educadores: a aprendizagem da escuta e do acolhimento, já que o diálogo não existe sem essas duas etapas, antecedentes.

---

[2] Os Fóruns de EJA ocorrem em todo o País, em nível estadual e em nível regional, reunindo os diversos atores da EJA – educadores, educandos, gestores, representantes de movimentos sociais e sindicais, etc. – em torno da discussão da educação de jovens e adultos, com fins de socialização de experiências, troca de saberes, formação pedagógica e intervenção na construção local, regional e estadual das políticas de EJA.

Há um sentimento de reconhecimento e de identificação com o trabalho, como se vissem a si e a seus pais no espelho, pelo olhar da vivência de seus alunos, como um processo de identificação de classe. E, ainda, a busca de motivação e incentivo desses educandos aos estudos e de estímulo à autoconfiança, como tarefas docentes, que cada um dos educadores vai assumindo no decorrer do trabalho. Esses educadores criam alternativas de trabalho e aprendem com suas próprias experiências, mas também e principalmente, se inscrevem em uma tradição e tentam resgatar esses laços com a educação popular, como tributários de uma tradição, continuadores e recriadores desta. É nesse sentido que eles buscam o trabalho coletivo, a troca de experiências, o diálogo com seus pares, a superação da infantilização, o manejo da heterogeneidade, o relacionamento dos saberes da prática com os saberes das disciplinas específicas tradicionais, o enfrentamento das condições precárias de ensino, o estudo, a leitura e a pesquisa como dimensões ao mesmo tempo individuais e compartilhadas, o enfrentamento da rigidez da organização espaço-temporal da escola e da evasão, o engajamento no movimento de EJA.

Essas constatações nos reafirmam a concepção de Freire (1995) de que o educador não é o que apenas educa, mas o que é educado enquanto educa, em diálogo com o educando, que também educa ao ser educado, numa tarefa de desvendar a realidade, recriando o conhecimento pela inserção lúcida nesta realidade. Além disso, segundo Freire (1987), a dialogicidade não começa quando o educador se encontra com os educandos em uma situação pedagógica, mas anterior a isto, quando ele se pergunta em torno do que vai dialogar com esses educandos. Sendo assim, segundo o autor, o educador é sempre um sujeito cognoscente, já que se encontra dialogicamente com seus educandos, constantemente, na reflexão sobre a realidade existente. Por fim, Freire explica que um alargamento de horizontes nasce da tentativa de resposta à necessidade, que faz o educador refletir sobre a prática: o esclarecimento de um ponto desnuda outro ponto e assim por diante. Pensando a prática, esse educador aprende a pensar melhor e pensar melhor lhe ensina a praticar melhor. É o que tem ocorrido com esses educadores em seu processo de formação.

Em relação ao olhar desses educadores à sua profissão, verificamos que a maioria deles fala de uma história de luta pela sobrevivência, incluindo-se aí a dificuldade em dar continuidade aos estudos na infância e na adolescência. Apesar disso, enfrentam as dificuldades que se apresentam e conseguem concluir um curso de Licenciatura. Porém, segundo eles, esses cursos não os habilitam para o trabalho com a EJA, pois não abordam de forma aprofundada as questões referentes a esse campo de atuação. São, então, levados a optar pelo caminho da autoformação, ou seja, pela busca individual da formação continuada, para complementar o que a formação inicial não lhes ofereceu.

Ao final, algumas considerações

Este trabalho foi construído tomando como base o resultado de uma pesquisa desenvolvida em curso de doutorado. Nesse sentido, embora o percurso desta pesquisa tenha trazido a possibilidade de algumas importantes reflexões, o tempo delimitado para o desenvolvimento do estudo foi insuficiente para um maior aprofundamento em questões que surgiram na construção do material empírico. Sendo assim, alguns aspectos não puderam ser aprofundados e serão guardados para as próximas pesquisas, como por exemplo: a discussão das questões de contrato, salário, carreira; a questão referente às agências de formação, entre outras.

No entanto, diante do contexto encontrado, constata-se a necessidade de que os governos tratem a EJA de uma forma mais consistente, abandonando a ideia das campanhas de alfabetização e dos cursos aligeirados de escolarização dos jovens e dos adultos. Reafirma-se, com isso, a necessidade de que esses governos organizem a EJA como uma modalidade de ensino, dedicando-lhe condições mínimas a um efetivo desenvolvimento do processo de ensino: salas de aula estruturadas; currículos flexíveis e adaptados à realidade da EJA; atendimento diferenciado dos educandos; recursos didáticos propícios ao trabalho e valorização do corpo docente, com justa remuneração e consistente formação – tanto inicial/acadêmica, com a criação de disciplinas obrigatórias sobre EJA nas Licenciaturas, quanto continuada, com o oferecimento de cursos voltados para a EJA, ancorados no processo de ação-reflexão proposto por Freire. Sobre isto, Di Pierro (2010) argumenta que, embora a formação de educadores para a EJA e sua profissionalização sejam pontos de convergência no discurso acadêmico e político, ainda constituem fonte permanente de tensões, pois quase não se avançou nessa área. Segundo a autora, essa ainda é uma lacuna a ser preenchida pelas políticas federais, que precisam induzir as IES a realizar pesquisas, a incluir a temática em seus currículos e a promover a especialização e a formação continuada para esses educadores.

Há que se respeitar a luta desses profissionais, que se fazem educadores de EJA e constroem a profissionalidade docente por sua própria vivência. Porém, a análise dos dados aponta para a necessidade de um maior cuidado com esse processo. A luta, a vivência, o comprometimento, a criatividade e a resiliência do educador de EJA são essenciais para o desenvolvimento de uma prática efetiva, mas não é o bastante para a construção dessa modalidade, havendo a necessidade de construção de um programa de formação desse profissional. Os caminhos de formação identificados, embora interessantes em algumas histórias, por serem resultado de uma construção pessoal, nem sempre vão atingir igualmente a todos os educadores, ou mesmo que atinjam serão sempre insuficientes diante da complexidade do campo de atuação.

Além disso, esses caminhos formativos são mais penosos e mais longos do que o seriam caso ocorresse um processo sistemático de formação. Embora sejam caminhos interessantes, por serem construídos pelos próprios educadores, pela vivência, pelo engajamento, pela militância, são insuficientes e talvez não contemplem aqueles educadores que não se encontram envolvidos no movimento de Fóruns. Afinal, essa resiliência identificada pode estar associada ao engajamento dos educadores selecionados para a pesquisa, participantes que são dos movimentos de Fóruns, não sendo uma realidade para a maioria dos educadores desse campo de atuação.

A seleção de educadores envolvidos com Fóruns não nos possibilitou analisar a situação de isolamento em que vivem aqueles que se encontram nas salas de aula da EJA, sem os recursos necessários para o desenvolvimento do trabalho e sem a formação construída pela participação nos movimentos de Fóruns. Ainda, a seleção de educadores com um maior tempo de serviço nos impossibilitou a análise da situação de provisoriedade daqueles educadores que, por não encontrarem um apoio institucional e as condições mínimas para o trabalho, acabam desistindo desse campo de atuação, voltando-se para as turmas do ensino regular.

Enfim, algumas conclusões foram tiradas, no que se refere às implicações de tudo o que foi exposto, no processo de formação do educador da EJA:

- as Licenciaturas precisam incluir em seus currículos as questões referentes ao campo de atuação da EJA, visto que todos os graduandos, ao se tornarem profissionais da educação, poderão ser direcionados ao trabalho com essa modalidade, necessitando de uma formação específica para o desenvolvimento do trabalho;
- as IES precisam valorizar mais o desenvolvimento de projetos de extensão, já que estes têm sido responsáveis pelo envolvimento dos graduandos com o campo da EJA, contribuindo para a sua formação, por permitir que aliem teoria, prática e pesquisa;

- as agências formadoras do educador da EJA precisam incluir em seus currículos a prática da consulta bibliográfica e o intercâmbio de livros, práticas que têm sido utilizadas com sucesso pelos educadores investigados na busca de formação. Também devem incluir a troca de experiências entre os educadores para a reflexão sobre a prática, buscando o aprimoramento desta, o que tem sido feito pelos educadores e tem trazido, segundo eles, bons resultados;
- é preciso que as agências formadoras valorizem, em seus currículos, a convivência em sala de aula, o relacionamento com os educandos, o enfrentamento dos desafios que se interpõem às práticas, a observação e a reflexão sobre a prática, por gerar nos educadores o amadurecimento profissional e o aprofundamento gradativo e contínuo nas questões específicas da EJA, pela busca da compreensão do processo e da construção de caminhos formativos para o trabalho.

Esses educadores necessitam de uma política pública de formação do educador da EJA. É preciso que se pense em um processo consistente de formação deste profissional, que tenha sua base em curso de graduação, inserindo-se nos cursos de pedagogia e Licenciaturas, disciplinas sobre a temática, estimulando-se o desenvolvimento de projetos de extensão nesse campo de atuação, criando-se condições para que esses educadores tenham a formação continuada em seus locais de trabalho, integrando teoria e prática, alimentando "as duas asas do pássaro" – formação teórica e formação prática – complementares e essenciais ao processo de profissionalização.

Referências

ARROYO, M. A nova configuração da EJA e seus impactos na formação dos educadores de jovens e adultos. *In*: SEMINÁRIO NACIONAL SOBRE FORMAÇÃO DE EDUCADORES DE JOVENS E ADULTOS, 1., [conferência], 22 maio 2006, Belo Horizonte.

BRANDÃO, Juliana Mendanha. *Resiliência*: de que se trata?: o conceito e suas imprecisões. Dissertação (Mestrado), UFMG, 2009.

DI PIERRO, M. C. Balanço e desafios das políticas públicas de educação de jovens e adultos no Brasil. *In*: SOARES, Leôncio *et al* (Org.). *Convergências e tensões no campo da formação e do trabalho docente*. XV ENDIPE. Belo Horizonte: Autêntica, 2010.

DI PIERRO, M. C. Notas sobre a redefinição da identidade e das políticas públicas de educação de jovens e adultos no Brasil. *Educação e Sociedade*, Campinas, v. 26, n. 92, out. 2005.

DINIZ-PEREIRA, J. E. Estudos e pesquisas sobre formação de educadores de jovens e adultos: análise dos trabalhos e pôsteres aprovados na ANPED (2000-2005). *In*: SEMINÁRIO NACIONAL SOBRE FORMAÇÃO DE EDUCADORES DE JOVENS E ADULTOS, 1., [mesa-redonda], 2006, Belo Horizonte.

DINIZ-PEREIRA, J. E.; FONSECA, M. C. F. R. Identidade docente e formação de educadores de jovens e adultos. *Educação & Realidade*, Porto Alegre, v. 26, n. 2, p. 1-28, 2001.

FÁVERO, O.; RIVERO, J. *Educação de jovens e adultos na América Latina*: direito e desafio de todos. Brasília: UNESCO, 2009.

FISCHER, N. B. A nova configuração da EJA e seus impactos na formação dos educadores de jovens e adultos. *In*: SEMINÁRIO NACIONAL SOBRE FORMAÇÃO DE EDUCADORES DE JOVENS E ADULTOS, 1., [debatedor da conferência], 22 maio 2006, Belo Horizonte.

FONSECA, M. C. F. R.; SCNHEIDER, S. M. Esse é o meu lugar... esse não é o meu lugar: relações geracionais e práticas de numeramento na escola de EJA. *In*: REUNIÃO DA ANPED, 33., out. 2010, Caxambu. *Anais*...

FRANCO, Francisco Carlos. A coordenação pedagógica e a educação de jovens e adultos. *In*: ALMEIDA, L. R.; PLACCO, V. M. N. S. *O coordenador pedagógico e o atendimento à diversidade*. São Paulo: Loyola, 2010.

FREIRE, P. *Pedagogia do oprimido*. Rio de Janeiro: Paz e Terra, 1987.

FREIRE, P. *Professora sim, tia não*. Rio de Janeiro: Paz e Terra, 1995.

GASKELL, G. Entrevistas individuais e grupais. *In*: BAUER, M. W.; GASKELL, G. (Ed.). *Pesquisa qualitativa com texto, imagem e som*: um manual prático. 6. ed. Tradução de Pedrinho A. Guaresch. Petrópolis: Vozes, 2007.

HADDAD, S. (Org.). *Novos caminhos em educação de jovens e adultos – EJA*: um estudo de ações do poder público em cidades de regiões metropolitanas brasileiras. São Paulo: Global, 2007.

MACHADO, M. M. (Org.). *Formação de educadores de jovens e adultos*: II Seminário Nacional. Brasília: SECAD/MEC; UNESCO, 2008.

MACHADO, M. M. A formação do educador de jovens e adultos na perspectiva da escolarização. *In*: SEMINÁRIO NACIONAL DE FORMAÇÃO DE EDUCADORES DE JOVENS E ADULTOS, 3., 2010a, Porto Alegre.

MACHADO, M. M. Processos de formação de educadores de jovens e adultos e os desafios políticos e pedagógicos da formação de educadores de EJA no Brasil. *In*: SOARES, Leôncio *et al.* (Org.). *Convergências e tensões no campo da formação e do trabalho docente*. XV ENDIPE. Belo Horizonte: Autêntica, 2010b.

MINAYO, M. C. S. (Org.); DESLANDES, S. F.; CRUZ NETO, O.; GOMES, R. *Pesquisa social*: teoria, método e criatividade. Petrópolis: Vozes, 1994.

NÓVOA, A. (Org.). *Os professores e a sua formação*. Lisboa: Publicações Dom Quixote, 1992.

RALHA-SIMÕES, H. Resiliência e desenvolvimento pessoal. *In*: TAVARES, José (Org.). *Resiliência e educação*. São Paulo: Cortez, 2009.

SCNHEIDER, Sonia Maria; FONSECA, Maria da Conceição Ferreira Reis. Esse é o meu lugar...esse não é o meu lugar: relações geracionais e práticas de numeramento na escola de EJA. Anais da 33ª Reunião da ANPED, outubro de 2010, Caxambu.

SCHÖN, D. A. *Educando o profissional reflexivo*: um novo design para o ensino e a aprendizagem. Tradução de Roberto Cataldo Costa. Porto Alegre: Artmed, 2000.

SILVA, F. A. O. R. *Tópicos em história recente da EJA*: a formação pela vivência nos fóruns regionais mineiros. Dissertação (Mestrado) – Faculdade de Educação, Universidade Federal de Minas Gerais, Belo Horizonte, 2008.

SOARES, L. (Org.). *Formação de educadores de jovens e adultos*. Belo Horizonte: Autêntica; SECAD-MEC; UNESCO, 2006.

SOARES, L. Formação de educadores: a habilitação em EJA nos cursos de Pedagogia. *In*: SOARES, Leôncio *et al.* (Org.). *Convergências e tensões no campo da formação e do trabalho docente*. XV ENDIPE. Belo Horizonte: Autêntica, 2010.

SOARES, L.; GIOVANETTI, M. A. G. C.; GOMES, N. L. *Diálogos na educação de jovens e adultos*. Belo Horizonte: Autêntica, 2005.

TAVARES, J. (Org.). *Resiliência e educação*. São Paulo: Cortez, 2009.

VÓVIO, C. L. Formação de educadores de jovens e adultos: a apropriação de saberes e práticas conectadas à docência. *In*: SOARES, Leôncio *et al.* (Org.). *Convergências e tensões no campo da formação e do trabalho docente*. XV ENDIPE. Belo Horizonte: Autêntica, 2010.

ZEICHNER, K. M. Formando professores reflexivos para a educação centrada no aluno: possibilidades e contradições. *In*: BARBOSA, Raquel Lazzari Leite (Org.). *Formação de educadores*: desafios e perspectivas. São Paulo: UNESP, 2003.

Circulação de crianças em Belo Horizonte: explorando a dimensão formativa da cidade

Samy Lansky
Ana Maria R. Gomes

A temática do deslocamento das pessoas pelos espaços urbanos tem se constituído como objeto de estudos em distintos campos disciplinares, tais como o planejamento urbano, geografia, engenharia, educação, sociologia e antropologia. Se por um lado, o campo do planejamento e engenharia adotam as noções de transporte, mobilidade e trânsito como focos das análises, este texto procura abordar a dimensão formativa deste movimento, a partir da circulação das crianças pelas cidades, ou seja, propõe-se a discutir a temática na perspectiva dos sujeitos – ou, melhor dizendo, desses sujeitos. Nesse sentido, busca dialogar com as análises oriundas da sociologia e antropologia urbanas e da criança, ao apresentar parcialmente os resultados de pesquisa realizada com crianças em recorte socioespacial caracterizado pela desigualdade em um espaço público de Belo Horizonte, localizado entre uma favela e um bairro de classe média alta, ou seja, numa fronteira urbana.[1] Propõe como eixos de reflexão, inicialmente, pesquisas que abordam a temática do deslocamento no espaço; em seguida aborda a circulação de crianças em contextos urbanos e finaliza com a apresentação de recorte da pesquisa que buscou formas de espacialização gráfica de informações etnográficas, com o objetivo de registrar e analisar o *movimento* e as *práticas* das crianças no espaço público urbano.

[1] Lansky (2012). Partes deste texto trazem reelaborações de alguns dos capítulos da tese.

Os sentidos do movimento na cidade

Circular pela cidade é sem dúvida uma experiência formativa, que pode ter diferentes formas de condução e desdobramentos os mais diversos. No entanto, o atual quadro de violência associada à vida nas grandes metrópoles – a começar por aquela do trânsito de veículos motorizados – gerou uma percepção já cristalizada de que circular pela cidade, e especialmente caminhar, seja uma atividade de risco, completamente distante de qualquer experiência formativa positiva. Para recuperar tal possibilidade, retomaremos algumas análises sobre a circulação no espaço urbano e sobre o próprio movimento, que podem nos ajudar a tomar distância dessa percepção compacta e negativa que o deslocamento nas grandes cidades evoca, para então nos perguntar sobre a circulação das crianças pela cidade, circulação essa mais ainda associada à ideia de inadequação e alto risco.

O sociólogo urbano Isaac Joseph, ao se referir às análises da Escola de Chicago afirma que

> a ecologia urbana foi desde a origem a ecologia da mobilidade. Habitar uma cidade não é apenas ter nela sua residência, mas é mudar de residência, passar de uma para outra residência, de um lugar para outro, de uma região para outra [...] O citadino é alguém que se locomove, e o movimento é parte fundamental de sua atividade (JOSEPH, 2005).

Ao citar Robert Park, Joseph lembra que o autor define o conceito de segregação da seguinte forma: "estar cativo em um território, sem possibilidade de freqüentar outros", o que indicaria "a importância da temática da acessibilidade urbana na sociologia dos espaços públicos e a importância dos *locais-movimentos da cidade* (estações de trem e rodoviárias, estações de metrô, aeroportos etc.)" (JOSEPH, 2005, destaques do autor).

Para o filósofo Michel de Certeau, o simples ato de andar pela cidade pode revelar sentidos e apropriações atribuídos ao espaço para além da ordem dominante:

> se é verdade que existe uma ordem espacial que organiza um conjunto de possibilidades (por exemplo, por um local por onde é permitido circular) e proibições (por exemplo, por um muro que impede prosseguir), o caminhante atualiza algumas delas. Deste modo, ele tanto as faz ser como aparecer. Mas também as desloca e inventa outras, pois as idas e vindas, as variações ou as caminhadas privilegiam, mudam ou deixam de lado elementos espaciais (2001[1990]) p. 177-178).

O antropólogo Tim Ingold considera que o conhecimento sobre o ambiente sofre formação contínua durante o movimento das pessoas pelo mesmo. Conhecer a cidade significa, portanto, mover-se nela. Para o autor (INGOLD, 2000b), conhece-se o ambiente *enquanto* caminha-se; argumenta que o desenvolvimento dos transportes é parte das mudanças atribuídas à modernidade, o que nos levou a dar grande peso à distinção entre as atividades da mente em repouso e em movimento, entre cognição e locomoção, e entre o espaço da vida social e cultural e o chão sob o qual a vida é materialmente constituída. Segundo o autor, na experiência das elites europeias, a partir do século XVIII, as pessoas se conduziam e contavam sobre viagens como se não tivessem realizado um percurso espacial. O que era referido aparecia apenas como conexões entre dois pontos, origem e destino: "Andar era para o pobre, o criminoso, o jovem, e sobretudo o ignorante" (JAVIS, 1997, *apud* INGOLD, 2011, p. 38, tradução nossa). O autor acrescenta que, à medida que o transporte público se tornou acessível para pessoas comuns, e o andar se configurou como uma questão de escolha, não de necessidade, o estigma de pobreza associado aos que caminhavam desapareceu e a paisagem passou a se resumir ao destino aonde se quer chegar (URRY, 2000 *apud* INGOLD, 2011, p. 38, tradução nossa). Compara ainda tal orientação com a disseminação do uso de cadeiras no mundo moderno, que teve sua origem mais como sinal de distinção do que de real necessidade. Segundo Ingold (2011, p. 39), sentados em cadeiras, desenvolvemos uma "percepção sedentária do mundo", ou seja, pensamos em posição distante do solo, sem tocá-lo, como nas viagens sem percurso – e, para o autor, aí está uma das noções que fundam a separação entre pensamento e ação e entre mente e corpo, o que ele denomina de *groundlessness*,[2] que caracterizaria, portanto, os modos de habitar em metrópoles modernas.

A partir dessas reflexões, retomamos Magnani ao propor um enfoque "de perto e de dentro" para a pesquisa urbana, que a diferencia da forma etnográfica que chama de "passagem". Enquanto esta última consiste em percorrer a cidade observando espaços, equipamentos e personagens, o olhar "de perto e de dentro" busca observar o urbano "a partir dos arranjos dos próprios atores sociais, ou seja, das formas por meio das quais eles se avêm para transitar pela cidade" (MAGNANI, 2002, p. 18). Enquanto no enfoque de "passagem" o

[2] *Groundlessness*: qualidade daquilo que não tem chão (tradução nossa).

fio condutor se baseia nas escolhas e nos trajetos definidos pelo próprio pesquisador, no "de perto e de dentro" o foco é no grupo, sua prática e a paisagem em que se desenvolve tal prática, "entendida não como mero cenário, mas parte constitutiva do recorte de análise".

É com esse sentido revigorado de circulação pela cidade que nos propomos a indagar sobre as experiências do movimento das crianças no espaço urbano. Afinal, por onde andam as crianças urbanas? Como circulam pela cidade? Quais as práticas que realizam nos espaços públicos e de que modo? De que forma tais práticas as constituem como sujeitos na/da cidade – cidadãos – e o que essa circulação pode nos revelar sobre a própria cidade?

A circulação de crianças pelos espaços urbanos

Ao tratar da temática da criança no espaço urbano, cabe reiterar que o contraponto moderno-industrial entre vida pública (relacionada ao homem adulto) e vida privada (relacionada à mulher e à criança) deu origem à separação entre o universo adulto e o infantil (SENNET, 1988 [1974]) e significou o surgimento de uma série de espaços e objetos produzidos especificamente para as crianças, tais como as escolas, creches, parques, museus, etc. Por outro lado, cabe destacar a atração que os espaços públicos exercem e os sentidos atribuídos às ruas pelas crianças.

> Se a partir do olhar do adulto afirma-se uma representação que associa a criança aos domínios do privado, representação que se traduz num conjunto de práticas sociais de retirada dos domínios da vida (e da via) pública, para a criança, a rua constitui poderoso atrativo. É na rua que se exerce, com maior força, a sociabilidade infantil, que tem na atividade do brincar sua expressão, no interior do grupo de pares (GOMES; GOUVEA, 2008, p. 55).

Considerando a cidade como campo de tensão e de disputas, Seabra (2005, p. 2) afirma que a partir do início do século XX, no Brasil, os diferentes interesses e demandas implicaram novas modalidades de usos dos espaços urbanos, resultando na normatização e na subtração à sociedade dos espaços intersticiais, destinados às práticas espontâneas. O principal objetivo dessa subtração foi a constituição dos espaços de circulação de automóveis (sempre insuficientes) para a produção e distribuição de mercadorias. Para a autora, a disseminação do automóvel e da cultura automotiva condicionam as modalidades dos usos dos espaços públicos livres e, neste sentido, subtraiu a rua e demais espaços às crianças.

Progressivamente a criança urbana brasileira tornou-se uma das principais vítimas da segregação socioespacial, resultando – nos extremos – em casos de confinamento e/ou controle excessivo para alguns grupos e de marginalização para outros. No entanto, a percepção da rua como o lugar do desvio, inseguro, inadaptado às necessidades das crianças corresponde, muitas vezes, a uma concepção europeia não compartilhada pelos grupos populares dos países sul-americanos. Segundo Lucchini (*apud* PARGA, 2004), esta percepção pode contribuir com as concepções de infância pobre como inadaptada, marginal, "sem lugar" na sociedade. Cabe observar que a segregação socioespacial das crianças não é universal e nem encontrada em todos os ambientes, pois é possível constatar que se distingue, dependendo do local, em função dos grupos sociais que o habitam e das dimensões da cidade, e ainda varia de acordo com a faixa etária e gênero.

Ao abordar a circulação das crianças pelos espaços urbanos, é importante destacar que a crescente ausência de autonomia infantil em relação à mobilidade nos meios urbanos contemporâneos (NETO, 2006) é um dos fenômenos associados a crianças europeias, norte-americanas e às brasileiras de classe média e alta, moradoras de bairros e condomínios. Por outro lado, em diversos estudos brasileiros, observou-se que o terreno em que a favela se localiza e até mesmo as ruas próximas são exploradas pelas crianças, constituindo, também, um território infantil, onde exercem considerável domínio.

"A maior parte das crianças querem mais autonomia" (TONUCCI, 1996, p. 78). Distintamente dos adultos, cujos deslocamentos na cidade são vividos como ligações entre um ponto e outro como projetos de futuro ligados a uma função, as crianças vivem seus deslocamentos

> como uma sucessão de momentos presentes, cada um importante por si, cada um digno de uma pausa, de um assombro, de um contato. Então os tempos se alargam, os bolsos das crianças se enchem de pedras, de folhas, de papéis e a mente se preenche de imagens, de perguntas, de novos descobrimentos (TONUCCI, 1996, p. 69-70, tradução nossa).

> Ir a pé e passear é para nós um prazer, um presente que nos oferecemos de vez em quando; no entanto para as crianças é uma necessidade (TONUCCI, 1996, p. 69, tradução nossa).

Veremos a seguir que ao abordar as formas como as crianças usavam e circulavam pelos espaços de uma região de fronteira urbana em Belo Horizonte, buscou-se, por meio de um estudo etnográfico, dar visibilidade e espacializar graficamente as informações sobre as práticas e o movimento das crianças.[3]

A circulação de crianças numa fronteira em Belo Horizonte

Os arredores do Parque da Barragem Santa Lúcia em Belo Horizonte, localizado na fronteira entre uma favela (o Morro do Papagaio) e bairros de classe média alta (São Bento, Santa Lúcia, entre outros) apresentam-se como ocasião de copresença em ambiente ambíguo em que tomam expressão alguns aspectos que, de forma mais abrangente, caracterizam espaços públicos na cidade grande brasileira e a experiência urbana: a descontração e o lazer; e, ao mesmo tempo, a violência multifacetada e multidirecional. Com objetivo de investigar crianças nos espaços públicos neste recorte socioespacial, o pesquisador se deslocava pelas ruas, praças e parques caminhando a pé pela fronteira que, apesar de porosa, era muito visível. Assim, foi possível observar a circulação das crianças moradoras dos bairros e do Morro, e foram observados fluxos de circulação das crianças para além dos limites do Parque, especialmente nos trajetos que ligam este a escolas localizadas nos extremos do espaço definido para a investigação.

Inspirada em Goffman (1959), *cena* foi a unidade de análise utilizada para a organização e o registro da observação de campo e foi associada a um local e um momento específico do dia, a presença de crianças, o tipo de atividade, a presença ou não de brinquedos, equipamentos e demais elementos do ambiente. As crianças presentes nas cenas foram classificadas por gênero, faixa etária, local de moradia (bairros, Morro ou não moradoras dos arredores) e segundo a presença ou não de acompanhantes (segundo o gênero, a faixa etária, moradoras dos bairros, do Morro ou não moradoras dos arredores), se estavam no espaço entre pares (classificados por gênero e local de moradia) ou se estavam a sós. Neste texto apresentaremos alguns mapas realizados com

[3] A discussão sobre a fronteira urbana não será aqui retomada, e remetemos a Lansky (2012), para maior detalhamento.

intuito de apresentar o instrumento, sem no entanto explorar sua potencialidade.[4]

O mapa a seguir (FIG. 1) apresenta a circulação das crianças nos arredores da Barragem Santa Lúcia. Representa – por meio de manchas – a densidade de cenas com todas as crianças,[5] ou seja, a presença das crianças nas cenas, os espaços e equipamentos mais recorrentemente utilizados e os trajetos realizados por crianças moradoras do Morro – por meio de linhas.[6]

Ao apresentar a circulação das crianças pelos espaços como linhas, foi representado o movimento que realizavam ao longo do tempo e o entrelaçado de suas jornadas de vida. Reiterando, ao se referir ao emaranhado tecido pelas linhas de movimento das pessoas, animais, plantas e coisas, Ingold (2011) contesta a ideia de ligação entre pontos que o conceito moderno de transporte urbano adota e, portanto, questiona a metáfora das redes (*networks*) que essas linhas formariam. Utilizando em contraponto o conceito de malha (*meshwork*), proposto por Lefebvre (1991 [1974]), Ingold retoma assim as características do movimento urbano.

[4] Cabe destacar que a categoria espaço é pouco explorada no campo da educação e a necessidade de se avançar nos processos de sistematização do uso de instrumentos adequados, tema sobre o qual aqui fazemos somente breve referência. Para maior detalhamento, ver Lansky (2012).

[5] Resultam da espacialização das 266 cenas com crianças observadas na primeira fase no campo, anotadas em diário, organizadas em planilhas e lançadas no programa *ArcGis* sobre foto de satélite extraída do *Google Earth*.

[6] Realizadas com o programa *Google Earth*.

FIGURA 1: Circulação e presença de crianças nos arredores da Barragem Santa Lúcia

Fonte: Mapa realizado por Samy Lansky com a colaboração de Lauro Fráguas e João Paulo Fontoura de Souza.

As crianças do Morro eram bastante presentes e deixavam suas marcas nos arredores da Barragem Santa Lúcia. Já a presença das crianças dos bairros foi observada apenas pontualmente. Especialmente entre o coco e a "biquinha", a quadra pequena e "parquinho", o Clube de Trocas de figurinhas e em frente a diversos estabelecimentos comercias foram apropriados pelas crianças de distintos modos e para distintos tipos de atividade.

Ao acompanhar a circulação das crianças para além do espaço do Parque (nos bairros, no Morro e no trajeto entre as moradias e as diversas escolas da região – FIG. 1), foi possível observar, conforme Tonucci (1996), a importância e a riqueza deste movimento, vivido pelas crianças como momentos de conhecer o ambiente, de partilha entre pares e intergeracional, de encontro e de brincadeira. Apesar da importância desta observação e do potencial de análise que suscita, abordamos a seguir apenas algumas práticas dos espaços próximos ao Parque, mediante um recorte espaciotemporal e da maior densidade de ocorrência de cenas observadas.

O Clube de Trocas

Principalmente aos sábados pelas manhãs, quando o clima estava ameno e seco, o Clube de Trocas de figurinhas reunia muitas pessoas na Praça República do Líbano, contígua ao Parque: homens, mulheres, rapazes, moças e crianças sentavam-se na grama, nos bancos, nas muretas em torno dos canteiros e no piso, formavam rodas e vasculhavam os montinhos de figurinhas repetidas uns dos outros. A "camaradagem" dava tom ao jogo entre os participantes e a cena era recorrente: feira de frutas e verduras entre o Parque e a Praça, homens negros lavando carros e especialmente os meninos moradores dos bairros trocando figurinhas no espaço.

Mesmo durante os horários estipulados pela banca de revistas para o Clube, a troca ocorria para além do regulamento, tanto por aqueles cujos interesses se restringiam ao jogo quanto pelos que percebiam uma possibilidade de trabalho e de busca por recursos financeiros. Aos sábados, quando a banca se fechava, muitos continuavam na Praça trocando e jogando. Entre os participantes, a troca era realizada por meio de regras próprias, bem mais flexíveis das que a banca tentava impor.

O fato de ser necessário um investimento financeiro para participar do jogo fazia com que a entrada de meninos e meninas do Morro no jogo acontecesse de forma distinta: entravam na brincadeira ao receberem as figurinhas repetidas daqueles que completavam os álbuns. A partir dai meninos e meninas passavam a trocá-las e a vendê-las, a participar do jogo e da troca.

Interessante notar os mecanismos de exclusão/inclusão das crianças moradoras do Morro: se por um lado a questão financeira poderia impedi-los de brincar, acabavam por criar as próprias maneiras de se incluírem e participar do jogo e de atravessar a barreira imposta pela lógica adulta: não compravam figurinhas, mas, ao interagirem inicialmente como observadores e colaborar com aqueles que trocavam, acabavam encontrando suas "brechas", ganhavam as figurinhas dos que completavam a coleção e, a partir daí, passavam a trocá-las e a vendê-las.

Diante da observação de que as crianças dos bairros frequentavam pouco ou não frequentavam os espaços públicos em torno da Barragem Santa Lúcia, da postura individualizada e do estranhamento, próprios da experiência urbana, do confinamento das crianças de classe média (que nesse contexto se expressava pela presença pontual das crianças dos bairros em locais públicos), poderia afirmar que esse fenômeno se apresenta como uma exceção à regra.

Quando considerado nesse contexto, o Clube de Trocas de figurinhas tornava-se a ocasião que essas crianças encontravam para estarem em público e uma "brecha" para que interagissem com desconhecidos, inclusive de outras gerações e grupos sociais.

Tanto meninas quanto meninos dos bairros não foram observados entre pares; estavam sempre na companhia de jovens ou de adultos, presença claramente distinta se comparada com a presença das meninas e meninos do Morro, ambos presentes entre pares em todas as ocasiões observadas. As crianças dos bairros não circulavam a pé pelo local, apenas em automóveis. Já para as do Morro, a Praça fazia parte do cotidiano delas e circulavam pelo local a pé ou de bicicleta, o que revelou maior autonomia dessas crianças em sua mobilidade por esses espaços da cidade.

Além disso, criavam formas próprias de jogar e estabeleciam interações mais diretas, posição igualmente distinta da condição das crianças dos bairros, cujo lugar no Clube muitas vezes se limitava ao de observador. Os objetivos e significados impressos ao jogo eram igualmente distintos se comparados esses grupos. Para o dos bairros, o jogo tinha significado em si, já para o do Morro, além da brincadeira, significava acesso a recursos financeiros e, consequentemente, eles escolhiam o que comprar, ou seja, adquiriam certa autonomia nesse sentido também.

No caso do Clube de Trocas, as crianças do Morro aprendiam e criavam modos próprios de participar do jogo, pois desenvolviam progressivamente novos modos de participação. No início, observavam, tentavam jogar e acabavam por criar outras maneiras coletivas, próprias do grupo, de entrar no jogo, distintas dos modos como as dos bairros participavam e do papel da banca de revistas. As crianças do Morro encontravam, portanto, uma abertura e se tornavam jogadores, ao buscar as figurinhas para outros, trocá-las, vendê-las e jogar. A troca tornou-se, nesse contexto específico, partilha, interação e copresença no espaço, no entanto, grupos distintos ocupavam papéis também distintos no jogo.

Isso não acontece em muitos dos espaços públicos de Belo Horizonte. Esse espaço, sua organização, o mobiliário, a sombra, o comércio, a feira de verduras e o fluxo diversificado de pessoas contextualizam o fenômeno. A existência da banca, seu papel regulador, a disposição de fomentar os usos do espaço, a existência de bancos e árvores eram fundamentais para que tudo isso acontecesse ali. O Clube da Troca revelou, ainda, a presença marcante e a importância do jogo na cidade (LEFEBVRE, 2009 [1968]). Enfatize-se que ocorria – apesar das complexas *nuances* presentes – interação intergeracional e interclasses, promovida por um estabelecimento comercial privado e que, para além das relações em torno da busca por recursos, possibilitaria ou criaria uma oportunidade para que um encontro entre grupos etários e sociais distintos ocorresse por meio de um jogo no espaço público.

A conjugação entre espaços públicos, coletivos e privados presentes no local tomava expressão especial nos usos da Praça. A organização do seu espaço, a ocupação das edificações em seu entorno (de caráter residencial e comercial), a presença de equipamentos e sua localização estratégica propiciavam e fomentavam a interação entre grupos distintos. Na "pracinha" (como as crianças a denominaram), os bancos, as árvores, as rampas, os gramados nivelados e os entaludados, caminhos e largos cimentados e o telefone público, conjugados com a banca de revistas, ofereciam oportunidade de interação.

Entre o coco e a "biquinha"

Este local era bastante apropriado tanto pelos moradores do Morro, dos bairros e de outras regiões da cidade, especialmente pelas crianças acompanhadas, entre pares ou mesmo sozinhas que o utilizavam para diversas práticas (FIG. 2). Constitui-se de um espaço livre e amplo, sem obstruções, onde é possível observar tanto o Morro quanto os bairros e a "lagoa" (Barragem Santa Lúcia) de uma só visada. Fazia parte do trajeto realizado cotidianamente a pé ou de bicicleta pelos moradores do Morro e, logo ali em frente, era onde os moradores dos bairros estacionavam seus carros, que utilizavam o local especialmente para as atividades de lazer. Em dias de calor, a "biquinha" (espécie de cascata artificial) era um dos equipamentos mais procurados pelas crianças moradoras do Morro, que se reuniam, com ou sem acompanhantes, para "nadar" e depois secar, deitados no piso cimentado do parque. A barraca de coco, por abastecer as pessoas com bebidas (água de coco, sucos, etc.), tornou-se forte referência tanto para os moradores dos bairros quanto para os do Morro.

FIGURA 2: Cenas com crianças, acompanhantes, brincadeiras e jogos entre o coco e a "biquinha"

Fonte: Mapa realizado por Samy Lansky com a colaboração de João Paulo Fontoura de Souza, com o programa *Google Earth.*

Um fenômeno que chamava a atenção pela recorrência era a presença de crianças pequenas, meninos e meninas moradoras dos bairros, nos dias úteis da semana. Invariavelmente, todas as manhãs, entre 9 e 11 horas, foi possível observá-las acompanhadas de mães, alguns pais, avós, avôs e, principalmente, de suas babás, sentadas num dos bancos de alvenaria ou no chão, próximas da barraca de coco, onde era possível alternar entre a exposição ao sol e a sombra.

As crianças dos bairros foram observadas no local nesse horário nos primeiros anos de vida, antes de frequentarem a escola, ou seja, a maioria tinha até 2 anos de idade e ensaiava os primeiros passos. Crianças maiores eram pouco presentes. As famílias e suas babás traziam para o local alguns brinquedos e os espalhavam sobre toalhas estendidas no piso, onde colocavam as que engatinhavam, sentavam-se e brincavam juntas. Algumas mulheres dos bairros praticavam exercícios físicos, enquanto deixavam seus filhos pequenos com avós ou babás. Muitas eram acompanhadas exclusivamente pelas babás e, nesses casos, as mães as deixavam no local com os filhos de carro e depois vinham buscá-los. A frequência diária nesse local pelas manhãs acabou por formar grupos que se encontravam cotidianamente e conversavam, para além dos espaços familiares, escolares, etc.

As crianças pequenas do Morro não foram observadas nessas situações, mas apenas de maneira pontual ao participarem exclusivamente de atividade escolar. Nesse contexto, as brincadeiras que realizavam eram coletivas, em círculos grandes dos quais todos participavam com a orientação das educadoras. Não dispunham de autonomia para circular e para escolher a brincadeira que preferiam. Ao se sentirem atraídas pela presença das crianças pequenas acompanhadas, foram impedidas de estabelecer contato.

As crianças pequenas moradoras dos bairros tinham a oportunidade de tomar sol e vento, compartilhar os brinquedos, desenhar no piso, aprender a andar, ter contato com cachorros, socializar. A interação entre crianças era mediada pelos adultos, até mesmo quando ocorria conflito resultante de empréstimos dos brinquedos. Andadores, carrinhos, velocípedes e outros brinquedos com rodas eram muito presentes, e as crianças experimentavam o movimento de andar, com ou sem os veículos, sob a proteção e o amparo dos adultos. Nesse espaço, portanto, as crianças aprendiam a andar, e esse fato se relacionava diretamente com suas características, ou seja, sua declividade suave, ausência de barreiras, conforto para os adultos proporcionado pelos bancos, a sombra, a possibilidade de se beber algo, etc.

Esse fato confirma, de certa maneira, o que Lynch e Lukashok (1991 [1990]) observaram. Ao analisar os elementos mais mencionados em entrevistas realizadas sobre as memórias que as pessoas guardavam sobre as cidades, os autores concluíram que o piso é um dos elementos mais marcantes e importantes para a atividade infantil, especialmente quando é gramado: "Não apenas os gramados, mas o piso inteiro do ambiente é de grande importância para a criança. Poucas coisas são tão associadas ao brincar" (LYNCH; LUKASHOK, 1991 [1990], p. 157, tradução nossa).

A presença de crianças pequenas em praças e parques em Belo Horizonte, nas manhãs dos dias úteis, é recorrente e foi observada em outros locais. Poderia considerar que faz parte do cotidiano de diversas crianças moradoras da cidade e que a escolha de determinado espaço está relacionada à proximidade das moradias. Entretanto, esse local tinha especificidades. Em primeiro lugar, a presença de água era marcante, desde a presença visual forte da "lagoa", a água de coco e a "biquinha". Além disso, era possível alternar entre a sombra e o sol, sentados no banco em frente a um piso levemente inclinado e desobstruído, o que possibilitava aprender a andar e a andar de velocípede e bicicleta sem grandes riscos.

Interessante observar, ainda, que alguns casais preferiam promover pequenas comemorações de aniversário no local. Levavam mesas, balões e ofereciam doces, salgados e bebidas a todos os que se aproximavam, incluindo o desconhecido pesquisador e algumas crianças do Morro.

Foram observados no campo distintos modos de comemoração de aniversário que revelaram aspectos bastante distintos, ainda que entre crianças. Enquanto um menino do bairro comemorava no Parque com a família e amigos, distribuía bolo e refrigerantes para quem se aproximava, ou seja, buscava o espaço público e a sociabilidade aberta que este pode possibilitar, outras crianças do mesmo grupo social preferiam comemorar em casa ou nos salões de festas infantis. Por outro lado, um menino morador do Morro (9 anos), convidou o pesquisador para sua festa de aniversário em sua casa, indicando uma modalidade que se expande em diferentes grupos sociais. A festa aconteceu num terraço onde uma mesa de doces era rodeada de decoração típica de festa infantil. Um outro menino do Morro (10 anos), no dia de seu aniversário disse que não teria festa, mas a mãe havia prometido levá-lo ao Parque Municipal e que iria andar de barquinho, pois gostava de remar sozinho. O Parque Municipal era para esse menino, como para outras crianças do Morro, uma referência de espaço público para a comemoração de aniversário.

Os modos de comemorar aniversários nos revelam mais um elemento que conforma distintas experiências de infâncias nesse local. O menino aniversariante do bairro era muito presente no local, levado muitas vezes pelo pai, e muitos ali o conheciam pelo nome. Ao escolherem esse local para a presença cotidiana das crianças pequenas (e, desse modo, criar oportunidades de se socializarem, ter contato com animais, com outros grupos sociais, de andar e para esse tipo de comemoração), essas famílias revelaram disposição ao encontro com a diversidade distinta de outras famílias pertencentes ao mesmo grupo social, mais afeitas ao isolamento entre pares, em bairros ou condomínios fechados. Poderia considerar que a presença desse grupo de crianças e famílias constituía uma sociabilidade singular, para além daquelas construídas das relações de parentesco, da escola ou do condomínio.

Ao observar esse mesmo local em outros horários, foi possível encontrar outros usos, por outras crianças e perceber que, para as crianças do Morro, esse local fazia parte de seus trajetos de circulação cotidiana.

Ao observar os usos do espaço entre o coco e a "biquinha" em outros horários, é possível afirmar que era um local de referência forte para as crianças do Morro, utilizado por elas espontaneamente e, principalmente, nos finais dos dias úteis, durante todo o dia aos sábados e domingos e pontualmente pelas crianças maiores dos bairros (FIG. 2). As crianças do Morro circulavam pelo local cotidianamente a pé e de bicicleta – no trajeto entre a casa e a escola e entre a casa, a padaria, a farmácia e o centro comercial, onde algumas buscavam recursos e brincavam.

Era nesse local que as crianças, tanto do Morro quanto dos bairros, circulavam em carrinhos empurrados pelos adultos, andavam de velocípede e aprendiam a andar de bicicleta, acompanhadas pelos adultos (FIG. 2). Além disso, as do Morro circulavam de bicicleta pelo espaço cotidianamente em suas brincadeiras e tarefas diárias.

Considerações finais

Como esta breve exploração dos dados permite ilustrar, a presença e a utilização de espaços urbanos pelas crianças são aqui considerados contextos privilegiados de aprendizagem da cidadania. Ao introduzir a questão do poder e da hierarquia nas relações sociais, as diferentes formas de participação no mundo urbano implicariam diferentes posições assumidas pelos sujeitos na cidade e diferentes possibilidades de aprendizagem da/na cidade.

Diante da atração que os espaços públicos exercem nas pessoas, especialmente nas crianças, é possível afirmar que caso as cidades apresentem espaços públicos em quantidade e qualidade e condições adequadas à presença e ao deslocamento das crianças em graus de autonomia variados, a interação entre pessoas desconhecidas e a copresença urbana poderiam ser percebidos e vividos de forma distinta da que atualmente experimentamos em Belo Horizonte. As maneiras como as crianças ocupavam as brechas que encontravam na Barragem Santa Lúcia indicam articulações potenciais que poderiam ser desdobradas e expandidas para possibilitar outras formas de interação com a cidade.

Cabe ainda registrar a necessidade de se passar a um uso mais consistente dos instrumentos que possibilitam uma análise espacializada da circulação das crianças, ainda muito pouco explorados, ou mesmo inexplorados, especialmente no campo da educação e na elaboração de políticas educacionais.

Diante do quadro de violência (inclusive do trânsito) presente nas grandes cidades brasileiras, para obtermos avanços nessas políticas, será necessária a articulação conjunta entre os diversos atores envolvidos (as crianças, os pais, as escolas), e diversos setores (público e privado; educação, cultura e políticas sociais, dentre outros) para encontrar proposições que garantam a configuração de circuitos ricos e seguros em que as crianças (mas não só elas) possam transitar.

Referências

CERTEAU, M. *A invenção do cotidiano*: 1. artes de fazer. 6. ed. Petrópolis: Vozes, 2001 [1990].

GOFFMAN, E. *The presentation of self in everyday life*. New York: Anchor Books, 1959.

GOMES, A. M. R. Outras crianças, outras infâncias?. *In*: GOUVEA, M. C. S.; SARMENTO, M. *Estudos da infância*. Petrópolis: Vozes, 2008.

GOMES, Ana Maria Rabelo; GOUVEA, Maria Cristina Soares de. *A cidade e a criança*: entre a sedução e o perigo. *In*: DEBORTOLI, J. A. O.; MARTINS, M. F. A.; MARTINS, S. (Org.). *Infâncias na metrópole*. Belo Horizonte: Ed. UFMG, 2008.

INGOLD, T. *Being alive*. Routledge: Oxon, 2011.

INGOLD, T. *Jornada ao longo de um caminho de vida*: mapas, descobridor-caminho e navegação. Tradução do Núcleo de Antropologia Urbana (NAU) da Universidade de São Paulo (USP) do cap. 13 "*To* Journey along a way of life: maps, wayfinding and navigation" de *The perception of the environment*: essays livelihood, dwelling and Skill. Londres: Routledge, 2000a. Disponível em: <www.scribd.com/doc/65123879/Tim--Ingold-Religiao-e-Soc-2005>. Acesso em: 1º fev. 2012.

INGOLD, T. *The perception of the environment*: essays in livelihood, dwelling and skill. London: Routledge, 2000b.

JOSEPH, I. Entrevista. 2005. Disponível em: <http://lemetrolemetro.blogspot.com>. Acesso em: abr. 2011.

LANSKY, S. *Na cidade, com crianças*: uma etno-grafia espacializada. 2012. Tese (Doutorado em Educação) – Faculdade de Educação, Universidade Federal de Minas Gerais, Belo Horizonte, 2012.

LANSKY, S. *Praça Jerimum*: cultura infantil no espaço público. 2006. Dissertação (Mestrado em Educação) – Faculdade de Educação, Universidade Federal de Minas Gerais, Belo Horizonte, 2006.

LEFEBVRE, H. *O direito à cidade*. São Paulo: Centauro, 2009 [1968].

LEFEBVRE, H. *The production of space*. Oxford: Blackwell Plubishers Ltd., 1991 [1974].

LYNCH, K.; LUKASHOK, A. K. Some childhood memories of the city (1956). *In*: BANERJEE, T.; SOUTHWORTH, M. *City sense and city design*: writings and projects of Kevin Lynch. Londres: MIT Presss, 1991 [1990].

MAGNANI, J. G. C. De perto e de dentro: notas para uma etnografia urbana. *Revista Brasileira de Ciências Sociais*, v. 17, n. 49, p. 11-29, 2002.

NETO, Carlos. *A criança e o jogo*: perspectivas de investigação. Disponível em: <http://www.fmh.utl.pt>. Acesso em: 08 ago. 2006.

PARGA, J. S. *Orfandades infantiles y adolescentes*: introducción a una sociología de la infancia. Quito: Abya-Yala, 2004.

SEABRA, Odette Carvalho de Lima. *Viver na metrópole*: o espaço da criança. Texto apresentado em mesa-redonda no IX Simpósio de Geografia Urbana em Manaus, em 2005. Não publicado.

SENNETT, R. *O declínio do homem público*: as tiranias da intimidade. São Paulo: Companhia das Letras, 1988 [1974].

TONUCCI, F. *La ciudad de los niños*: un modo nuevo de pensar la ciudad. Buenos Aires; Losada: UNICEF, 1996.

Sobre os autores

Ana Maria R. Gomes – Doutora em Educação pela Universidade de Bolonha com Pós-Doutoramento no Museu Nacional (UFRJ). Professora Associada da Faculdade de Educação da UFMG e do Programa de Pós-Graduação em Educação da UFMG. Coordenadora do Grupo de Educação Indígena e Pesquisadora do CNPq.

Andréia Rosalina Silva – Graduada em Ciência da Informação - UFMG. Mestre em Educação pelo Programa de Pós-Graduação em Educação – Conhecimento e Inclusão Social da FaE da UFMG. Atua em biblioteca, diversidade, cultura afro-brasileira, identidade racial, extensão universitária e políticas públicas.

Brenda Franco Monteiro Prado – Pedagoga na Secretaria de Estado de Defesa Social de Minas Gerais. Mestre em Educação, pelo Programa de Pós--Graduação em Educação – Conhecimento e Inclusão Social da Faculdade de Educação da UFMG.

Carmem Lucia Eiterer – Doutora em Educação pela Universidade de São Paulo (USP). Professora Associada da Faculdade de Educação e do Programa de Pós-Graduação em Educação da UFMG. Pesquisadora do Núcleo de Educação de Jovens e Adultos.

Érica Dumont Pena – Enfermeira. Mestre em Educação, pelo Programa de Pós-Graduação em Educação – Conhecimento e Inclusão Social da Faculdade de Educação da UFMG. Integrante do Núcleo de Estudos e Pesquisas sobre Infância e Educação Infantil (NEPEI/FAE/UFMG).

Fernanda Vasconcelos Dias – Pedagoga. Mestre em Educação pelo Programa de Pós-Graduação em Educação – Conhecimento e Inclusão Soicial da UFMG. Integrante do Observatório da Juventude da UFMG. Professora da Faculdade de Ciências Sociais Aplicadas de Belo Horizonte.

Geraldo Leão – Doutor em Educação pela Universidade de São Paulo (USP). Professor Associado da Faculdade de Educação e do Programa de Pós-Graduação em Educação da UFMG. Pesquisador do Observatório da Juventude da UFMG.

Helen Cristina do Carmo – Pedagoga. Mestre em Educação pelo Programa de Pós-Graduação em Educação – Conhecimento e Inclusão Social da Faculdade de Educação da UFMG. Professora da Rede Municipal de Ensino de Belo Horizonte. Membro da equipe do Programa Observatório da Juventude UFMG.

Isabel de Oliveira e Silva – Doutora em Educação pela Universidade Federal de Minas Gerais. Professora Adjunta da Faculdade de Educação e do Programa de Pós-Graduação em Educação da UFMG. Pesquisadora do Núcleo de Estudos e Pesquisas sobre Infância e Educação Infantil (NEPEI/FAE/UFMG).

Juarez Tarcísio Dayrell – Doutor em Educação pela Universidade de São Paulo (USP). Pós-Doutorado no Instituto de Ciências Sociais da Universidade de Lisboa. Professor Associado da Faculdade de Educação e do Programa de Pós-Graduação em Educação da UFMG. Coordenador do Observatório da Juventude da UFMG. Pesquisador do CNPQ.

Leôncio Soares – Doutor em Educação pela Universidade de São Paulo (USP). Professor Associado da Faculdade de Educação e do Programa de Pós-Graduação em Educação da UFMG. Pesquisador do CNPq.

Lucia Helena Alvarez Leite – Doutora em Pedagogia pela Universidad de Valencia, Espanha. Professora Associada da Faculdade de Educação e do Programa de Pós-Graduação em Educação da UFMG.

Ludimila Corrêa Bastos – Pedagoga. Mestre em Educação pelo Programa de Pós-Graduação em Educação – Conhecimento e Inclusão Social da Faculdade de Educação da UFMG. Coordenadora Pedagógica da Educação de Jovens e Adultos do Colégio Sagrado Coração de Maria-BH, Supervisora Pedagógica da Prefeitura Municipal de Mário Campos.

Luiz Alberto Oliveira Gonçalves – Doutor em Sociologia pela École de Hautes Études em Sciences Sociales, França. Professor Associado da Faculdade de

Educação e do Programa de Pós-Graduação em Educação da UFMG. Pesquisador do CNPq.

Luiz Antonio da Silva – Doutor em Educação pela UFMG. Mestre em Sociologia pela UNESP. Professor de Sociologia no Centro Universitário do Leste de Minas Gerais e na Faculdade de Direito de Ipatinga.

Nilma Lino Gomes – Doutora em Antropologia Social pela Universidade de São Paulo (USP). Professora Associada da Faculdade de Educação e do Programa de Pós-Graduação em Educação da UFMG. Pesquisadora do CNPq. Coordenadora-Geral do Programa Ações Afirmativas na UFMG.

Rogerio Cunha Campos – Doutor em Educação pela Universidade de São Paulo (USP). Pós-Doutoramentos na Universitat de Barcelona e King's College London. Professor Associado da Faculdade de Educação e do Programa de Pós-Graduação em Educação da UFMG.

Rosa Cristina Porcaro – Doutora em Educação pelo Programa de Pós-Graduação em Educação – Conhecimento e Inclusão Socia da Faculdade de Educação da UFMG. Professora da Universidade Federal de Viçosa.

Samy Lansky – Arquiteto e doutor em Educação pela Faculdade de Educação da UFMG. Diretor da Vecci Lansky Arquitetura. Professor nos cursos de Design, Arquitetura e Urbanismo da Universidade FUMEC e no curso de Arquitetura e Urbanismo do Centro Universitário UNA.

Yone Maria Gonzaga – Mestre em Educação pelo Programa de Pós-Graduação em Educação – Conhecimento e Inclusão Socia da Faculdade de Educação daUFMG. Servidora Técnico-Administrativo em Educação na UFMG. Integrante do Programa Ações Afirmativas na UFMG.

Este livro foi impresso em tipologia Adobe Garamond Pro e impresso em papel Offset 75g/m² (miolo) e Cartão 250g/m² (capa), no mês de setembro de dois mil e doze.